文芸社セレクション

# 古《こ》代《だい》逍《しょう》遥《よう》

清水　宏晃
SHIMIZU Hiroaki



文芸社

# 目次


まえがき …… 6

一 国造り神話（神代《かみよ》）…… 20

二 下照《したてる》姫と七人の孤児《みなしご》たち（神代《かみよ》）…… 31

三 木花開耶姫《このはなさくやひめ》（神代《かみよ》）…… 39

四 海幸彦《うみさちひこ》と山幸彦《やまさちひこ》（神代《かみよ》）…… 45

五 苦難の東征《とうせい》（神武《じんむ》）…… 53

六 神日本磐余《かむやまといわれ》彦尊《ひこのみこと》の即位（神武《じんむ》）…… 62

七 四道将軍《しどうしょうぐん》と箸墓《はしはか》（崇神《すじん》）…… 70

八 天日槍《あめのひほこ》と子孫（崇神《すじん》）…… 86

九 狭穂彦《さほびこ》と狭穂姫《さほひめ》（垂仁《すいにん》）…… 96

十 野見宿禰《のみのすくね》と埴輪《はにわ》（垂仁《すいにん》）…… 106

十一 石上神宮《いそのかみじんぐう》の宝物と脚雪《あゆき》（垂仁《すいにん》）…… 113

十二　田道間守《たじまもり》と香果《かぐのみ》（垂仁《すいにん》）……123

十三　白智鳥《しろちどり》の陵《みささぎ》（景行《けいこう》）……131

十四　海を渡る皇后（仲哀《ちゅうあい》）……142

十五　麛坂《かごさか》皇子と忍熊《おしくま》皇子の乱（神功《じんぐう》皇后）……152

十六　百済《くだら》王と皇后（神功《じんぐう》皇后）……158

十七　文の道（応神《おうじん》）……167

十八　衫子《ころものこ》と瓢《ひさご》（仁徳《にんとく》）……178

十九　玖賀媛《くがひめ》と速待《はやまち》（仁徳《にんとく》）……184

二十　隼別皇子《はやぶさわけのみこ》と女鳥皇女《めとりのひめみこ》（仁徳《にんとく》）……194

二十一　嫉妬する皇后（仁徳《にんとく》）……203

二十二　田道《たじ》の仇討ち（仁徳《にんとく》）……214

二十三　武内宿禰《たけうちのすくね》（景行《けいこう》〜仁徳《にんとく》）……225

二十四　住吉仲皇子《すみのえのなかつみこ》の陰謀（履中《りちゅう》）……234

二十五　赤石《あかいし》の大門《おおと》の真珠（允恭《いんぎょう》）……245

二十六　軽皇子《かるのみこ》と軽大娘皇女《かるのおおいらつめのひめみこ》（允恭《いんぎょう》）……254

二十七　眉輪王《まよわのおおきみ》（安康《あんこう》）……267

二十八　赤猪子《あかいこ》と椿の花（雄略《ゆうりゃく》）……275

二十九　童女君《おみなぎみ》と少子部《ちいさこべ》（雄略《ゆうりゃく》）……287

三十　月夜の馬（雄略《ゆうりゃく》）…… 294
三十一　億計王《おけのみこ》と弘計王《をけのみこ》（仁賢《にんけん》・顕宗《けんぞう》）…… 301
三十二　真鳥《まとり》の大臣《おおおみ》（武烈《ぶれつ》）…… 314
三十三　皇家断絶（継体《けいたい》）…… 326
三十四　星月夜《ほしづくよ》の歌垣（安閑《あんかん》）…… 338
三十五　仏教伝来と撥頭《ばとう》の舞（欽明《きんめい》）…… 347

主な参考文献・資料 …… 357

# まえがき

記紀と風土記の一部を基にして、神代から第二十九代欽明天皇までの出来事や逸話などを綴ったもので、行間の襞を広げてみました。

例えば垂仁記の「田道間守《たじまもり》」の訳書では、

『天皇は田道間守に命じて、常世国へ遣わして「非時《ときじく》の香果《かくのみ》」を求められた。それから九年半後に天皇は崩御し、その半年後に非時の香果を持って常世国から帰ってきた田道間守は「天皇はすでに亡くなり、復命することはできません。私は生きていても、天皇の役にたちません」そう云って、天皇の陵にお参りして泣き叫んで死んだ。群臣はこれを聞いて皆泣いた』

上記のように五行に記されていますが、四百字詰め原稿用紙換算十一枚の「田道間守と香果」の一章にしました。

また「石上神宮《いそのかみじんぐう》の宝物と脚雪《あゆき》」は、

『昔、丹波国の桑田村に甕襲《みかそ》という人がいて、家に足往《あゆき》という犬がいた。この犬が山の獣の貉《むじな》を食い殺した。獣の腹に八尺瓊《やさかに》の勾玉があり、それを献上した。この宝はいま石上神宮にある』と、三行に記されているものを想像を膨らませて十頁にしました。
あるいは允恭《いんぎょう》記の「木梨軽皇子《きなしのかるのみこ》と軽大娘皇女《かるのおおいらつめのひめみこ》」に挿入されている歌は、

天《あま》だむ　軽嬢子《かるのおとめご》　いた泣かば　人知りぬべし　波佐《はさ》の山の　鳩《はと》の下泣きに泣く（1）
天飛《あまと》ぶ　鳥も使ひそ　鶴《たづ》が音《ね》の　聞えむ時は　我《わ》が名問はさむ（2）

思い妻あはれ　槻弓《つくゆみ》の　臥《こ》やる臥やりも　梓弓《あづさゆみ》
起《た》てり起てりも　後《のち》も取り見る　思ひ妻あはれ（3）

こう歌われていますが、

天飛《あまだ》むの軽の乙女子汝《な》が泣けば　恋と人知る吾《あ》れこそ悲し（1）
天翔《あまがけ》る鶴《たづ》はるばると訪ねいく　君が名問えば妹《いも》が方便《たずき》と（2）
梓弓《あづさゆみ》※槻弓《つきゆみ》なりと起き伏しも　吾妹子《わぎもこ》ならば世の果《はたて》まで（3）

と置き換えました。
よく知られている景行記にある大和武記の有名な歌は訳本の原文のままにして、例にあげました前記のような解釈が難しい、また和歌の形式から外れている歌は、元の意味を損ねないように三十一文字《みそひともじ》に置き換えると共に、日本語の原点といわれる古代史の難解な言葉は、肩に※印をうって各章の末尾に注釈を配しました。

氏名は字数の少ない日本書紀を用い、古事記にしか記されていない赤猪子《あかいこ》などはそのまま使いました。

また存命中は本名を、諡《おくりな》を贈られた死後は、馴染みのある仁徳天皇などとしました。

日本書紀は、古事記を順序よく編纂したものといわれていますが、欠史八代を除いて都合よく並べ替えて、記紀に馴染みのない現代の人や、若い人達に親しんでいただけないかと、三十五章にまとめました。

| 符号 | 地　　名 |
|---|---|
| ④ | 阿波の水門 |
| ⑧ | 浪速の海 |
| ⑫ | 大和 |
| ⑯ | 草香江 |

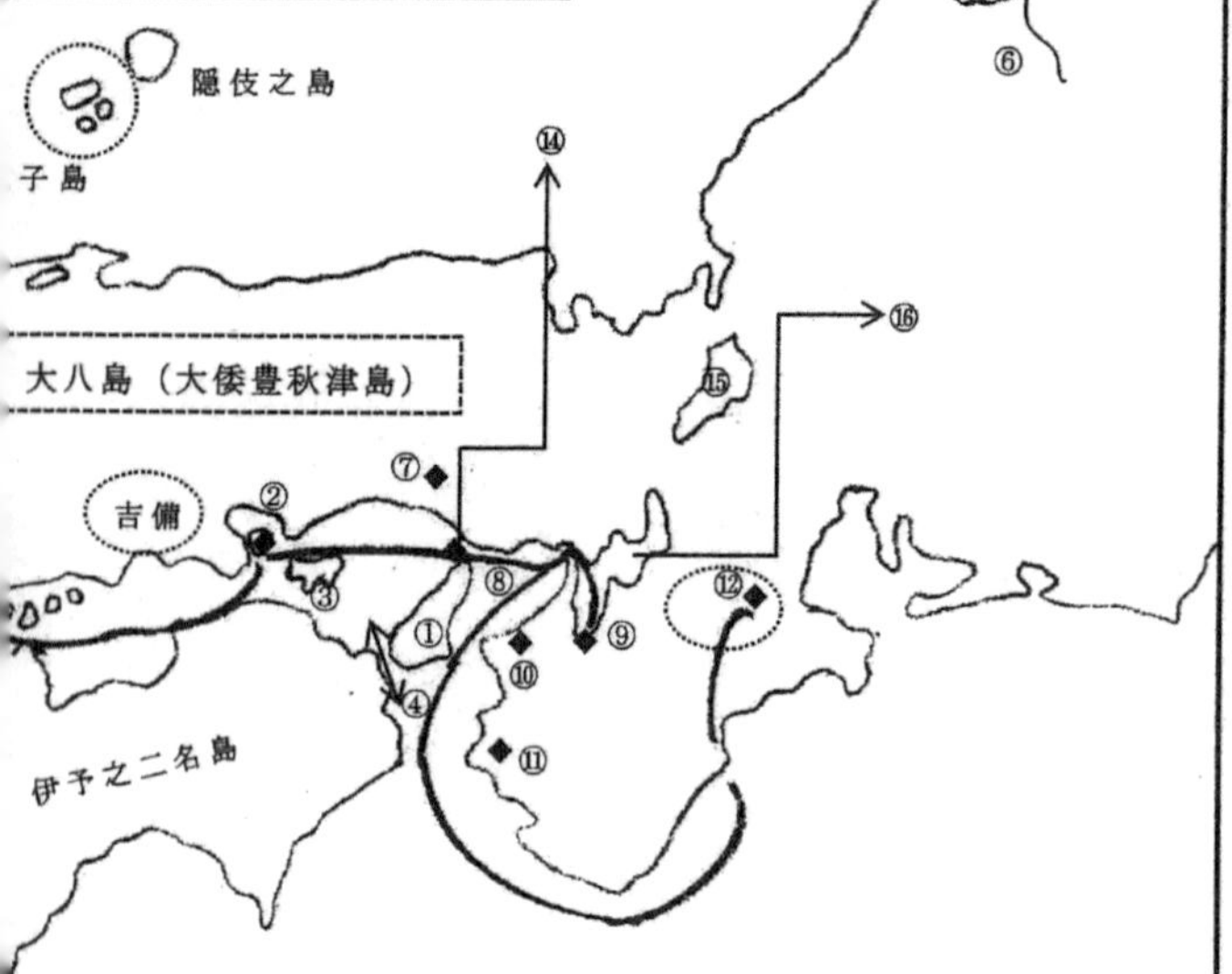


国造り神話と神武東征

| 符号 | 地名 | 符号 | 地名 | 符号 | 地名 |
|---|---|---|---|---|---|
| ① | 淡路之穂之狭別島 | ② | 吉備高島 | ③ | 小豆島 |
| ⑤ | 速吸門 | ⑥ | 高志の姫川 | ⑦ | 日女道 |
| ⑨ | 白肩津 | ⑩ | 木の国男之水門 | ⑪ | 竈山 |
| ⑬ | 安岐の多祁理 | ⑭ | 赤石の大門 | ⑮ | 近つ淡海 |

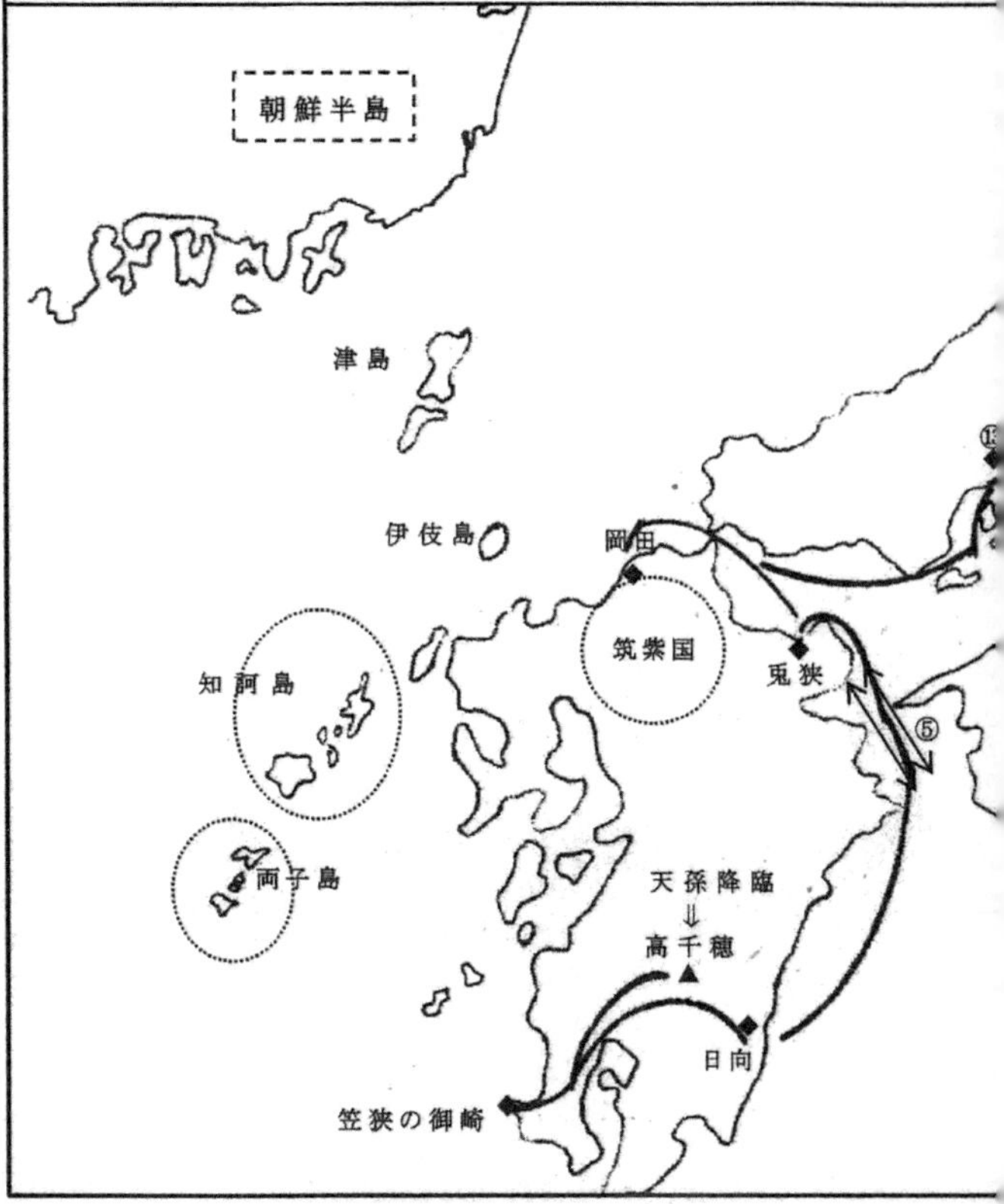


図形①

| 符号 | 地　名 | 符号 | 地　名 | 符号 | 地　名 |
|---|---|---|---|---|---|
| Ⓐ | 浪速の宮 | Ⓑ | 初瀬川 | Ⓒ | 倉崎山 |
| Ⓓ | 曽爾 | Ⓔ | 伊勢神宮 | Ⓕ | 北の河 |
| Ⓖ | 山崎の津 | Ⓗ | 亀山 | Ⓘ | 野口郷 |
| Ⓙ | 美山 | Ⓚ | 北桑田 | Ⓛ | 桑田 |

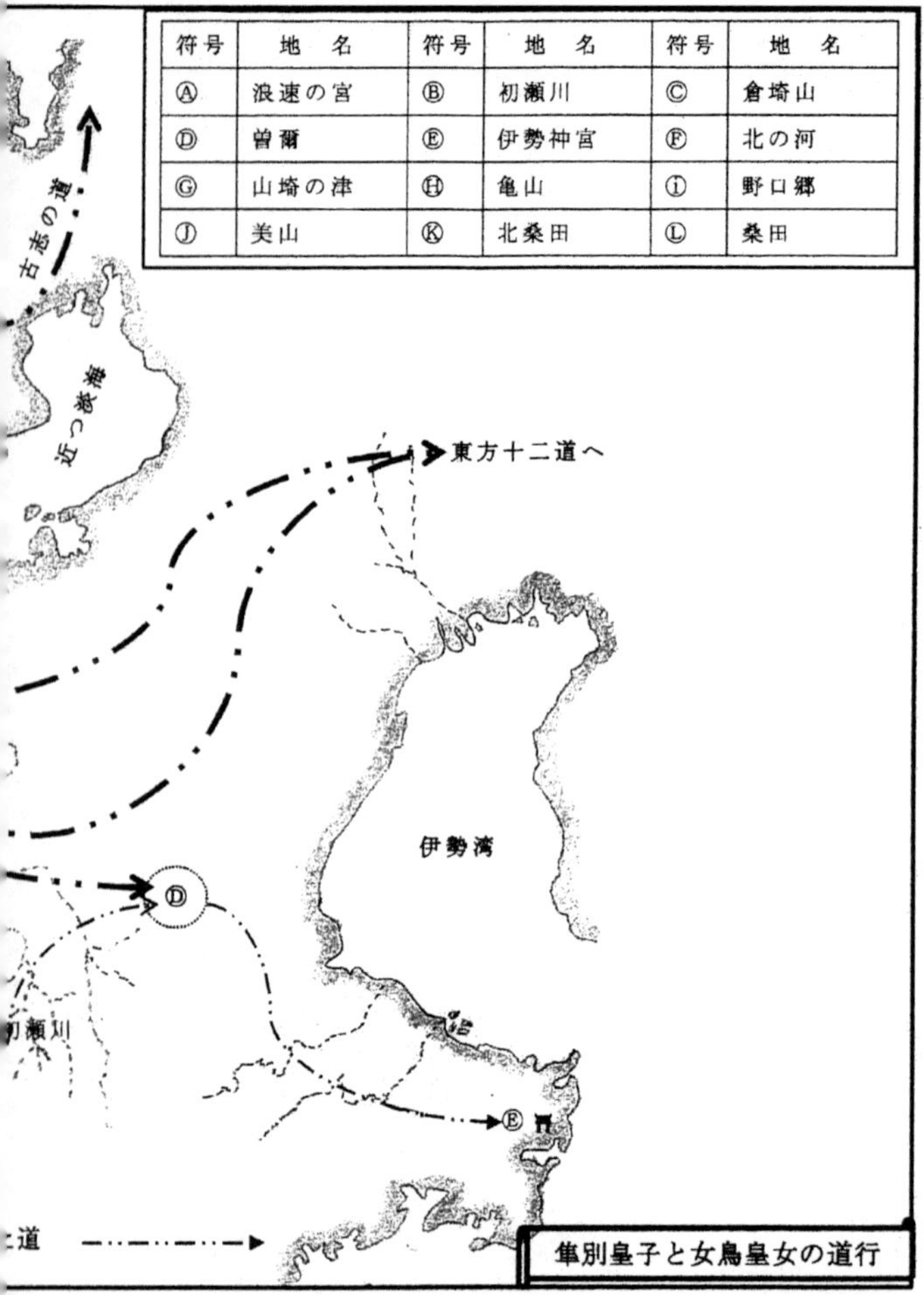


隼別皇子と女鳥皇女の道行

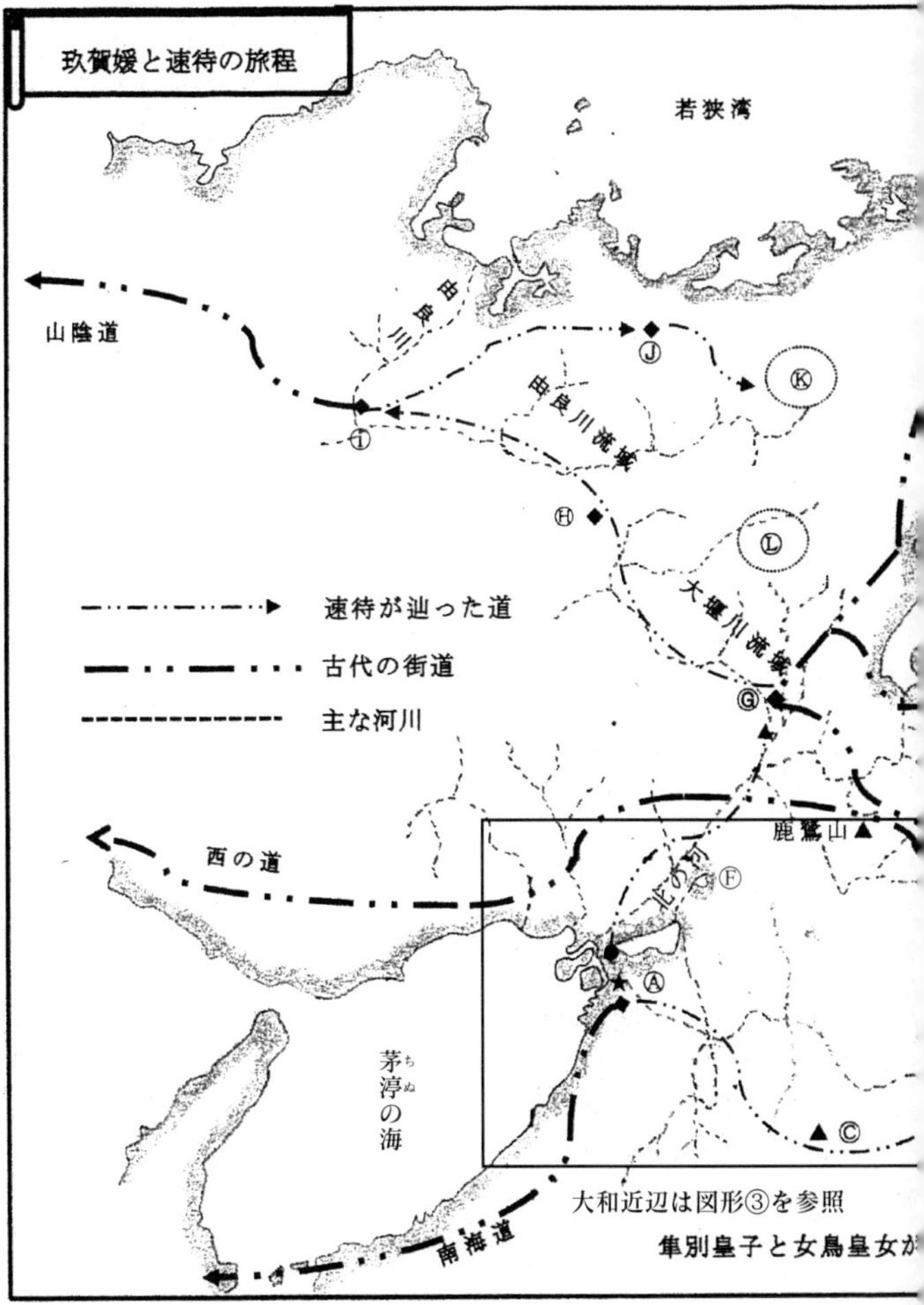
玖賀媛と速待の旅程
若狭湾
由良川
山陰道
Ⓙ
Ⓚ
由良川流域
Ⓘ
Ⓗ
Ⓛ
速待が辿った道
古代の街道
主な河川
大堰川流域
Ⓖ
西の道
Ⓕ
Ⓐ
茅渟《ちぬ》の海
Ⓒ
大和近辺は図形③を参照
南海道
隼別皇子と女鳥皇女か

図形②

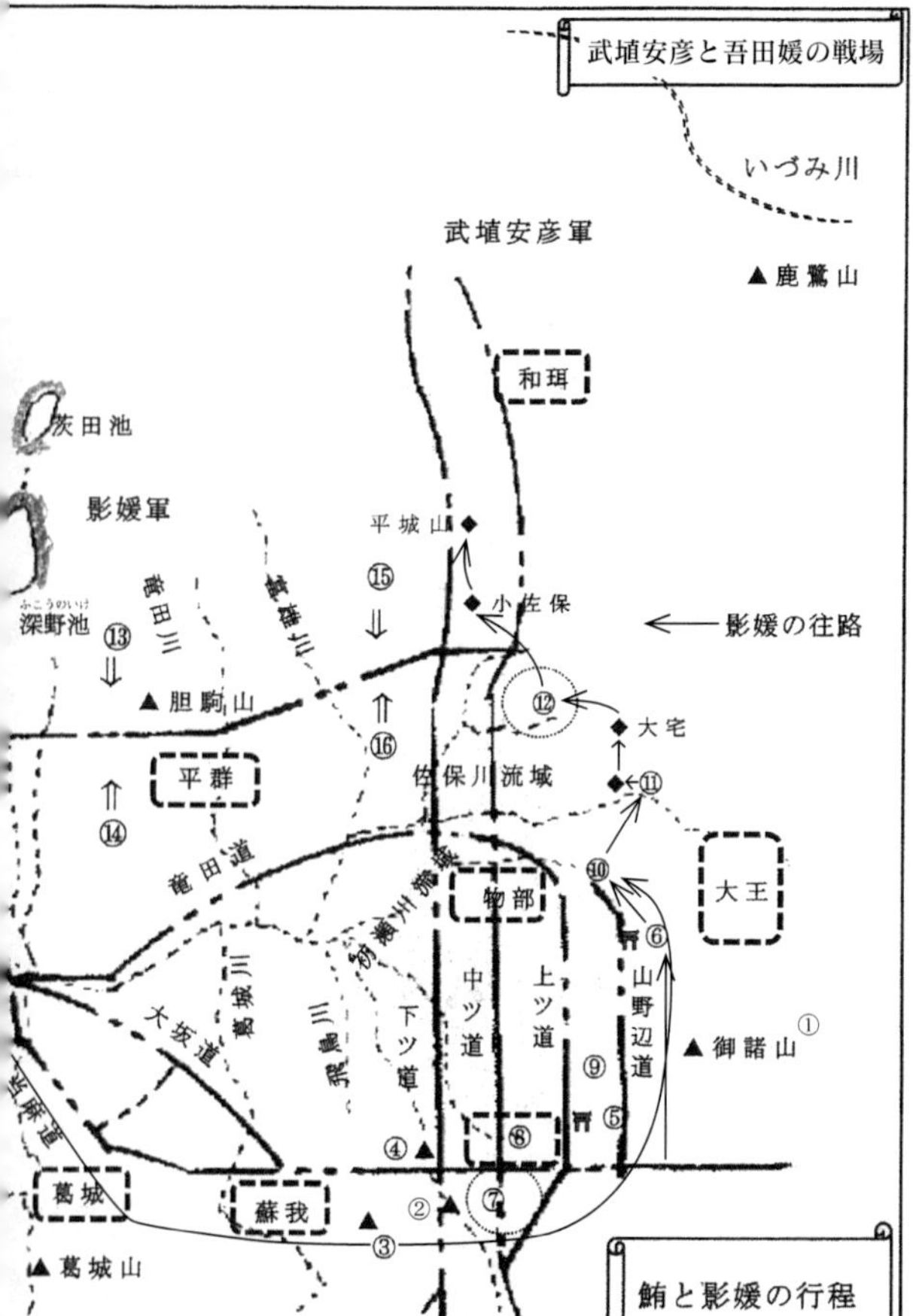
武埴安彦と吾田媛の戦場
いづみ川
武埴安彦軍
鹿鷲山
和珥
茨田池
影媛軍
平城山
⑮
小佐保
影媛の往路
深野池《ふこうのいけ》
⑬
竜田川
富雄川
胆駒山
⑯
⑫
大宅
平群
佐保川流域
⑪
⑭
竜田道
初瀬川流域
物部
⑩
大王
⑥
中ツ道
上ツ道
山野辺道
葛城川
飛鳥川
下ツ道
大坂道
⑨
御諸山
①
⑤
④
⑧
葛城
蘇我
②
⑦
③
葛城山
鮪と影媛の行程

| 符号 | 地　　名 | 符号 | 地　　名 | 符号 | 地　　名 | 符号 | 地 |
|---|---|---|---|---|---|---|---|
| ① | 御諸山 | ② | 香具山 | ③ | 畝傍山 | ④ | 耳梨山 |
| ⑤ | 大神神宮 | ⑥ | 石上神宮 | ⑦ | 磐余 | ⑧ | 大伴 |
| ⑨ | 海石榴市 | ⑩ | 石上布留 | ⑪ | 高橋 | ⑫ | 春日 |
| ⑬ | 影媛軍 | ⑭ | 吉備津彦軍 | ⑮ | 武埴安彦軍 | ⑯ | 大彦連 |

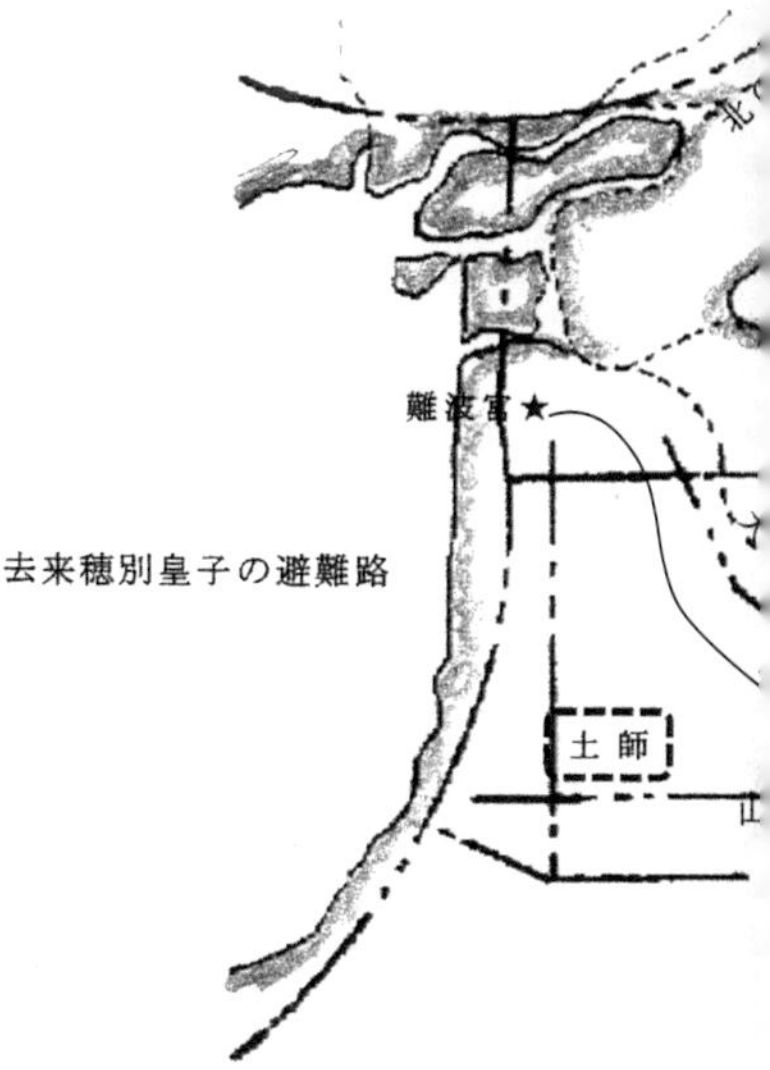


## 去 来 穂 別 皇 子 の 難

図形③

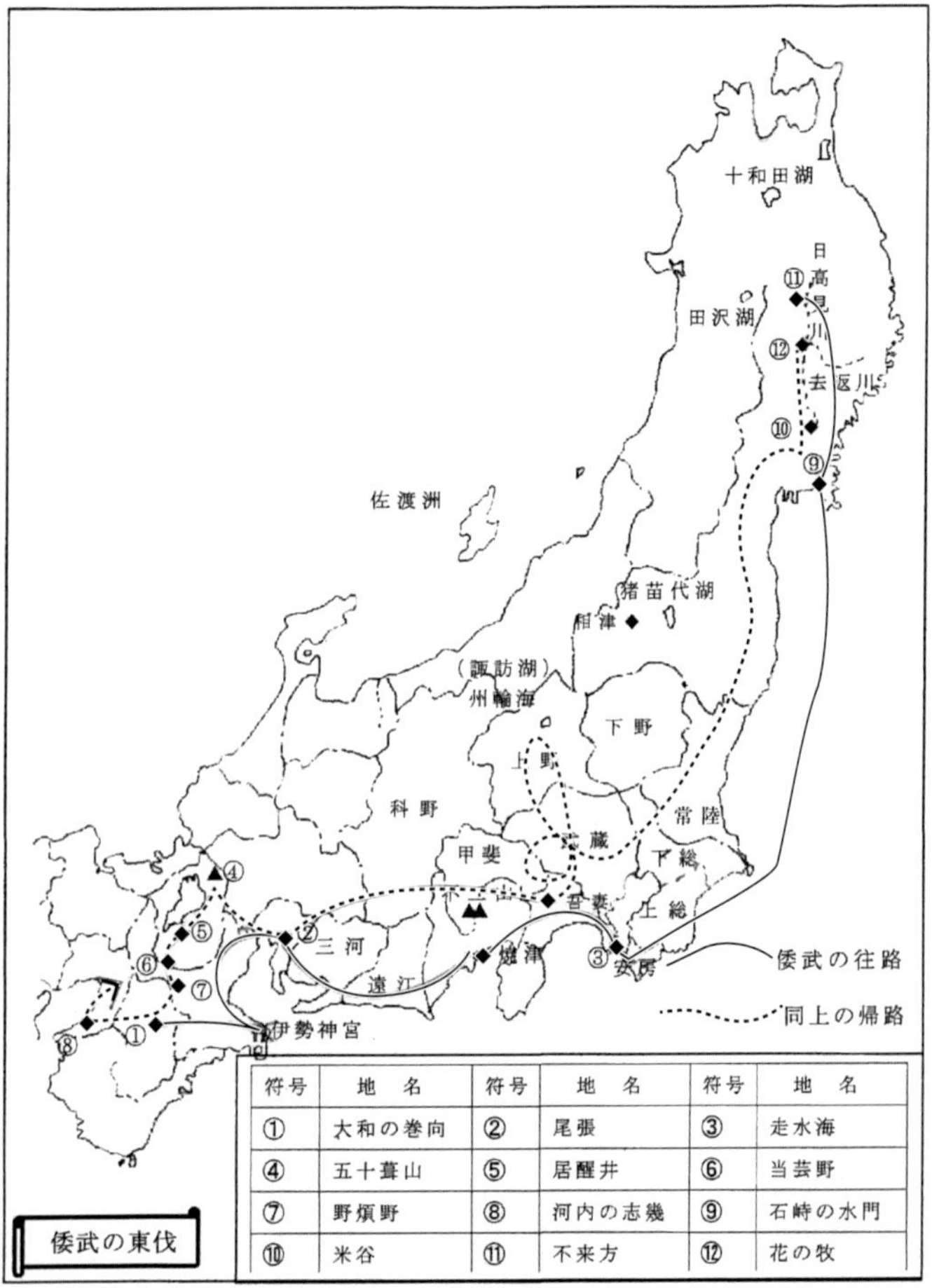


| 符号 | 地　名 | 符号 | 地　名 | 符号 | 地　名 |
|---|---|---|---|---|---|
| ① | 大和の巻向 | ② | 尾張 | ③ | 走水海 |
| ④ | 五十葺山 | ⑤ | 居醒井 | ⑥ | 当芸野 |
| ⑦ | 野煩野 | ⑧ | 河内の志幾 | ⑨ | 石崻の水門 |
| ⑩ | 米谷 | ⑪ | 不来方 | ⑫ | 花の牧 |

図形④

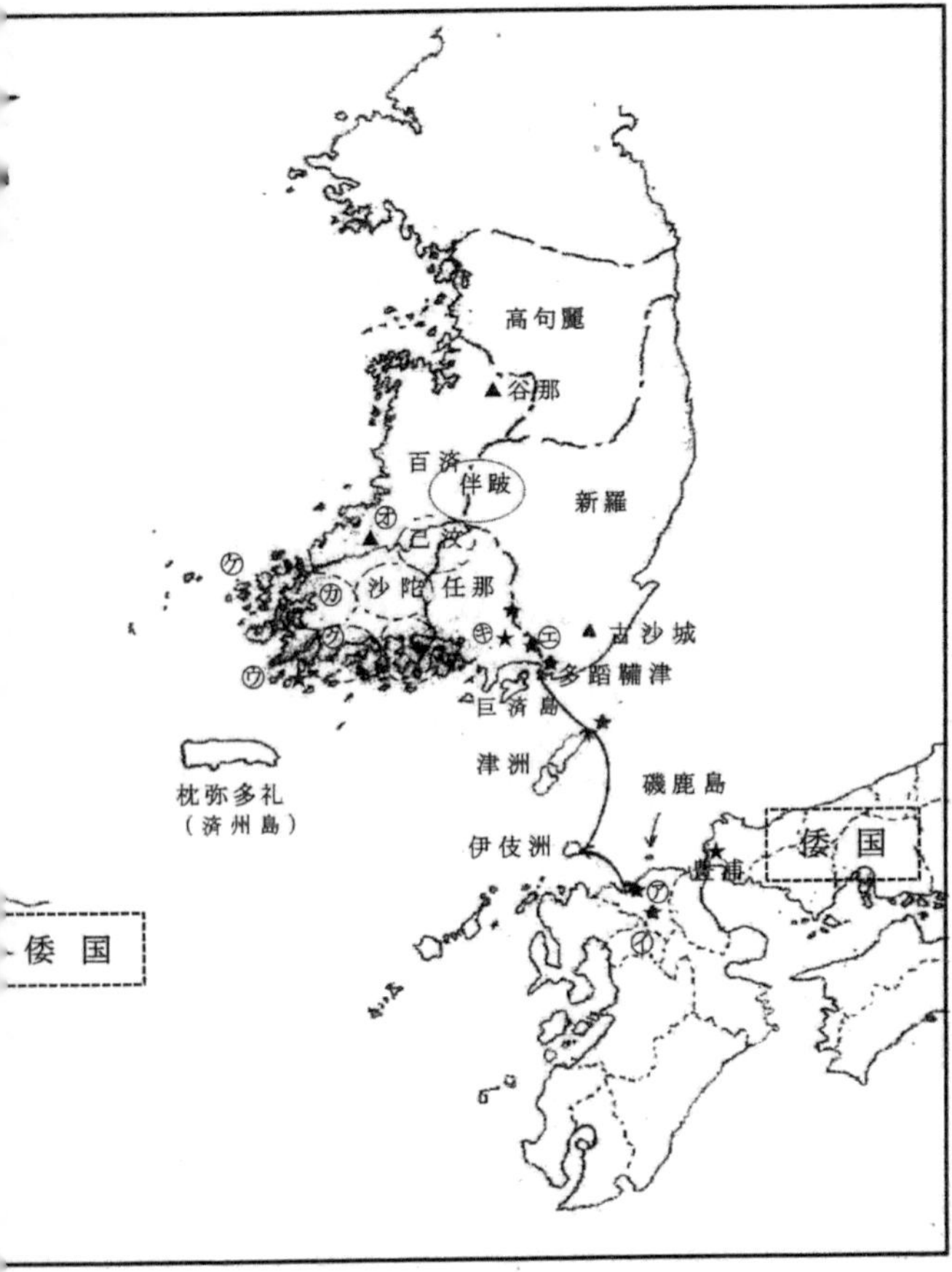
高句麗
谷那
百済
伴跛
新羅
己汶
沙陀
任那
古沙城
多蹈鞴津
巨済島
津洲
枕弥多礼
（済州島）
磯鹿島
伊伎洲
豊浦
倭国
倭国

| 符号 | 地　名 | 符号 | 地　名 | 符号 | 地　名 |
|---|---|---|---|---|---|
| ㋐ | 那津（博多） | ㋑ | 宇瀰 | ㋒ | 古奚津 |
| ㋓ | 日本府 | ㋔ | 辟支山 | ㋕ | 上哆唎 |
| ㋖ | 下哆唎 | ㋗ | 安羅 | ㋘ | 牟婁 |

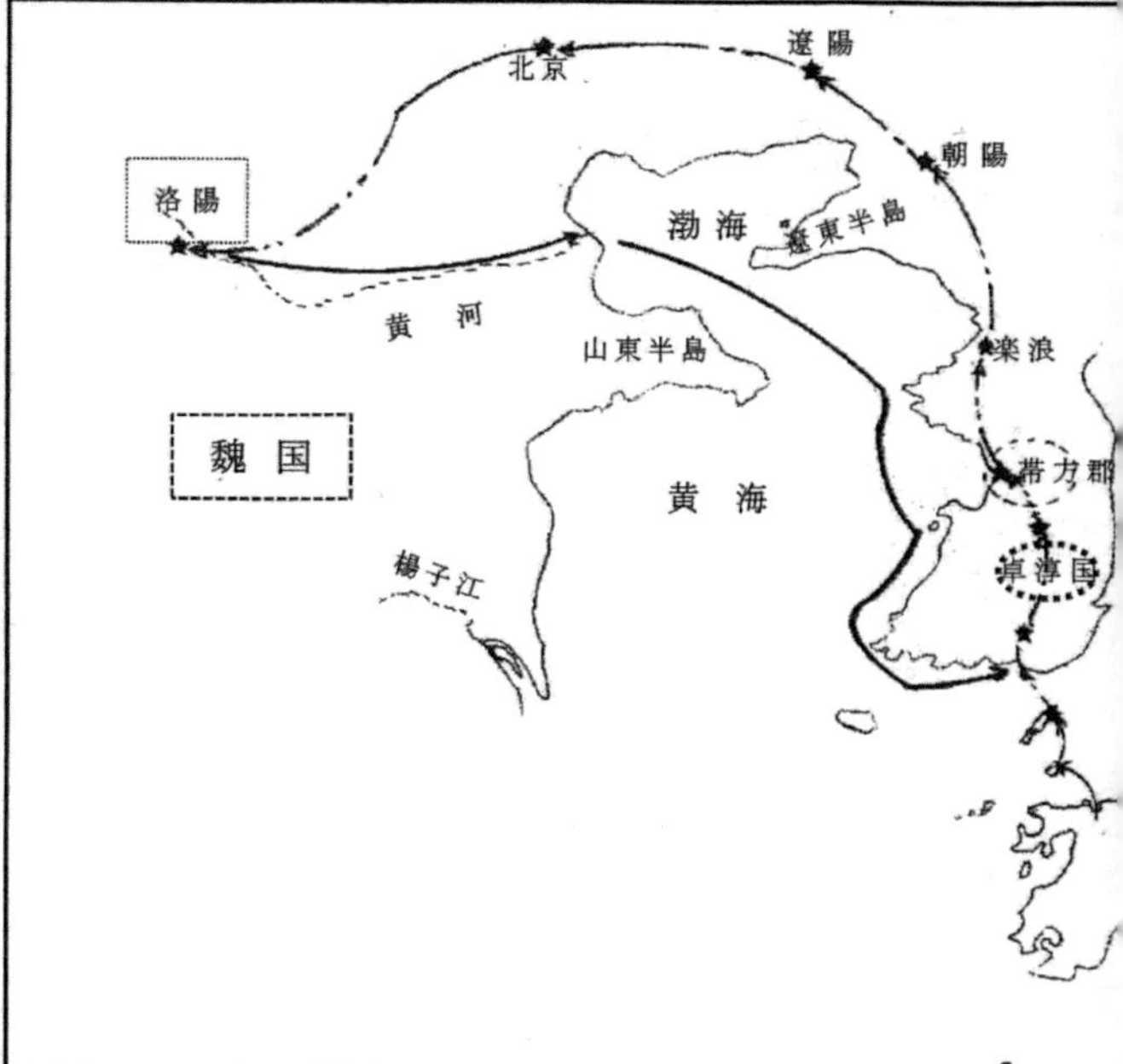


魏への朝貢路と古代朝鮮半島図

図形⑤

# 一　国造り神話

宇宙は昼も夜もなく薄暗い中に星は仄《ほの》かに光り、※天安河《あまのやすかわ》は微《ひそ》かに流れていても、黎明《れいめい》にはほど遠かった。

※綿邈《めんばく》の後、雲とも霞とも、水蒸気ともいえぬ気体が集まる兆しがあり、それらは縺《もつ》れ絡《から》みあって上昇や下降を繰り返し、一点に凝集したかと思えば拡散しようともする。

しかし分散することなく宇宙のひと所で蠢《うごめ》き、躍動して熱を帯びる集合体となり、やがて炎らしきものを発した。その後、幽冥《ゆうめい》とした宇宙は赤、紫、橙などの鮮やかな色彩を添え、気体とも物体ともつかぬものが漂い、渦となって熱を放散し尽くすと粥状《かゆじょう》と化して、海月《くらげ》のように宇宙を漂った。

やがて固まる兆《きざ》しがあり、その上に脂《あぶら》のようなものが浮かんで※高天原《たかまのはら》を形成し、そこに神が生まれた。

初めに生まれた神は未熟ですぐに消え、次と、その次に生まれた二柱《ふたはしら》の神も同じだったが、四番目からしっかりした男神が七柱生まれ、これらは神世七代《かみよななよ》と呼ばれ、女神も四柱誕生した。

これで高天原の神は十一柱となったが、まだ天と地ははっきり分かれておらず、神世七代の※天《あま》つ神《かみ》々が相談した。そして最後に生まれた男神の伊弉諾尊《いざなぎのみこと》と、女神の伊弉冉尊《いざなみのみこと》の二神を、遥か眼下に漂う卵の殻の中身のような不定形なものを、形となすものにするために下界へ遣わした。

この使命を帯びた二柱は、高天原から※岩樟舟《いわくすふね》に乗って※天浮橋《あまのうきはし》にいき、眼下の泥々したものを※沼矛《ぬほこ》で掻き回すと、矛の先から滴《したた》り落ちたものが※淤能碁呂島《おのころしま》となった。

そこで二神はその島に降り立ち、神殿を建てて結婚して※淡島《あわしま》を産んだが、出来損ないの※蛭児《ひるこ》だったので葦《あし》の舟に乗せて流した。

次から上手に、※淡路之穂之狭別島《あわじのほのさわけのしま》と※伊予之二名島《いよのふたなのしま》に、※隠岐之三子島《おきのみつごのしま》、※筑紫国《つくしのくに》、※伊伎島《いきのしま》、※津島《つしま》、※佐渡島《さどのしま》に※大倭豊秋津島《おおやまととよあきづしま》を産み、これらをまとめて※大八島《おおやしま》と名づけた。

更に※吉備児島《きびのこじま》、※小豆島《あずきしま》、※大島《おおしま》、※女島《ひめしま》、※知訶島《ちかのしま》に※両児島《ふたごのしま》を生み、これら十四の島は、葦が豊かに繁るようにと、期待を込めて※葦原中《あしはらなか》つ国《くに》と呼ぶことにした。

その葦原中つ国に天降った二神は、山や川や谷や、海、岩、石、土、風、霧、※水門《みなと》、穀物などの多くの神を産み、伊弉冉尊は最後に火の神を産んだとき、※ほとを焼いたために亡くなってしまった。

愛しい妻を失った伊弉諾尊は、伊弉冉尊の屍《かばね》を、※出雲《いずも》と※伯耆《ほうき》の国境にある※比婆山《ひばやま》に葬ったが忘れられず、※黄泉《よみ》の国に面会にいくと、伊弉冉尊が出迎えてくれた。

「吾が愛する妻よ、二人で造った葦原中つ国はまだ完成していない。だから※現世《うつしよ》の国に戻って国造りに励もう」

「妾《わたし》は既に黄泉の国の食事を食べてしまったので、現世の国に戻ることはできないと思いますが、黄泉の神にお願いしてみます」

「ぜひ頼んでくれ」

「では私がお願いに上がっている間、貴男は、妾《わたし》を探しにこないでください」

伊弉冉尊はそう云って、黄泉の宮殿に入っていった。

伊弉諾尊は、いくら待っても戻ってこない伊弉冉尊に辛抱できず宮殿に入ると、中は暗くて何も見えない。伊弉諾尊は、※鬟《みずら》に挿した櫛の歯を折って火を点《とも》すと、そこに伊弉冉尊が横たわり、身体から膿《うみ》を出して蛆《うじ》が湧いている。この奇っ怪な伊弉冉尊の有様に、仰天した伊弉諾尊は逃げた。

　すると、横たわっていた伊弉冉尊は大そう怒り、

「見ないでくださいと約束したのに、よくも恥をかかせてくれましたね」

　そう云い、

「伊弉諾尊を、黄泉の国に連れ戻せよ！」

伊弉冉尊に仕える、※黄泉醜女《よもつしこめ》たちに命じた。

伊弉諾尊は、黄泉醜女に追われて捕まりそうになると、鬟に挿《さ》した黒い※鬘《かずら》を投げ捨てたり、櫛の歯を折って投げつけながら逃げた。鬘は山葡萄に、櫛は竹の子になり、醜女らがそれらを食べている間に伊弉諾尊は懸命に逃げ、※黄泉比良坂《よもつひらさか》に辿り着いてほっとしてい

ると、醜女たちが追いついた。

伊弉諾尊は咄嗟に、そこに成《な》っている※桃の実を採って投げつけると醜女は退散した。しかし、そこに伊弉冉尊自身が追ってくるので、伊弉諾尊は※千引《ちびき》の石《いわ》という大岩を比良坂に立てて道を塞《ふさ》ぎ、伊弉冉尊を葦原中つ国に戻れないようにした。

その千引の岩を挟んで、伊弉諾尊と伊弉冉尊は、

「吾《あ》が背《せ》が拒むなら、妾は葦原中つ国の者を一日に千人殺しましょう」

そう云う伊弉冉尊に、伊弉諾尊は、

「愛しい妻がそんな非道いことをするなら、俺は一日に千五百の産屋《うぶや》を建てよう」

そう云い争ったのが、二人の最後の会話となった。

こうして穢《けが》らわしい黄泉の国から逃げ帰った伊弉諾尊は、身体を清めようと※阿波《あわ》の水門《みなと》や※速吸門《はやすいのと》へいったが潮流が速くて諦め、※日向《ひむか》の橘《たちばな》の小門《おど》で※禊《みそ》いだ。

そのとき左目を、続いて右目と鼻を洗うと※天照大神《あまてらすおおみかみ》と※月読尊《つくよみのみこと》に素戔嗚尊《すさのおのみこと》の三神が誕生し、これが伊弉諾尊が作った最後の神となった。

神々は、これで天照大神は太陽の神として高天原を、月読尊は月として夜の世界を、素戔嗚尊は※綿津見《わたつみ》を治めさせた。

これで幽冥《ゆうめい》としていた宇宙は、昼と夜の区別ができ、葦原中つ国は天つ神々の目論《もくろ》み通り、緑豊かな国土となった。

ところが弟の素戔嗚尊は悪餓鬼で、綿津見を治めずに悪さばかりし、姉の天照大神の許にいって田の畦《あぜ》を壊したり、田畑に水を引く水路を埋め、神殿に糞をひり散らして穢すという乱暴者だった。

天照大神としては、素戔嗚尊の行為は、まだ分別《ふんべつ》のつかない弟がしたことだと庇っていたが、尻から逆さに皮を剥《は》いだ斑毛《まだらげ》の馬を、機屋《※はたや》の棟に穴を開けて投げ落として、中にいる天照大神の侍女の機織女《はたおりめ》たちを死にいたらしめた。

流石の天照大神も怒り心頭に発し、天《※あま》の岩戸《いわと》に閉じ籠《こ》もってしまった。これで日の神が隠れたので世界は暗闇になり、月読尊は照り映えず、葦原中つ国の植物は成長せず、鳥は卵を産まず、獣は遠吠えするばかりで、葦は枯れて荒涼とした元の風土に戻った。

高天原を周遊する岩樟舟と、新造した天安河航路の特急便の天《※あま》の鳥舟《とりふね》は速度を落として運航するも、遂に運休せざるを得なくなってしまった。

こんな暗闇では天浮橋を踏み外す神もおり、外出禁止令が出て行動の自由は奪われ、葦原中つ国の者は食べ物もなく、物々交換するにも物品がなく大不況となった。

そこで天つ神々は急遽、高天原に集合して対策会議を開いた。そこでは宇宙を翔び廻っている素戔嗚尊を、霞網《かすみあみ》で捕らえて天照大神に謝罪させるという案もあった。だが素戔嗚尊は、舫《もや》っている天鳥舟を無断で使って暗闇の高天原や葦原中つ国を駆け巡っているとのことだった。

それはどこに網を仕掛けたらよいか分からず、おのおの神が網を手にして、闇雲に振り回したらとの愚案もあったが、それには足元が暗くて覚束ないと否決された。

それなら、夜明けの長《※なが》鳴《な》き鳥を集めて鳴かしたら、天照大神はなぜ自分が隠れているのに鶏が鳴くのだろうと、不思議に思って岩戸から出てこないかとの提案もあった。

その他に、高志国《※こしのくに》の姫川《ひめかわ》から採った翡翠《ひすい》で作った勾玉《※まがたま》を通した、首の骨が折れそうな大きな首飾りを岩戸の前に捧《ささ》げればとか、天香具山《※あまのかぐやま》から根ごと掘り採った榊《さかき》の枝に八咫《※やあた》の鏡を吊し、火を明々と焚いて天照大神を誘《おび》き出そうという企画もあった。

天《※あま》つ国《くに》の、暇な神々が、このように延々と続く会議の結論は、以上の案に加えて皆で祝詞《のりと》を唱《とな》えながら、伏せた桶《おけ》の上で、天つ国、随一の艶女《えんじょ》と誇る天鈿女命《※あめのうずめのみこと》を踊らせることも併せて実施することにした。

かくて神々が岩戸の前で用意を整えると、力自慢の手力雄神《たぢからおのかみ》と、注連縄《しめなわ》を手にした太《ふと》玉命《だまのみこと》の二神は打ち合わせ通りに岩戸の脇に隠れた。そこで皆で大声で祝詞を唱え、それに合わせて天鈿女命が踊り始めた。

だが幾ら声を張り上げても岩戸はぴくりとも動かず、苛立った神々は奇声を上げたり泣き叫んで騒いでみるも、天照大神の好奇心を呼ぶ気配はない。

天地《※あめつち》の重大な危機に、途中で止める訳にはいかず続けていると神々は自ら狂乱し、陶酔《とうすい》して酔い痴《し》れていく。

天鈿女命も踊っているうち神憑《かみがか》りして羞恥心を忘れて、衣が開《はだ》けて胸乳を露出しても踊り続ける。それを見た神々は一斉に手を打って囃《はや》し立てると、天鈿女命は更に腰紐を緩めて裾を乱して際どい部分をちらつかせた。

好色な神々は、我勝ちに桶の周りに押し寄せて、煽《あお》り立てて笑い転げる。

岩戸の脇に隠れていた手力雄神と太玉命も、任務を忘れて天鈿女命のそばにいこうとすると岩戸が少し開いて、その隙間から閃光《せんこう》を発した。それを知らず天鈿女命は更に狂気し、大胆に腰紐をほどいて秘所を露《あらわ》にすると、岩戸の前は昂奮の坩堝《るつぼ》と化し、神々の熱気は最高潮に達した。

（何を騒いでいるのでしょう……）

天照大神が岩戸の隙間から覗くと、闇に、天に諸手《もろて》を挙げて踊り狂う神々の手を、光芒《こうぼう》が投影する。

そこで思わず天照大神が岩戸を開けて身を乗り出すと、にわかに光が戻り、我に返った手力雄神が素早く天照大神の手首を握って引き摺り出し、太玉命はすかさず岩戸の前に注連縄を張って、天照大神を岩戸に戻れなくした。

こうして天照大神が岩戸から出てきたことで天地に光が戻り、葦原中つ国に緑が甦ると木々に果実が成り、鶏は卵を、獣は餌を獲って子を産むようになった。

闇夜が続いて動物も人も激減したが、採る者が少なくなったために食料は十分いき渡って潤《うるお》い、葦原中つ国に岩戸景気が訪れた。

そこで神々は、素戔嗚尊を高天原から追放して比良坂の西の出雲の国へ流刑に処す決議を全員一致で可決した。そして天網《※てんもう》で捉えた素戔嗚尊を、淡道島《※あわじしま》の幽宮《かくれのみや》から黄泉の国経由で出雲の国に送ると、天つ国も葦原中つ国も平穏になった。

## ※国造り神話の注釈（図形①を参照）

天安河《あまのやすかわ》：天上にある河（筆者は銀河とする）
綿邈《めんばく》：遥かな年代を超えて
高天原《たかまのはら》：天上界
天《あま》つ神《かみ》：高天原の神
岩樟舟《いわくすふね》：神が天駆《あまが》けるときに乗る、楠で造った堅固な舟
天浮橋《あまのうきはし》：天上と地上をつなぐ橋
沼矛《ぬほこ》：神器の一種で、玉を飾った矛
淤能碁呂島《おのころしま》：自ら凝り固まった島で、紀淡海峡の友ヶ島か？
淡島《あわしま》：紀淡海峡の友ヶ島に含まれる神島との説もある
蛭児《ひるこ》：産み損ねた島、又は生れつき不具な子供
淡路之穂之狭別島《あわじのほのさわけのしま》：淡路島
伊予之二名島《いよのふたなのしま》：四国の総称
隠岐之三子島《おきのみつごのしま》：隠岐島を島前《とうぜん》と島後《とうご》に区別した、島前の三つの島
筑紫国《つくしのくに》：九州の総称

伊伎島《いきのしま》：壱岐《いき》
津島《つしま》：対馬
佐渡島《さどのしま》：佐渡島《さどがしま》
大倭 豊秋津島《おおやまととよあきづしま》：大和を中心とする畿内一円
大八島《おおやしま》：日本国土全体をいう
吉備児島《きびのこじま》：児島半島、昔は島だった
小豆島《あずきしま》：小豆島《しょうどしま》
大島《おおしま》：山口県の屋代島か？
女島《ひめしま》：国東《くにさき》半島の北にある姫島か？
知訶島《ちかのしま》：長崎県の五島列島
両児島《ふたごのしま》：五島列島の南にある男女《だんじょ》群島
葦原中《あしはらなか》つ国《くに》：高天原と、地下にある黄泉の国との中間にある国
水門《みなと》：港・河海などの出入口、あるいは瀬戸
ほと：女性の陰部
出雲《いずも》：島根県の東部
伯耆《ほうき》：鳥取県の西部
比婆山《ひばやま》：島根県と広島県の境にある山
黄泉《よみ》の国：死者がいく地下の暗黒の世界

現世《うつしよ》の国：この世・現世《げんせ》
髻《みずら》：古代の男子の髪型で、髪の毛を頭の左右に綰《わが》ねて紐で結ぶ髪型
黄泉醜女《よもつしこめ》：黄泉の国にいる鬼女
鬘《かずら》：蔓草などを輪にして、頭髪に飾って呪物とする
黄泉比良坂《よもつひらさか》：黄泉の国と現世の境にある断崖
桃の実：古くから日本にあり、邪気を払うといわれる
千引《ちびき》の石《いわ》：千人の力でなければ動かせない大岩
阿波《あわ》の水門《みなと》：鳴門海峡
速吸門《はやすいのと》：豊予海峡《ほうよかいきょう》・速吸瀬戸《はやすいのせと》
日向《ひむか》の橘《たちばな》の小門《おど》：日向《ひゅうが》にある瀬戸で、橘は不詳
禊《みそ》ぎ：身についた穢れを洗い清める儀式
天照大神《あまてらすおおみかみ》：高天原の主神、太陽の女神
月読尊《つくよみのみこと》：月の神。大変尊《とうと》いお方は尊《みこと》と、それ以外の神は命《みこと》と記す
綿津見《わたつみ》：海神《わたつみ》・海を司る神、又は海
機屋《はたや》：機《はた》を織《お》る建物
天《あま》の岩戸《いわと》：高天原の洞窟の入口
天《あま》の鳥舟《とりふね》：鳥のように天翔《あまが》ける舟
長鳴《ながな》き鳥：長く尾を引いて鳴く鶏《にわとり》

高志国《こしのくに》の姫川《ひめかわ》：新潟県の糸魚川《いといがわ》の支流
勾玉《まがたま》：古代の「く」や「コ」の形をした装身用の玉で、材料は翡翠《ひすい》や瑪瑙《めのう》などで、端部に紐を通す孔がある
天香具山《あまのかぐやま》：奈良県橿原市にある天香具山。畝傍《うねび》山と耳成《みみなし》山を合わせて、大和三山という
八咫《やあた》の鏡：一咫は約十八センチで、八咫は約一メートル四十四センチとなるが、ここでは単に大きい鏡。
天《あま》つ国《くに》：天上の国、高天原
天鈿女命《あめのうずめのみこと》：天孫が降臨したとき、猿田彦神を先導させた猿女君《さるめのきみ》の祖
天地《あめつち》：天と地、全世界、天と地の神
天網《てんもう》：天に張り巡らした網
淡道島《あわじしま》の幽宮《かくれのみや》：淡路島の伊弉諾神社で、かくりの宮ともいう

# 二　下照《したてる》姫と七人の孤児《みなしご》たち

華《はな》やかで照り映える顔容《かんばせ》と、艶《つや》やかな肢体をした下照姫は、葦原中《あしはらなか》つ国に住んでいた。

ある日、水を汲みに出た下照姫は、家の前の譲葉《ゆずりは》の木に足を掛けて見下ろしている、凛《りん》とした逞《たくま》しい若い男と目が合った。

「俺はいま、高天原《たかまのはら》から天降《あまくだ》った天稚彦《あめのわかひこ》というが、お前の名を知りたい」

名前を告げるのは好きだと同じ意味で、下照姫は躊躇《ためら》ったが、この若者ならと思って、

「妾《わたし》は、※大国主神《おおくにぬしのかみ》の娘の下照姫です」

そう答えると、天稚彦は木から降りて、

「この葦原中つ国に、お前のような美しい娘がいるとは思わなかった」

そう云って手を差し伸べるので、ついその手を取った下照姫は天稚彦を家に招いた。

「葦原中つ国が余りにも騒がしいがゆえ、高天原におられる天照大神《あまてらすおおみかみ》と※高木神《たかぎのかみ》の仰せで、この国を騒がす、千早《ちはや》振る者どもを鎮《しず》めてこいと命じられたのだ」

天稚彦は、天降った理由《わけ》を話した。

「それは重大な任務ですね。三年前に、貴男と同じ使命を負った天穂日命《あまのほひのみこと》という方が天

降ってこられましたが、妾の父とどこかで、任務を忘れて遊び惚《ほう》けておられるようです」

「高天原随一の武勇を誇る俺は、高木神から天鹿児弓《※あまのかごゆみ》と天羽々矢《※あまのははや》を授かってきたからには、天穂日命とは違う！」

「何と力強い、頼もしいお言葉でしょう。妾にも手伝わせてください」

「では俺はお前を妻にして、二人で葦原中つ国の荒《あら》ぶる者どもを平らげてやろう」

二人は初めて会ったばかりでも、以前から相思相愛だったように目合《まぐわ》った。ところが二人は愛し合うことに夢中で、あっという間に三年が過ぎた。

ある日、大儀そうに歩いている、太り過ぎて腹が地面に着いて走れそうもない猪を見た下照姫は、ふと我に返って云った。

「妾たちは、このような日々を過ごしていて、よいのでしょうか。こんな暮らしをしていると、貴男は天穂日命さまと同じことになります。初めて会ったとき、妾に云ったお言葉を、お忘れになったのではないでしょうね」

「何を云うか。こうして二人で楽しく暮らしておれるなら、天照大神や高木神に復命することなど、どうでもよいではないか」

「妾は、あの日の心強いお言葉に惹《ひ》かれて貴男の妻になりましたが、このままでは貴男と暮らそうと思わなくなるでしょう」

「千早振る者どもは、我々に手出しできぬから問題はなかろうが……」

「もう一度初心に返って、この葦原中つ国を誰もが住みよい国にしてください。そうでなければ、貴男と別れることになるでしょう」

愛しても愛し足りない気立ての下照姫の言葉に、天稚彦は慌てた。

「お前は、俺に飽きたと云うか……」

「いえ、そうではありません。貴男は初めて逢ったときと違い、お腹は弛《たる》んでしまって、駆けることも弓を引くこともできないでしょう」

下照姫《はしたてるひめ》は、譲葉の枝に腰を下ろしていた、あの凛々しい姿に戻って欲しいと願い、衣から食み出ている天稚彦の腹を摘《つま》んで云った。

「なに、高天原の天照大神と高木神が差し向けた俺だから、いまでも弓には自信がある」

天稚彦はそう云うと、どこに仕舞ったか忘れてしまった、埃《ほこり》を被《かぶ》った天鹿児弓と天羽々矢を長い時間をかけて探し出し、譲葉の木を狙って射ると、天羽々矢は譲葉の木に届かず力なく地面に落ちた。

「ありゃ！　いやこれは、弓と矢が古くなったからだ……」

天稚彦は苦しい言い訳をして、新しい弓と矢を作って再び譲葉の木を射た。

しかし矢は前より弱々しく地面に落ち、その矢を拾った下照姫は、天稚彦から目を逸らしながら云った。

「力が萎《な》えた三年間の空白を、取り戻すのは難しいでしょうね。でも妾は以前の、逞しい天稚彦さまに戻ってくれるのを望みます」

「こんな脆弱《ぜいじゃく》な身体になっていたとは……」

天稚彦は素直に怠惰《たいだ》な暮らしを恥じ、

「旅に出て、身体を鍛えよう」

そう決意して家を出た。

しかし少し歩くと息は切れ、※靫《ゆぎ》は肩に食い込み、草に足を取られて小石に躓《つまず》くという体《てい》で、意地になって走ると、垂れ下った腹が振り子のように揺れてつんのめる。

こんな天稚彦を見た臆病な兎や野鼠たちは、面白がって後を追ってくるだけでなく、熊や猪や鹿も襲ってくる。

天稚彦は、必死に木に登って難を避けるという情けない有様だった。それでも天稚彦は意志を貫いて次第に逞しくなり、俊敏さを取り戻すと、弱体を装って近寄ってくる獣を獲れるようになった。こうして自信を取り戻した天稚彦は、更に鍛えると身体は引き締まり、肩にも腕にも筋肉が盛り上がって剽悍《ひょうかん》になった。

このようにして旅を続ける天稚彦は、手下を従えた千早振る者に時々、出会うようになり、そのたび山野を駈け巡って斬り殺して宝物を奪い、その者たちの国を自分のものにして、下照姫の家に帰ってきたのは五年目で、高天原から天降ってから八年が経っていた。

高天原では、天照大神と高木神が神々を集めて協議していた。

「十一年前に天穂日命を、八年前には天稚彦を葦原中つ国へ遣わしたが、いまだに復命しないのはなぜだろうか……」

二人を遣わした高木神がそう訊くと、思金神《※おもいかねのかみ》が、

「葦原中つ国へ雉《きじ》の哭女《なきめ》を遣わして、まず天稚彦の様子を見にいかせては」

そう具申し、高木神は雉を葦原中つ国へ遣わすことにした。

こうして天降った雉は、天稚彦と同様に下照姫の家の前の譲葉の木に止まって鳴いた。

「ケッケーン、ケッケーン」

こんな耳障りな鳴き方をする雉を見に出てきた下照姫の下女である国つ神の天探女《※あまのさぐめ》が、そう天稚彦に訴えた。

「不吉な声で鳴き騒いでいる鳥が、譲葉の木に留まっております」

天稚彦は取り合わないので、雉はいつまでも騒がしく鳴き続ける。

「何と気色《きしょく》の悪い声なんでしょう。あの声を聞いていると気が変になります。お願いですから、早く追っ払ってください」

天探女が何度も頼むので、天稚彦は天羽々矢で雉を狙って射ると矢は雉の胸を射抜き、雉は声も立てず、すとんと地面に落ちた。

だが天羽々矢は天に向かって飛び続け、天安河を突《つ》ら抜いて、天照大神と高木神の前に落ちた。

「これは儂《わし》が天稚彦に与えた天羽々矢だ。血がついているからには、天稚彦は命令どおり千早振る者どもを鎮めようとして放ったのだ」

天羽々矢を手にした高木神は、そう云って庇った。

（八年たっても復命しない天稚彦は、葦原中つ国を我がものにしているのでは）

　他の神は、こんな疑いを持っていた。

「もし天稚彦が邪《よこしま》な心を持っているなら、この矢を葦原中つ国に送り返すと、天稚彦はこの矢を胸に受けて死ぬだろう」

　高木神は吉凶を占う祈請《うけい》ごとを云い、葦原中つ国へ向けて投げた。

　天羽々矢は虚空《おおぞら》を、光のように葦原中つ国へ飛び、朝寝中の天稚彦の胸に突き刺さって、天稚彦は即死した。

　驚いた下照姫が天稚彦の胸に取り縋《すが》って泣くと、その声は高天原に届き、それを聞いた天稚彦の父の天国玉神《あまつくにたまのかみ》は、

「この声は、息子が死んだからであろう」

　こう賢察し、疾風《はやち》を葦原中つ国へ遣って天稚彦の屍《かばね》を高天原に移送させた。

　そこに、遺体を安置する喪屋《もや》を造って殯《※もがり》をした。それには雀《すずめ》に米をつかせ、翡翠《かわせみ》に食事を作らせ、川雁《かわかり》に死者に供える食物を運ばせては鷺《さぎ》に喪屋を掃除をさせ、鳶《とび》に死者の体を清めさせた。

　こうして八日《ようか》、八夜《はちや》泣き悲しんで歌舞して稚彦を祀《まつ》っていると、天稚彦の親友の味耜《あぢすきの》神《かみ》が弔問にきた。すると高天原に残されていた天稚彦の七人の子供たちが、天稚彦と瓜二つの味耜神を父と間違えて袴《こ》の裾を握って離さないので、味耜神は、

「死者に間違えられるとは、縁起でもない」

そう忌《い》み嫌《きら》って喪屋を抜け出したが、子供たちは父を慕って味耜神の後を追っていく。

味耜神は、天安河に隠れても七人の子供たちの目は晦《くら》ませず、三つ星の下にある小三つ星に紛《まぎ》れ込もうとした。それでも子供たちは執拗に追ってくるので、美須麻流之珠《みすまるのたま》から五角星《かく》へいき、その中に隠れてやっと逃げ切った。

子供たちは、父と信じる味耜神を見失って、美須麻流之珠で途方に暮れた。

さて葦原中つ国の下照姫は、天稚彦の屍が天上に還《かえ》されたので、夫《つま》はきっと天つ国で黄泉帰《よみがえ》っていると信じて、天に昇っていった。

天安河に着くと、天稚彦に七人の子供がいて、その子供たちは天稚彦にそっくりな味耜神の後を追って、三つ星の方へ向かったと報《し》った。

下照姫は、天稚彦に子供がいたと知って衝撃を受けるも恋しさに変わりはなく、子供たちが追っていった三つ星へいった。

更に美須麻流之珠に着くと、そこには父を見失って孤児《みなしご》になった七人の子供たちが泣き惑《まど》っている。

そんな子供たちは、下照姫に慕い寄って無邪気に下照姫の裳裾《もすそ》を握って纏《まつ》わりついた。

下照姫は、この子供たちも自分も、天稚彦を失って悲しむ心は同じだと思って美須麻流之珠に留まり、子供らと遊びながらずっと、現在《いま》も天稚彦の帰りを待っている。

## ※下照《したてる》姫と七人の孤児《みなしご》たちの注釈

大国主神《おおくにぬしのかみ》：素戔嗚尊《すさのおのみこと》の子供又は子孫で、葦原中つ国の支配者
高木神《たかぎのかみ》：又は高皇産霊尊《たかみむすひのみこと》ともいい、天つ国の天照大神と共に最高位の二神
天 鹿児弓《あまのかごゆみ》：鹿を射る弓
天 羽々矢《あまのははや》：大蛇を射る矢
靫《ゆぎ》：矢を入れて背に負う筒状の道具
思 金神《おもいかねのかみ》：思慮の神
天 探女《あまのさぐめ》：後の天《あま》の邪鬼《じゃく》か？
殯《もがり》：葬送まで霊魂を慰撫《いぶ》する儀式。死者が蘇らないことを確かめてから墓に葬る
三つ星：オリオン座の三連星
小《こ》三つ星：同じオリオン座の大星雲
美須麻流之珠《みすまるのたま》：昴《すばる》（冬には肉眼で六個に見え、集まって一つに統《す》ばるから）または六連星《むつらぼし》ともいう
五角《ごかく》星：御者《ぎょしゃ》星

# 三　木花開耶姫《このはなさくやひめ》

神代の高天原から葦原中つ国へ移る過渡期、日向国《※ひむかのくに》の国《※くに》つ神である大山祇神《おおやまつみのかみ》の娘の木花開耶姫は、浜で沐浴《もくよく》していた。

ふと高千穂《※たかちほ》の峰を仰ぐと、遥か空の彼方から一筋の雲が螺旋状に垂れ下り、高千穂の頂上に達すると、仄《ほの》かな光芒《こうぼう》がその雲を伝ってくるのが見えた。

この集団が高千穂の峰に降り立ったと見た木花開耶姫は、しばらく見惚《みと》れていたが、我に返ると慌てて衣《きぬ》をまとって走って帰り、この不思議な現象を父の大山祇神に話した。

「きっと高天原の神が、この葦原中つ国を治める神を遣わされたのだろう。高千穂の峰に取付いた雲は、天安河から葦原中つ国へ渡る天浮橋《あまのうきはし》であろう」

天降ってくる神を幾年も待っていた大山祇神は、その秋《とき》がきたと思うと感慨深く、

「儂《わし》が国つ神として葦原中つ国に遣わされたとき、後に大八島を治める神を遣わすと、天照大神と高木神が云われた」

大山祇神は、高天原で暮らしていた頃を懐かしむように目を細めて云い、

「何という名の神か知らぬが、天降った神を見かけたなら、儂の方から出向いてお迎えせ

ねば失礼にあたるから、粗相《そそう》のないように」

長女の磐長姫《いわながひめ》と、次女の木花開耶姫にそう諭《さと》した。

その大山祇神は、磐長姫の前途を思って心を痛めていた。というのは、妹の木花開耶姫は、親の自分でも惚れ惚れするほど美しいのに、姉の磐長姫は醜女《しこめ》がゆえ、妹を嫉《ねた》んで僻《ひが》むだけではなく、心延《こころば》えも悪いのが悩みだった。

（神は神事にかまけて、目鼻を粗略に配置したもうたか……）

大山祇神は、自分も神であることを忘れてそう思っていた。

だがその後、何の気配もなく、

（木花開耶姫の妄想だったか……）

大山祇神はそんな失望した幾日か後、木花開耶姫が、浜辺で焚き木にする流木を集めていると、一人の神々《こうごう》しい男に出合った。

木花開耶姫はもしやと思ったが、男が近づいてくるので踵を返すと、男は追ってきて木花開耶姫の前に立ちふさがって云った。

「俺は先日、天降った天津彦火瓊々杵《あまつひこほのににぎ》という者だ。葦原中つ国を治めにきたが、中つ国にこんな美しい娘がいるとは思わなかった」

木花開耶姫は、自分が見たのは幻覚ではなく、父が云った神が天降ってきたと知ったが、男が正面から顔を見るので、恥ずかしくなって背を向けた。

「貴女は誰の娘か、名前を教えてくれ」

男は訊いた。

木花開耶姫は戸惑ったが、父に礼を欠かさないようにと云われているのと、好ましい男に見えたので答えた。

「私は大山祇神の娘の、木花開耶姫と申します」

「俺は貴女を妻にしたいが……」

「父の、大山祇神に訊《き》いてください」

木花開耶姫はそう云ったが、父が心を痛めている姉を思い出し、

「私には姉がおり、名は磐長姫といいます」

そうつけ加えた。

天津彦火瓊々杵尊は早速、大山祇神を訪ねて結婚を申し込んだ。

大山祇神は喜んで天津彦の仰せに従ったが、これ幸いと、姉の磐長姫も添えて差し出す約束をした。

数日後、天津彦は※納采《のうさい》として多くの品を携えてきて、※笠狭《かささ》の御崎《みさき》に建てた立派な※御屋《みや》へ、姉妹を連れていった。

ところがは天津彦は、磐長姫を一瞥《いちべつ》して、

「何と、醜い女だろう！」

そう云って、召さずに返した。

木花開耶姫は、父と姉の心情を思ってがっかりし、そんな天津彦火瓊々杵尊を拒んだ。

でも天津彦は腕ずくで木花開耶姫と目合《まぐあ》った。

この女心を踏みにじる身勝手な行動と、初めて会ったときと違う度量のなさに、木花開耶姫は幻滅した。

その後、木花開耶姫は天津彦火瓊々杵尊を避けていたが、その一度の目合いで身籠ってしまい、仕方なく天津彦に打ち明けた。

「俺は天孫であっても、どうして一度で孕《はら》ませられようか……。お前が孕んだ子は、私の子供ではないのだろう」

天津彦は、冷たく云い放った。

木花開耶姫は悲しくても、里に帰れば父に迷惑がかかるので堪《こら》えて、使いをやって大山祇神に身籠ったと報《しら》せた。

姉の磐長姫は、妹が妊娠したと知ると天津彦を訪ねていき、

「もし天孫が、私を避けずにお召しになられたなら、妹が産む御子の命は永らえるでしょう。しかし、そうでなかったので、天つ神の御子は、木《こ》の花の如く永らえないでしょう」

そう毒づいて唾を吐き、呪《のろ》って泣いた。

天津彦に大いに辱《はずかし》められた木花開耶姫は、月が満ちると出入口のない産屋《うぶや》を建てて閉じ籠もり、様子を見にきた天津彦火瓊々杵尊に、

「もし私が産む子が天孫の御子でなければ、不幸になります。天孫の御子なら、無事に産まれるでしょう」

そんな祈請《※うけい》ごとを云って、陣痛がはじまると産屋に火を点けた。

火が点いたときに生まれた御子を火酢芹命《ほすせりのみこと》と名づけ、火勢が盛んなときに生まれた子には火明命《ほあかりのみこと》、火炎が衰えたときに生まれた子は彦火々出見命《ひこほほでみのみこと》と名づけた。

このように木花開耶姫が云った祈請ごと通り、母子共、傷一つなく出産すると、天津彦火瓊々杵尊は、神の自分より優れた能力がある木花開耶姫を畏《おそ》れて、

「俺はもとより疑ってなかった。諸人《もろびと》の中には、一度の目合いで孕んだことを疑う者もいるかと思って云ったまでだ。これで天つ神なら、一夜で孕ませられることができると知っただろう」

誰にも云う必要のない、聞き苦しい弁解をした。こうして生まれて成長した次男の火明命は、強情で猛々《たけだけ》しかった。

卑怯な父の天津彦火瓊々杵尊は、思い余って、捨てようと因達《※いだて》の神山に連れていき、水を汲ませにやった。その隙に父は、舟を出して置き去りにしようとした。そんな酷《むご》い父の仕打ちを知った火明命は、大いに怒って風波をまき起こして父の舟を追うと、父の舟は前に進まず波浪に打ち壊《こわ》され、天津彦火瓊々杵尊は溺れ死んだ。

その壊れた天津彦の舟からいろんなものが飛び散り、その中でも蚕子《※ひめこ》が落ちた所を日女道《※ひめじ》というようになった。

## ※木花開耶《このはなさくや》姫《ひめ》の注釈

日向国《ひむかのくに》：宮崎県とするのと、単に日に向かう土地で、特定の場所ではないとの見解に分かれるが、筆者は前者を採る

国《くに》つ神：天孫降臨以前に土着して、それぞれの土地を治める神

高千穂《たかちほ》の峰：霧島山、又は宮崎県臼杵郡の高千穂

納采《のうさい》：皇族の場合の結納

笠狭《かささ》の御崎《みさき》：鹿児島県川辺郡笠沙町の野間岬か？

御屋《みや》：神社、宮、皇居、禁裏、御所、皇族の御殿

祈請《うけい》ごと：神に祈って、成否や吉凶を占う

因達《いだて》の神山：兵庫県姫路市総社本町に射楯兵主《いだてひょうず》神社がある

蚕子《ひめこ》：蚕《こ》・蚕《かいこ》

日女道《ひめじ》：兵庫県姫路

# 四　海幸彦《うみさちひこ》と山幸彦《やまさちひこ》

天津彦の御子である兄の火酢芹《ほすせり》は漁《すなど》りで、弟の彦火々出見《ひこほほでみ》は狩りで暮らしており、二人は海幸彦、山幸彦と呼ばれていた。

ふと、釣りをしたくなった弟の山幸彦は、

「道具を交換して、仕事を取り替えてみませんか」

そんな提案をしたが兄は賛成せず、山幸彦が執拗に云い続けると、兄は渋々応じた。

山幸彦は、愛用の弓矢ではなく予備の道具を兄に貸し、兄は弟が釣れるように、大切にしている釣り針を渡した。しかし山幸彦は、兄のように釣果《ちょうか》はなかった。

山幸彦が釣れずに飽きかけた日、凄い手応えがあった。力任せに竿を上げると、十五拳《※つか》以上ありそうな赤目《※あかめ》で、もう少しのところで糸は切れた。

他方、狩りに慣れない海幸彦も獲物は得られず、

「自分の道具でなければ、仕事にならん」

そう云って弓と矢を返すと、山幸彦は竿だけ手にして云った。

「私は大魚を釣り損ねて、釣り針を失《な》くしてしまいました」

「何だと！　だから俺は仕事を取り替えたくなかったのだ。お前は粗末な道具を俺に貸したが、俺は一番大切な針を貸してやったのだぞ」

「兄者も俺のように、なぜ失くしてもよい針を貸してくれなかったのだ……」

「お前が魚を得られるよう、大切な道具を貸してやったのに、なんという物の云いようだ。お前がいつも使っている弓矢なら、大猪を仕留められたのに、射損じたために手負いとなった大猪が向かってきて、なんとか難を避けたが、危うく命を落とすところだった」

「兄者の腕が悪いからだ」

「何だと！　大事な針を失くしただけではすまされんぞ。何としてでも探してこい」

売り言葉に買い言葉だったが、山幸彦は針を探すのは不可能で、自分の剣を潰して五百本の針を作り、

「これで勘弁してください」

と謝ったが、兄は受け取らない。

山幸彦は、更に千本の針を作って許してくれるように頼むと、

「そんなものを、いくら作っても駄目だ。一番よく釣れるあの針が必要なんだ」

海幸彦は、意地になって拒否した。

こんな窮地に陥った山幸彦は、浜辺で途方に暮れていると、通りがかった塩土老翁《※しおつつのおじ》が、消沈している理由《わけ》を訊いた。

山幸彦は、交換した道具の質を話さず、兄が無理難題をふっかけたと話すと、塩土老翁

は策を授けた。

そして山幸彦は、塩土老翁の助言通り、竹を密に編んだ舟を造り、その舟に乗って潮が導くまま海路を進んでいった。だが舟は少しずつ沈んでいき、山幸彦は慌てた。

塩土老翁の言葉を信じる山幸彦は、そのまま舟と共に海の中に潜っていくと、不思議なことに息苦しくなく、やがて海中《※わたなか》の国に着いた。

そこには鱗で葺いた屋根の宮殿があり、門を入ると泉のそばに桂の木があるのも、全て塩土老翁が話した通りだった。山幸彦は、そこで塩土老翁に教えられたように、その木の枝に腰をかけていると、水を汲みに出てきた女が山幸彦に気づいた。

女は海神《※わたつみ》の娘となる豊玉姫《とよたまひめ》の侍女で、その女の案内で宮殿に入った山幸彦を見た豊玉姫は、一目惚れして父の海神に紹介すると、海神は、

「この方は、天津彦の御子であられる」

豊玉姫にそう教え、山幸彦を座敷に上げて歓待した。

こうして豊玉姫を娶《※めと》った山幸彦は毎日、面白可笑しく暮らしていると、瞬く間に三年の歳月が過ぎていった。

ある日、山幸彦はふと三年前を思い出し、

「ここにきたのは、失くした兄の釣り針を探すためだった」

と豊玉姫に話すと、海神は全ての魚を呼び集めた。だが赤目だけこないので、豊玉姫が訊いた。

「なぜ、赤目はこないのだろう……」

「喉に何か刺さって、食べられずに弱っております」

派手な身形《みなり》の魴鮄《ほうぼう》が云った。

豊玉姫はおちょぼ口の河豚《ふぐ》に、赤目を連れてこさせた。その十拳ほどの赤目の口を開けさせて見ると、兄が貸してくれた釣り針が刺さっている。

山幸彦は、釣り損ねた赤目は十五拳もあると思ったが、それでも大きく、兄はこれほどの大きい赤目を釣ったことはなく、

(もし俺がこの赤目を釣り上げていたなら、兄の鼻柱をへし折ってやったのに)

そう思ったが、抜いてやった針を持ち帰ろうとすると、

「この針を兄君に返すとき、こんな呪文を唱《とな》えなさい」

海神は、呪文を教えてくれただけでなく、

「兄が高い土地に田を作ると、あなたは低い土地に田を作りなさい。そして兄と貴男が争えば、この潮満珠《しおみつたま》で海水を呼んで兄を溺れさせ、兄が許しを乞えば、この潮乾珠《しおふるたま》で救ってやりなさい」

そう云って、海神は山幸彦に二つの珠を授けた。

こうして山幸彦が帰ろうとすると、

「私を残して、※上つ国《うわつくに》へ帰るのですか……」

豊玉姫は、恨みごとを云って泣きすがった。

しかし豊玉姫は、この釣り針を探すのが山幸彦の目的だったと諦め、一尋《ひと※ひろ》もある鰐魚《※わに》を呼んで、その首に山幸彦を乗せて上つ国へ送り届けた。

さて山幸彦が葦原中つ国に帰ると、

「山幸彦か！　どこへいっていたのだ。俺は心配して方々を捜し廻り、お前にあの釣り針を返せと云ったのを後悔した。でもよく帰ってきたな……」

そう云う海幸彦は、本当に心配だった様子で、山幸彦は兄の気持ちを理解せず、海神が教えた呪文を唱えながら海幸彦に釣り針を返すと、

「変なことを云う奴だな……どこでそんな言葉を覚えたんだ」

そう云う海幸彦に、山幸彦は答えなかった。

そうして元の暮らしをしていると、海幸彦は獲物を得られずに貧しくなった。そこで海幸彦は、山に近い土地を耕作して米を作ろうとしたが、雨が降らずに凶作が続いた。山幸彦が作った低地の田は、近くに溜め池があって豊作続きだった。

不作が続いて刺々《とげとげ》しくなった海幸彦が、遂に山幸彦を襲って富を奪おうとした。すると山幸彦は、潮満珠で海幸彦を溺れさせた。海幸彦は溺れながら、

「俺は、お前の下僕となって仕えよう」

そう云って必死に命乞《いのちご》いするので、山幸彦は潮乾珠で救ってやった。

海幸彦は弟への暴言と、大事にしていた釣り針に固執したため、とんだ災難に遭った。

すると海幸彦は、漁の守護神である海神に会うため、浜辺で断食して幾日も祈っている

と、願いが叶って海神が現れ、

「針に拘《こだわ》ったのは、自分の生業《なりわい》の漁のためです。弟に大事な針を貸したのは、弟がよい魚を得られるように願ったからです」

このように、これまでの経緯《いきさつ》を話すと、

「そんなこととは知らず、悪いことをした」

海神はそう云い、山幸彦の言葉だけを信じたことを謝った。

「いまの海神の言葉で気はすみました。弟との確執《かくしつ》を避けるため、私は常世《※とこよ》の国へ旅立ちます」

痩せさらばえた海幸彦はそう決意し、海の彼方にある常世の国へ旅立った。

(有頂天になっている山幸彦を、懲らしめてやろう)

海幸彦を見送っていた海神は、そう呟いた。


海中の国では豊玉姫は身籠り、月が満ちてきたので上つ国に出向き、

「天つ国の御子は、海中で産むべきではありません。だから私は上つ国にきました」

山幸彦にそう云った。

山幸彦は、豊玉姫のために海辺に産屋を建てたが、屋根が葺き終わらない前に陣痛が始まり、豊玉姫は未完成な産屋に入るとき、

「異郷の者は、お産のときは元の姿になります。だから、決して私が貴男の御子《みこ》を産む姿

を見ないでください」

このことを、山幸彦に約束させた。

豊玉姫の言葉を不審に思った山幸彦は、未完成な産屋の屋根を繕《つくろ》うふりをしてこっそり覗くと、豊玉姫は八尋《やひろ》もある大鰐魚と化し、身をくねらせて出産しようとする。

山幸彦は驚いて逃げると、山幸彦に気づいた豊玉姫は、

「私は貴男の御子を産んだ後も、海中を通《かよ》って御子を育てようと決めていましたが、恥ずかしい姿を見られたからには、これまでです。子供の名前は母親がつけるもので、彦波瀲《ひこなぎさ》と名づけましたので、貴男の元で育ててください」

そう云って、御子を残して海中へ帰っていった。

山幸彦は、兄と妻を失ったが、海中の国に帰った豊玉姫は、山幸彦を恋い慕う心は消えず、御子を養育するために妹の玉依《たまより》姫を遣わした。

この山幸彦と、豊玉姫の間に産まれた御子の彦波瀲が、叔母の玉依姫を娶ってできた子が彦五瀬命《ひこいつせのみこと》と稲飯命《いなひのみこと》に、三毛入野命《みけいりのみこと》と狭野尊《さののみこと》の四柱で、末弟の狭野尊は後に神日本磐余彦《かむやまといわれびこ》と名を改め、初代天皇［神武《じんむ》］となった。

### ※海幸彦《うみさちひこ》と山幸彦《やまさちひこ》の注釈

拳《つか》：握り拳《こぶし》の、親指を除いた幅の長さ

赤目《あかめ》：鯛
塩土老翁《しおつつのおじ》：潮流を司る神・航海の神
海中《わたなか》の国：海底の国
海神《わたつみ》：綿津見と同じ、海の神又は海
娶《めと》る：妻にする
上《うわ》つ国：海底の国から見た葦原中つ国
尋《ひろ》：両手を左右に広げたときの両手先間の長さ
鰐魚《わに》：鮫《さめ》や鱶《ふか》
常世《とこよ》の国：不老不死の国、永遠の世界、理想郷、桃源《とうげん》郷

# 五　苦難の東征《とうせい》

浪速《※なみはや》の津の奥には、東西から抱きかかえるように延びる砂嘴《さし》の中に、巾着《きんちゃく》状の草香江《※くさかえ》という淀んだ広大な汽水湖がある。

その湖の東に聳える、那羅《※なら》盆地の西北にある胆駒《※いこま》山地を中心として麓までの一円は、登《※と》美《み》を本貫とする長髄彦《ながすねひこ》という豪族の支配地だった。

その長髄彦のもとに、胆駒山地を西へ下った草香江の浦となる白肩《※しらかた》の津《つ》から、

（不審な舟団が舳艫《じくろ》相銜《あいふく》めて向かってくる）

との報告があり、長髄彦はすぐ手勢を率いて白肩の津へ向かう途中の胆駒山地で、恐るべき夥《おびただ》しい舟団を見た。白肩の津に着くと、狼煙《のろし》を上げて近郷の男たちを集めた。

怪しい舟団は白肩の津の沖に停泊し、どの舟も兵士が満ち、その中の一隻から物見の数人の兵が上陸した。

長髄彦は、斥候《せっこう》を出して探らせると、

「天つ神の子孫の五瀬命《いつせのみこと》と、弟の狭野尊《さののみこと》と共に天降ってきた日臣命《※ひのおみのみこと》に、彼の配下の大《※おお》来目《くめ》を先鋒とする皇軍と称する舟団だそうです」

そんな報告があった。

「天つ神の子孫だと……。我らが天つ御子の饒速日命《にぎはやひのみこと》を祀っているのに、何と見え透いた嘘をつく奴らだ！　こ奴らはどこからきて、目的は何なのだ……」

「日向という国から、天《あめ》の下を治めるために、東のよき国を求めにきたそうです」

「天の下を治めるとはどういうことだ……」

「よく分かりませんが、全ての国を支配するということのようです」

「多分、海賊だろう……それにしては人数が多すぎる。片時も目を離さず用心せよ」

長髄彦はそう云い、狼煙の合図で集まった男たちに、弓矢を手に太刀を佩《は》かせ、

「物見の兵は引き揚げたようだが、今夜は浜辺や山の方々に篝《かがり》火《び》を焚《た》いて、人数を多く見せよう」

長髄彦は、不気味に静まり返っている舟団を、不安そうに眺めている村人に指示し、

「空は晴れても闇夜だから、今夜は何ごとも起きないだろう」

そう云い、女たちも動員して多くの弓と矢を作らせた。

翌日、日が昇ると、髪を鬟《みずら》という奇妙な形に結った皇軍が上陸し、浜辺の松林に隠れて待ち構えている長髄彦軍に戦《いくさ》を挑む様子だった。

そこで長髄彦軍は日を背に、皇軍は太陽を真っ向に受ける陣形で戦闘が始まった。

しかし太陽を正面にした皇軍は逆光に目が眩み、長髄彦軍の兵士を見定められず闇雲に矢を射っても空を切るばかりで、長髄彦軍が射る矢は正確だった。兵が次々に負傷するの

にじれた皇軍の大将らしき男が、

「小手を翳《かざ》して、日光を遮《さえぎ》って矢を射よ！」

そんな無茶を云っていたが、堪《たま》り兼ねて前に出た。長髄彦はその男を狙って矢を放つと過《あやま》たず命中し、周りの兵が男を抱き支えて他の兵と共に舟に引き揚げた。

「何と、たわいもない奴らだ。皆の者、勝鬨《かちどき》を叫《あ》げよ！」

長髄彦はそう云うと、兵士たちは声を揃えて歓声をあげた。

敗れた皇軍は草香江から出ていくので、長髄彦は何隻もの物見の舟を出して追跡させた。そして皇軍とやらの行動を報告するように命じると、皇軍は南海へ廻ったと報告があり、続けて、矢を受けた大将の五瀬命が、

（志《こころざし》半ばで倒れるとは無念である！　賤しい奴らの矢を受けて死ぬとは、何とした不覚だ！　弟よ、この仇は必ず討ってくれー）

そう雄叫《おたけ》んで、※木国《きのくに》の男之水門《おのみなと》で薨《こう》じたと報らせてきた。

すると弟の狭野尊《さののみこと》が屍を舟に乗せて※竈山《かまやま》へ運んで葬ったとの報せがあり、長髄彦はそこで追跡を打ち切った。


死んだ五瀬命は、彦波瀲《ひこなぎさ》を父とする四人兄弟の長兄で、弟の稲飯命《いなひのみこと》と三毛入野命《みけいりのみこと》及び、狭野尊との四人兄弟は日向の国の高千穂に住んでいた。

しかし三毛入野命は大海遥か常世の国へ、稲飯命は妣《はは》の郷里《さと》となる海中《わたなか》の国へ旅立っ

た。

残った長男の五瀬命は、末弟の狭野尊と議《はか》って、神聖でも住み心地がよくない高千穂を離れて、天の下を治めようと豊沃な土地を求めて旅立ったのだ。

しかし高千穂で生まれ育った二人でも、高天原に昇ったことはなく、父から聞いた葦原中つ国とは如何ほどのものかも知らず、とにかく高千穂を下って日向の海辺に到った。

その辺りは※熊襲《くまそ》の勢力が強く、皇孫に従って天降った日臣命と、その配下の大来目の現勢力では心許《こころもと》なかった。そこで※艨艟《もうどう》を造って海路を北へ向かったが、途中の激流の速吸門を前にして戸惑っていると、大亀の背に乗って釣りをしている※海人《あま》を見つけ、

「お前は、この瀬戸を渡ることができるか……」

五瀬命が問うと、

「私はこの辺りの潮の流れをよく存じており、ご案内いたしましょう」

海人はそう云ったので、五瀬命は棹を差し出し、海人を亀の背から舟に乗り移らせて海路を案内させた。

潮の干満を熟知する海人の先導で、無事に速吸門を渡った五瀬命は、海人に椎根津彦《しいねつひこ》との名を与え、好奇心旺盛な彼が海路を案内することになった。

速吸門を越えて北へ進んで※豊国《とよくに》の菟狭《うさ》に着くと、土地の菟狭津彦《うさつひこ》と菟狭津媛《うさつひめ》の兄妹は五瀬命兄弟を丁重に迎え、柱の片方が川の中にある珍しい御屋に案内して接遇《もてな》した。

だが菟狭は高千穂に較べると住みよかったが、五瀬命は更によい土地を求めて北へ向か

い、※筑紫《つくし》の岡田に御屋を築いて一年間暮らした。

そこでは※土蜘蛛《つちぐも》に脅かされたため、兵力を養おうと瀬戸内を東へ進み、※阿岐《あき》の国の多祁理《たけり》で六年間も過ごした。だがここは海賊が横行し、それに大八島を治めよとの皇孫の使命を果たせる土地と思えず、五瀬命は再び良き国を目指して※吉備《きび》の高島へ移った。

五瀬命はそこで、これまで通過した土地の豪族や土蜘蛛や海賊に勝《まさ》る兵力と軍舟を増強するのに数年を費やし、※亀卜《きぼく》によって吉と出た東へ向かうことにした。

※赤石《あかいし》の大門《おおと》を抜けて浪速の海に着くと、海岸の奥に草香江という広大な入江があり、そこで停泊していると、岸辺や山中に狼煙が上がった。

五瀬命は、不審な狼煙に不安を覚えて白肩の津に移動すると、そこでは登美の長髄彦という土族の首領が待ち構えており、冒頭に記した彼らとの戦が起こった。

「天照大神の御子である我らが、日に向かって戦ったのがよくなかった」

五瀬命はそう云って全軍を舟に引き揚げ、

「遠回りして、敵の背後を衝《つ》こう」

そう命令して、南海へ廻って東から日を背負って報復しようとしたが、五瀬命が受けた傷は深く、木国の男之水門に着いたとき、身罷《みまか》ってしまった。

弟の狭野尊が、五瀬命の屍を舟で竈山という土地に移して、墓を造って葬って復讐を誓った。そして心機一転と、神日本磐余彦《かむやまといわれひこ》と名を換えた。

こうして南海へ廻った皇軍は、獣道や藪を漕《こ》ぎ、また道なき道を何度も踏み惑《まど》って熊野に到ると、そこに大熊が出没した。その大熊が放った邪気を吸った磐余彦尊も、日臣命ら将兵も正気を失ってしまった。

　これを高天原で見ていた天照大神と高木神は、過去に葦原中つ国を平定した経験がある※武甕雷神《たけみかずちのかみ》を救援に遣わそうとすると、

「俺が天降らずとも、葦原中つ国を平らげたこの剣を下《くだ》せばすむことだ」

　武甕雷神はそう云って、熊野の高倉下《たかくらじ》という国つ神の倉に剣を投げ落とした。その剣を手にした高倉下は、気を失っている磐余彦尊にかざすと、

「なぜ長い間、寝ていたのだろう」

　正気に返った磐余彦尊はそう云い、武甕雷神が授けてくれた剣でもって、熊野の山中に棲む熊など、荒ぶるものどもを切り倒すと、兵士たちも正気に戻った。

　固唾を呑んで見守っていた、天照大神と高木神はほっとしても、

「まだまだ苦難の道は続くだろうから、三本足の※八咫烏《やたがらす》に先導させよう」

　高木神はそう云い、八咫烏を葦原中つ国へ遣わした。

　磐余彦尊は八咫烏の先導によって熊野から吉野の山中に分け入り、腰に獣の敷き革を着けた、まるで尻尾が生えたように見える※井光《いひか》や、同じような格好をした、※吉野の国樔《くず》の祖先となる石押分《いわおしわく》の子という、国つ神に迎えられたりして※宇陀《うだ》という土地に着いた。

　そこに土蜘蛛の兄猾《えうかし》と弟猾《おとうかし》という強い兄弟がいると知った磐余彦尊は、八咫烏を遣わ

し、

「天つ神の御子がこられるので、お仕えするように」

そう云わせると、兄猾は鏑矢《かぶらや》を射て八咫烏を威《おど》して追い返した。そして兵を募って皇軍を迎え討とうとしたが、兵は集まらなかった。

兄猾は磐余彦尊を殺せばよいと考え、押罠《おしわな》という、部屋に入って床を踏むと、天上に吊るした米俵が落ちるという仕掛けを作った御殿に誘《おび》き入れようと、

「天つ神の御子を御殿にお迎えして、お仕えしましょう」

使いにいった弟猾に、そう偽わらせて待ち受けていた。

しかし神々しい皇軍の御稜威《※みいつ》を畏《おそ》れ慄《おのの》いた弟猾は、兄の計略を磐余彦尊に打ち明けると、日臣命が兄猾を訪《おとず》れ、

「仕えると云った証《あか》しに、お前が造った御殿だから先に入ってみろ！」

そう脅《おど》し、尻込みする兄猾を剣と矛と矢で御殿に追い立てると、兄猾は自分が作った押罠の下敷きになって死んだ。

弟猾は皇軍に媚びて大層な馳走と酒をふるまうので、磐余彦尊は全兵士に洩れなく配ると、日臣命の配下の大来目が、身振り手振り面白可笑しく歌った。

《宇陀の山の頂に鴫《しぎ》網を仕掛ければ鴫はかからず勇魚《※いさな》がかかった　前妻が欲しがるので肉の少ない皮を剥《へ》ぎとってやり　後妻が欲しがれば肉をやればよい

ええ　しゃこしゃ　ああ　しゃこしゃ》

こうして難を逃れた磐余彦尊は、長髄彦軍と対決する前に、まだ多くの苦難の道が待ち受けているようで、前途に不安を覚えながら那羅盆地の中原《ちゅうげん》へ向かった。

**※苦難の東征《とうせい》の注釈（図形①を参照）**

浪速《なみはや》の津：大阪湾の難波の海
草香江《くさかえ》：古代にあった大阪湾から京都府南部にかけての入江
那羅《なら》盆地：奈良盆地
胆駒《いこま》山地：生駒山地
登美《とみ》：生駒山の東の奈良県富雄町辺り
白肩《しらかた》の津《つ》：生駒の西麓の、東大阪市日下町辺りにあった津
日臣命《ひのおみのみこと》：後に道臣《みちのおみ》と改め、軍事を司る大伴の連《むらじ》の遠祖
大来目《おおくめ》：大伴に統率された、軍事に従う久米直《くめのあたい》の祖
木国《きのくに》の男之水門《おのみなと》：大阪府泉南市男里《おのさと》の船着場
竈山《かまやま》：和歌山市和田
熊襲《くまそ》：九州南部に住む部族・朝廷に服従しない人々を卑しむ言葉

艨艟《もうどう》：戦舟《いくさぶね》。軍艦
海人《あま》：海で魚や貝を獲ったり藻塩を焼いて暮らす漁夫
豊国《とよくに》の菟狭《うさ》：大分県の宇佐市
筑紫《つくし》の岡田：遠賀川の河口にある福岡県遠賀郡芦屋町辺り
土蜘蛛《つちぐも》：朝廷に服従しない地方の豪族の首長を賤しむ言葉
阿岐《あき》の国の多祁理《たけり》：広島県（安芸の国）安芸郡府中町
吉備《きび》の高島：岡山県玉野市の南に位置する宮浦
亀卜《きぼく》：亀の甲を焼き、その裂目で吉凶を判じる占い
赤石《あかいし》の大門《おおと》：明石海峡
武甕雷神《たけみかずちのかみ》：勇猛な雷神で、剣の神霊
八咫烏《やたがらす》：大きい烏
井光《いひか》：吉野郡吉野町飯貝《いいかい》辺りの土着民
吉野の国巣《くず》：吉野郡吉野町国栖《くず》に住む土着民
宇陀《うだ》：奈良県宇陀市兎田野宇賀志辺り
御稜威《みいつ》：神や天皇の威光
勇魚《いさな》：鯨の古名

# 六　神日本磐余彦尊《かむやまといわれひこのみこと》の即位

宇陀《うだ》に着いた磐余彦尊は、高倉山《※たかくらやま》に登って眺望すると、国見丘《※くにみのおか》に土蜘蛛《つちぐも》の八十梟師《※やそたける》が多くの手下を従えて待ち構えている。それに忍坂《※おしさか》や磐余邑《※いわれのむら》にも、兄磯城《えしき》の兵が満ちて皇軍の前途を阻んでいる。

磐余彦尊は軍を止《とど》めて策を考えたが名案はなく、煩悶《はんもん》して、酒に頼ってやっと眠りについた。

そこに兄に背《そむ》いてまでも皇軍に従った弟猾は、あれこれと手立てを考え、深夜、磐余彦尊が寝入ったとみて、枕元に忍び寄って囁《ささや》いた。

（天香具山《あまのかぐやま》の埴土《※はにつち》を用いて、食器と瓶《かめ》を作って食べ物と酒で敵を接遇《もてな》して、敵の気が緩んだ隙に討てばよいでしょう）

夢路にあった磐余彦尊は、これを神の託宣と聞いたが、半信半疑で、翌朝、弟猾が、

「天香具山の埴土を採って作った、食器と瓶に入れた食べ物と酒を飲み食いさせて、隙を見て敵を討てば絶滅できるでしょう」

昨夜、神が夢枕に立ったときと同じことを奏上すると、磐余彦尊は、昨夜の託宣を信じ

て実行することにした。しかし香具山へいくには敵中を突破せねばならず、磐余彦尊は具申してきた弟猾に、何か手立てはあるかと問うと、

「誰かを、老婆と老爺《ろうや》に化けさせて行かせれば」

前もって、考えていた案を言上した。

磐余彦尊はその策を入れ、椎根津彦に爺さんの格好をさせ、弟猾自身は婆さんに変装させて埴土を採りにいかせると、道の途中で屯《たむろ》っていた賊は、

「何とまあ、みすぼらしい爺《じじ》と婆《ばば》だな……」

そう嘲《あざけ》り笑って道を空けるので、二人は埴土を採ってこれた。

その土で食器や瓶を作り、酒と馳走《ちそう》を※膳夫《かしわで》に作らせ、磐余彦尊は兵と共に飲み食いして英気を養って出撃すると、なんなく八十梟帥を討ち取れた。そこで、また大来目が唄った。

《※神風《かむかぜ》の伊勢の生石《おいし》に這い廻る※細螺《しただみ》どもや撃ちてし止《や》まむ》

これで当面の敵は消えたが、難関は一騎当千と聞こえる兄磯城軍で、

「膳夫と大来目を率いて、兄磯城を饗応《きょうおう》している間に隙を見て討て」

磐余彦尊は、弟猾が八十梟帥を討つために作った策の神託を用いて、日臣命《ひのおみのみこと》から名を改めた道臣《みちのおみ》に命じた。

道臣は、磐余《いわれ》の村の近くに室《むろ》を作ると、肝が据わった兵を丸腰で兄磯城に遣わし、

「我々は無礼な八十梟師を討ったが、貴方たちは義に厚い人だから信頼できる。我が皇軍は、多くの料理人を連れているので、敬意を表して宴席を設けたい」

これを磐余彦尊の意向として、兄磯城に伝えた。

「何を企んでいるのだろう……」

兄磯城は疑った。

「滅相もありません。我々は見た通りの丸腰で馳走いたします。貴方たちは、剣をお持ちになって結構です」

「酒が飲めるのだな」

「十分に用意します」

そのような遣り取りがあり、磐余の室に招待することになった。

道臣は、大来目の兵を膳夫に変装させ、髪を椎形《※つちがた》に結わせた中に小刀を隠させ、膳夫に紛れ込ませて馳走を作って饗応した。そして頃合いを計った道臣の歌を合図に、兄磯城を伐《う》てと策を授けた。酒盛りが闌《たけなわ》となったとき、道臣が、

《磐余の室に集《つど》う僕《やつがれ》や来目の頭椎《※くぶつち》撃ちてし止《や》まむ》

そう歌うと、膳夫に紛れていた大来目の兵たちは、髪の中に隠していた小刀で兄磯城と

手下を殲滅した。

こうして土蜘蛛を平らげた磐余彦尊が那羅《なら》盆地に入ると、辺境には和珥《※わに》、平群《へぐり》、葛城《かずらき》、蘇我《そが》、臣勢《こせ》など多くの群雄が割拠《かっきょ》している。

磐余彦尊は、兄の五瀬命の仇である長髄彦がいる登美へ向かい、勝ち戦に乗じて長髄彦を討とうとした。

長髄彦軍は白肩の津で皇軍に勝利しているだけに手強《てごわ》く、皇軍は日を背にして戦ったが戦況は一進一退となり、日が高くなると、道臣を先鋒とする皇軍は苦戦を強いられた。

そんなとき叩きつけるように雹《ひょう》が降り、それと共に金色の鵄《とび》が飛んできて磐余彦の弓に止まって、雷光のような光を長髄彦軍へ放った。

長髄彦軍はこの閃光《せんこう》に幻惑されて、矢を射られずに退却した。

「この鵄は、天つ神が天降らせたに違いない。だからこの鵄を金鵄《きんし》と呼ぼう」

磐余彦尊は声高らかにそう云うと、大来目はまたも、

《御稜威　御稜威し仇《あだ》なす登美の長髄撃ちてし止まむ》

こう歌い、続けて、

《山椒の実　今も口にぴりぴり沁《し》む撃ちてし止まむ》

五瀬命が戦死したときの苦杯を思い起こして歌った。

金鵄の目眩《めくら》ましに遭《あ》って後退した長髄彦は、皇軍に使者を派遣し、

「昔、我が地に天つ御子の饒速日命《にぎはやひのみこと》が天降ってこられたので、我々はこの神に仕えている。貴方たちも天つ神の御子だと云うが、天つ神の御子が二人いるとは解《げ》せん！」

そう云わせた。

「天つ神の御子は八十万《やそよろず》おり、全ての神の名は知らぬが、お前たちが仕えている饒速日命が本当の天つ神なら、何らかの表《しるし》を持っているだろう」

磐余彦尊がそう云って使者を帰すと、長髄彦は、饒速日命が天降ったときに携えた天羽々矢と、※歩靫《かちゆき》を持ってきた。

「これはまぎれもなく、天羽々矢だ」

磐余彦尊は、使者が見せた矢を手に取ってそう云うと、同じ天の羽々矢を取り出して長髄彦に見せた。すると長髄彦は畏れ入っていたが、人の姿をした現人神《あらひとがみ》の磐余彦尊と万《よろず》の神との違いが分からず、何度も教えたが聞き分けられず、それに戦闘態勢を解かぬので殺してしまった。

「今後、皇軍に挑みません。私は天つ神の御子の五瀬命を射た罪に服して蟄居《ちっきょ》いたします」

神との違いを聞き分けた長髄軍の指揮者はそう云って軍を解散し、胆駒《いこま》山の西にある※草《くさ》

香《か》の邑《むら》に引き籠もってしまった。

磐余彦尊は長髄彦軍の部下を惜しみ、自分に付き従う日臣命と同じだと考えて彼らを帰順させ、饒速日命は後の物部氏《もののべし》の祖先となった。

その後、磐余彦尊は、大和の各地に群居する和珥《わに》の居勢祝《こせの※はふり》や、臍見《※ほそみ》の猪祝《いのはふり》に、高尾張《※たかおわり》の邑の土蜘蛛どもを服従させて平定したが、まだ辺境には従わぬ者が多くいる。

磐余彦尊は天降ってきた八咫烏から、大《おお》八島とは高天原から見下すと広大な土地だと教えられ、これら六合《※りくごう》を統一して、八紘《※はっこう》を掩いて宇《いえ》とするという壮大な理想を描いた。そして畝火《※うねび》の白檮原《かしはら》に御屋を造って天の下を治めることにし、自ら天皇《すめらのみこと》という地位に就くと宣言［即位］した。後の人は、この年を逆算して紀元前六百六十年と定めた。

翌年、天皇は論功行賞《ろんこうこうしょう》を行った。

道臣は桃花鳥坂《※つきさか》の土地を与えて臣《※おみ》という位に任じて寵愛し、大来目には、畝火山の西にある川辺の土地を与えて直《※あたい》という位を授けた。弟猾は猛田《※たけだ》の邑《むら》を治める県主《※あがたぬし》とし、椎根津彦は、大和《やまと》の国造《※くにのみやつこ》に任じ、八咫烏も金鵄も恩賞の列に入った。

磐余彦尊の御子《みこ》は、日向に住んでいたときに阿多《※あた》の小椅君《※おばしのきみ》の妹の吾平津媛《あひらつひめ》を娶《めと》ってできた手研耳命《たぎしみみのみこと》と、大来目を媒人《なこうど》として、皇后として娶った媛蹈鞴《ひめたたら》五十《い》鈴媛《すずひめ》が産んだ神八《かむや》井耳命《いみみのみこと》と、神渟名川耳尊《かむぬなかわみみのみこと》の三柱がいる。

磐余彦尊は、百三十七歳で高天原に帰り（崩御）神武《じんむ》という諡《おくりな》が贈られた。

その後、息子の捻《ひね》くれ者の手研耳命は、弟二人を殺して皇位に就こうとした。だが逆に弟たちに殺された。

天皇が太子に立てた末弟の神渟名川耳尊［第二代綏靖《すいぜい》］が皇位に就くと、神武天皇を畝《※うね》火山《びやま》の北方にある白檮尾《かしのお》の上の陵《みささぎ》に葬った。

## ※神日本《かむやまと》磐余《いわれ》彦尊《ひこのみこと》の即位の注釈

高倉山《たかくらやま》：奈良県宇陀市大宇陀町松山の東南方にある展望のよい山
国見丘《くにみのおか》：奈良県宇陀市大宇陀町と桜井市の間にある経ケ塚山
八十《やそ》梟帥《たける》：多くの勇者達の長
忍坂《おしさか》：奈良県桜井市忍坂
磐余《いわれ》：奈良県桜井市の中部から橿原市南部にかけての地名
埴土《はにつち》：粘土・赤土
膳夫《かしわで》：饗膳を取り仕切る人・料理人
神風《かむかぜ》：伊勢にかかる枕詞《まくらことば》
細螺《しただみ》：小型の巻貝
椎形《つちがた》：椎《しい》の実の形か？
頭椎《くぶつち》：筆者は椎の実の形に結った髪型と解釈する
和珥《わに》：奈良県天理市和爾

歩靫《かちゆき》：徒歩で狩りをするとき、矢を入れる容器
草香《くさか》：大阪府枚岡市日下町
祝《はふり》：小部族の酋長
臍見《ほそみ》：不詳
高尾張《たかおわり》の邑：後の葛城《かつらぎ》
六合《りくごう》：天地と四方・宇宙全体
八紘《はっこう》を掩《おお》いて宇《いえ》とする：宇は屋根で、世界を一つの家とする［八紘一宇《はっこういちう》］
畝火《うねび》の白檮原《かしはら》：奈良県橿原市の久米川の辺り
桃花鳥坂《つきさか》：橿原市鳥屋町辺り
臣《おみ》：古代の姓《かばね》の一つで、臣《おみ》・連《むらじ》・造《みやつこ》・君《きみ》・直《あたい》・史《ふびと》・県主《あがたぬし》・村主《すぐり》などがある
直《あたい》：前記参照、国造に多い
猛田《たけだ》の邑《むら》：奈良県橿原市東竹田
県主《あがたぬし》：朝廷の県の支配者
国造《くにのみやつこ》：大和王権に服属する地方の首長
阿多《あた》：鹿児島県西南部一帯の土地
小椅君《おばしのきみ》：阿多隼人《はやと》の豪族
畝火山《うねびやま》の白檮尾《かしのお》の上：畝傍山《うねびやま》の東南にある橿原。陵墓要覧によれば橿原市大字洞字ミサンサイ

# 七　四道将軍《しどうしょうぐん》と箸墓《はしはか》

御間城《みまき》［第十代崇神《すじん》］天皇七年春※二月、吾田媛《あたひめ》は、※平城山《ならやま》を越えた※いづみ川の近くの住み処《か》から、二人の下女を伴って山菜を摘みに出かけた。

川を越えた対岸の川辺では※根白草《ねじろぐさ》を、その奥の岡辺で多遅《たじ》の若い茎や菜花《なばな》に、香りのよい差焼草《さしもぐさ》などを採っていると、雲が厚くなった東の※鹿鷺山《かさぎやま》の方に稲妻が光った。

「川上で驟雨《しゅうう》があって、増水するようだから、すぐ帰り支度を！」

髪を※双髻《そうけい》に結った吾田媛は、摘み草に夢中になっている下女を促し、早くも水嵩《みずかさ》が増した川を渡ろうと、下女にも手伝わせて川に押し出して舟に飛び乗った。

水手《かこ》を断ってまで、自ら舟を操る気丈な吾田媛は、流れが速くなって慌てて差した棹が川岸の岩に挟まってしまった。

岸に残った棹は、吾田媛の手からもぎ取られるように岸に残って撓《しな》って弥次郎兵衛《やじろべえ》のように揺れ、舟は女たちを乗せて流れ下っていく。

舟は流れに相対して転覆しそうになり、吾田媛が咄嗟に川上に身を寄せたため舳先《へさき》は流れに沿った。

しかし棹がなくては制御できず、舟は流れに任せて下っていく。下女も吾田媛も身を伏せ、上目使いで前を見ながら大声で神に祈るしかなく、※二里ばかり下ったとき、右岸に馬を駆《か》る、若い狩衣姿の男が現れた。

稚児髪《ちごがみ》の※総角《あげまき》に結った若者は、吾田媛と目が合うと、右岸を駆け下って竹林の竹を一※丈《じょう》余りの長さに切り取り、流れに馬を乗り入れて吾田媛に差し渡した。

葉が付いたままの竹棹を手にした吾田媛は目礼し、舟を巧みに操って対岸の砂地に着けた。吾田媛は、ほっとして左岸に目をやると、騎馬の若者は川上へ消えていった。吾田媛は、礼を云う暇《いとま》もなかったが、総角の爽やかな顔貌《がんぼう》は目に焼き付いた。

翌年の同じ時期、吾田媛はいつもの下女を伴い、ある想いを秘めていづみ川を渡って摘み草をしていた。そこに期待通り、下郎を従えた、髪を総角から※角髪《みずら》に変えていても、昨年に救ってくれた若者が現れた。

吾田媛の髪も、双髻から※宝髻《ほうけい》に変えていたが、互いに見紛《みまが》うことはなかった。その日は互いに名前を明かし、山背《やましろ》に住まう武埴安彦《たけはにやすひこ》と名乗った若者は、吾田媛の宅《いえ》を訊くと、馬首を巡らした。

数日後、武埴安彦は、鹿鷺山での狩りの帰りだと云って吾田媛を訪れた。

吾田媛の両親は、若くて天皇の叔父に当たる人物と知って安心して歓待し、二人は夕刻まで語り合った。そして吾田媛は帰る武埴安彦を門まで送っていくと夕星《ゆうつづ》が煌《きら》めき始め、武埴安彦はその星を眺めながら、星の話をした。

それは神代の天稚彦《あめのわかひこ》と下照姫《したてるひめ》の話だったが、吾田媛は幼いとき、乳母からそんな話を聴いた覚えがあり、門の脇の倒木に並んで腰を下ろして聞き入った。

その話の中の六連星《むつらぼし》を、

「時期が冬なら見えるが、俺は目がよいので、六連星は六つ以上の星の集まりに見える。手前にある星を美須麻流之珠《みすまるのたま》ともいうのは、それらの星を統《す》ばるように見えるから、昴《すばる》ともいうのだそうだ」

吾田媛は、今も七人の孤児と遊びながら天稚彦を待っているという話に胸が熱くなった。

「そなたゆえ、こんな話をしてしまったが、退屈でなかったかな……」

武埴安彦は、最後に照れるように云った。

吾田媛の母が、心配して呼びにくるまで質問したりして、互いに刻《とき》を忘れて明日《みらい》をも語り続けた。

翌年の秋、二人は夫婦になった。

当時の大和は、御間城《みまき》［第十代崇神《すじん》］天皇が※師木《しき》の水垣《みづかき》の宮で天《あめ》の下を治《し》らしめていた。

同天皇の治世の十年秋九月、天皇は伯父の大彦《おおびこ》を※古志《こし》の道へ、彼の息子の武渟川別《たけぬなかわのわけ》は※東方の十二道へ、異母兄の彦坐王《ひこいますのみこ》を※旦波《たには》の国へ、※西《にし》の道《みち》には吉備津彦《きびつひこ》を遣わし、大和朝廷に従わぬ者を平らげることにした。

この大掛りな派兵に、天皇は、宮殿の前庭で四将軍をはじめとする将兵の観閲《かんえつ》を行ない、これら将兵を見送る家族や、見物の近郷の民が十重二十重《とえはたえ》に取り巻くという稀代《きたい》な光景があった。

大衆が見守る中で、天皇から※印綬《いんじゅ》を授かった四人の将軍のうち、大彦を除いた三将軍は、直ちに兵を率いて遠征の途についたが、大彦だけはすぐに出立しなかった。これには四年前、※疫病《えやみ》が発生したことを理由にした。

――この疫病によって死人が続出し、あるいは疫病を恐れて離農する者や流亡する百姓も多く、天皇は自分の力の及ばぬことと知った。

そこで※天神地祇《てんじんちぎ》の神意を請《こ》うために、身を清めて床に入った幾日か後、※大物主神《おおものぬしのかみ》が夢枕に立って告げた。

「大田々根子《おおたたねこ》に私を祀《まつ》らせたなら、疫病は鎮まって国は安らかになるだろう」

天皇は早速、八方手を尽くして、大田々根子という者を捜させると、※河内《かわち》の国の美努邑《みののむら》にいると判って朝廷に召した。

この大田々根子を神主として、大物主神、すなわち大三輪大神を※御諸山《みもろやま》に祀り、更に※宇《う》陀《だ》の墨坂神《すみさかのかみ》に赤色の盾と矛《ほこ》を、更に※大坂神《おおさかのかみ》には黒色の盾と矛を祀った。

更に※坂の御尾《みお》の神や、河の瀬の神などに、あらゆる神に※幣帛《みてぐら》を献じると疫病は止み、国

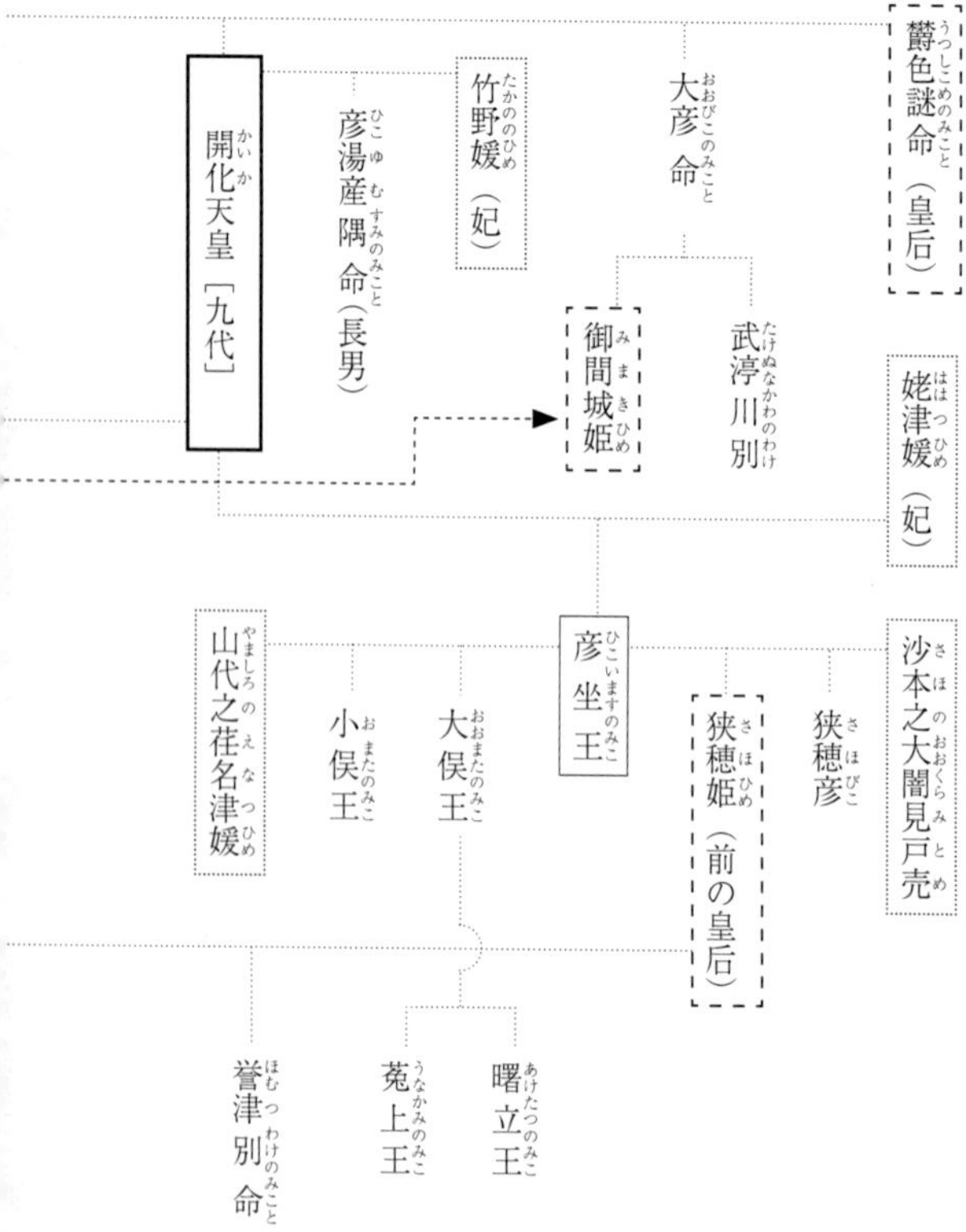
欝色謎命《うつしこめのみこと》（皇后）
大彦命《おおびこのみこと》
竹野媛《たかののひめ》（妃）
彦湯産隅命《ひこゆむすみのみこと》（長男）
開化《かいか》天皇［九代］
武渟川別《たけぬなかわのわけ》
御間城姫《みまきひめ》
姥津媛《ははつひめ》（妃）
沙本之大闇見戸売《さほのおおくらみとめ》
狭穂彦《さほびこ》
狭穂姫《さほひめ》（前の皇后）
彦坐王《ひこいますのみこ》
大俣王《おおまたのみこ》
小俣王《おまたのみこ》
山代之荏名津媛《やましろのえなつひめ》
曙立王《あけたつのみこ》
菟上王《うなかみのみこ》
誉津別命《ほむつわけのみこと》

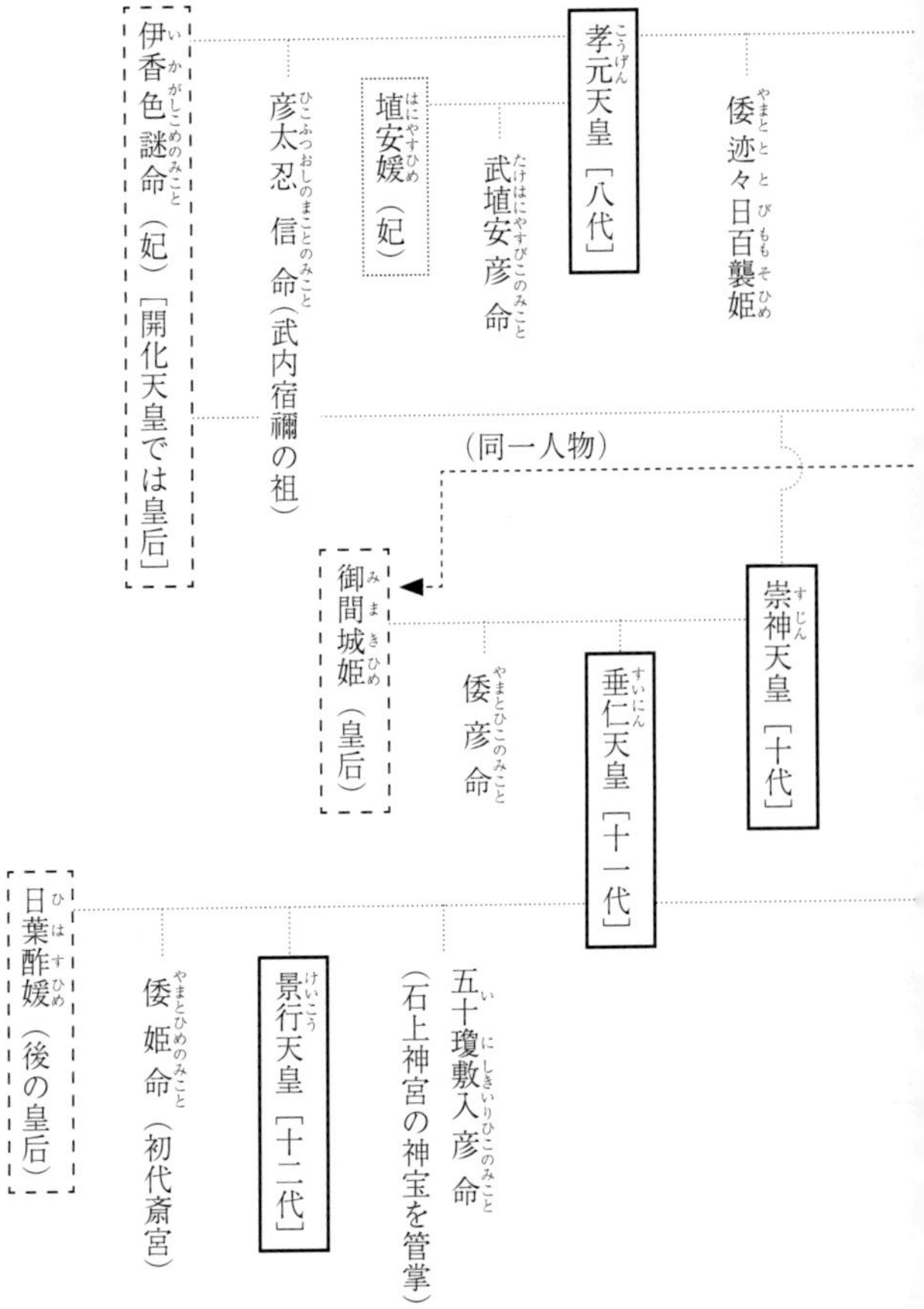
孝元《こうげん》天皇［八代］
倭迹々日百襲姫《やまとととびももそひめ》
武埴安彦命《たけはにやすびこのみこと》
埴安媛《はにやすひめ》（妃）
彦太忍信命《ひこふつおしのまことのみこと》（武内宿禰の祖）
伊香色謎命《いかがしこめのみこと》（妃）［開化天皇では皇后］
（同一人物）
崇神《すじん》天皇［十代］
垂仁《すいにん》天皇［十一代］
倭彦命《やまとひこのみこと》
御間城姫《みまきひめ》（皇后）
五十瓊敷入彦命《いにしきいりひこのみこと》（石上神宮の神宝を管掌）
景行《けいこう》天皇［十二代］
倭姫命《やまとひめのみこと》（初代斎宮）
日葉酢媛《ひはすひめ》（後の皇后）

内は平穏《へいおん》になり、百姓も戻って五穀※は稔った。

このように世が静謐《せいひつ》になったのは、疫病が発生した二年後のことである——。

この災難によって、疲弊した国力が戻り切らないうちの、天皇が四道将軍に下した命令には、首を傾げる臣下もおり、大彦も同感だった。でもある意味では、自分には絶好の機会だった。

というのは調※《つき》は滞って府倉※《ふこ》は空っぽで、軍費と食料は遠征先で調達せよとの天皇に反感を抱き、以前から秘《ひそ》かに皇位を狙っていた大彦は、息子の武渟川別及び他の二将軍も自分が皇位に就けば協力してくれるものと踏んでいた。

それは疫病で兵士が少なくなったのと、三人の将軍が遠征したために都の警備が手薄になったからである。

大彦はこの魂胆を息子にも隠していたが、気が置けないと自分勝手に思っている、異母弟の武埴安彦に冗談めかしく洩らした。

このときの彼の顔色は冴えなかったが、狡猾《こうかつ》な大彦でも、そんな武埴安彦の顔色を読み、冗談っぽく笑って誤魔化したが気になっていた。

仲がよい武埴安彦夫婦は、以前から義兄の大彦に不信感を抱いており、吾田媛は隣の部屋で耳を聳《そばだ》てていた。

そして浮かぬ顔で大彦を送り出した夫に訊いてみると、夫は珍しく曖昧な返事をした。

そこで忠実な下僕に大彦の身辺を探らせると、彼は軍を進めず逡巡《しゅんじゅん》しているとのことで、吾田媛は、これは大彦が本気で皇位を狙っていると思った。

そんな下僕が、天皇は山城の女の元に※妻問《つまど》いに通っていると聞き込んできた。

吾田媛は下女の中から乗馬が得意な乙女を選び、自分が作った、大彦が天皇の命を狙っているという意を含んだ歌を覚えさせた。

そしてこれらを夫に話すと、

「さすがに我が妻だ。俺もそれに近いことを考えていた」

武埴安彦は、そう妻を誉めた。

一方の大彦は、独力で甥の天皇を討とうと都に居続けて、水垣の宮の警備のほどを探っていたが決断できず、古志への遠征をずるずる延ばしていると天皇に催促され、

「疫病で兵士が少なくなった都の護りを確かめていたからで、四将軍がいなくても大丈夫だと確認しましたので、遠征の途に就こうとしていたところです」

そう上奏して、やっと重い腰を上げ、

「※近《ちか》つ淡海《おうみ》や、山背《やましろ》辺りの群卿には気を許さないでください」

気になる武埴安彦を暗にほのめかし、三将軍に遅れること二旬日、ゆるゆると軍を北へ進めて※山背《やましろ》の和珥《わに》の坂に達した。

そのとき、突然、馬に乗った、腰裳《こしも》だけをつけて、乳房を露《あらわ》にした美しい乙女が現れ、

《御間城入彦　己《おの》が命を落《お》とすと知らで　後ろへゆけば前から　前へゆかば後に
己が命を窺《お》いし者を知らに御間城入彦　※姫遊《ひめなそ》びするも》

大彦の前で、こう歌って駆け去った。

この歌を聞いて不思議な感覚に捉われた大彦は、聞き違いかと、馬を返して乙女を追って問い質《ただ》した。

「いまの歌の意味は……」

「私は唄っただけで、意味はありません」

そう云う麗しい乙女を、大彦は手籠《てご》めにしようとすると、乙女は巧みに逃げた。

（惜しい乙女だった……）

大彦は未練でも、不思議な乙女の行動を怪しみ、

（あれは武埴安彦が遣わした乙女で、甥の天皇と俺を間違えたのだ）

思考の末に、そこに辿り着いたが、もっとよく考えると、

（それは俺の出立が遅くなったからで、妻問いにいく天皇に奏上しようと、相手を間違えて俺に唄ったのだ。武埴安彦は印綬を受けた俺を妬《ねた》んで、天皇に告げ口しようとしたに違いない）

そう考えた大彦は都に引き返しながら、

（都の護りに隙があれば天皇を討つか、武埴安彦を陥《おとしい》れるかだ）

そう思い、警備が厳重なら、武埴安彦を計略する手立てを考えようと都に帰った。

ところが水垣の宮の警備は厳重でつけ入る隙はなかった。

そこで大彦は神のお告げを聞くことができる、武埴安彦に想いを寄せている、天皇の信任が厚い、天皇の伯母の倭迹々日百襲姫《やまとととびももそひめ》を秘かに訪ねた。

そして乙女が唄った『己が命を窺いし者を知らに』の部分を『山背の己が命を窺いし者を知らに』と歪曲《わいきょく》して告げ、

「これは武埴安彦が、邪《よこしま》な心を抱いているからに違いありません」

そう吹き込んだのは、この歌を天皇に話すと、天皇はきっと倭迹々日百襲姫に占ってもらうに違いないと、確信していたからである。

こうして天皇に拝謁した大彦は、都に戻った理由は、この歌を聞いたからだと奏上し、百襲姫に話した『山背』の部分は云わなかった。

「不吉な歌を唄う乙女だな。では伯母の倭迹々日百襲姫に占ってもらおう」

天皇は大彦の目論み通り、百襲姫を呼んで亀卜《きぼく》で占わせた。

勘がいい倭迹々日百襲姫は、大彦から聞いたとは噯《おくび》にも出さず、

「これは謀叛《むほん》の前兆です。武埴安彦の妻の吾田媛は、秘かに大和《※やまと》の香具山《かぐやま》の土を領巾《※ひれ》に包み採って『これは、大和を治める土』と呪言《じゅげん》したと出ました。天皇は、早急に手立てを執《と》らなければ後悔するでしょう」

大彦の小心を見抜いた賢《さか》しい倭迹々日百襲姫は、武埴安彦の、勝ち気で美貌な妻の吾田

媛に嫉妬して、亀卜が示した大彦を武埴安彦に置き換えて言上した。

　天皇は、大彦の言葉の全てを信用せず、西の道へ遣わした吉備津彦を急遽《きゅうきょ》、呼び戻し、彼と彦国葺《ひこくにぶく》を大彦に副《そ》えて、武埴安彦討伐に差し向けた。

　これを知った武埴安彦は、妻が乙女を使って天皇に上奏しようとしたことが裏目に出たと悔んだ。

　そして年が離れた義兄の大彦に罪を被《き》せようとした呵責《かしゃく》もあり、妻に理由を話して、潔く大彦軍と戦って勝てば天皇に諫言《かんげん》し、負ければそれまでと腹を据えた。

　大彦の奸計《かんけい》に嵌められた武埴安彦と、髪を美しく宝髻《ほうけい》に結った吾田媛は臣下の前で舞い踊った。そして二人は、初めて出会ったいづみ川が見える丘へいって、川面《かわも》に映《は》える望月《もちづき》と星を愛《め》でながら、語り明かして飽かぬ夜を過ごした。

　そこで吾田媛は、夫の武埴安彦に、自分も参戦させて欲しいと、目の涙に月を浮かべて乞い願った。

「大抵の男なら、妻を道連れにはしないだろう。だが俺は他人《ひと》と違い、お前を残しては死ねぬと考えた。これが俺の愛で、お前はよく決心してくれ、思い残すことはない」

　吾田媛は、自分の気持ちを汲み取ってくれた夫の意見に従って一軍を率いて、いづみ川を迂回して※大坂《おおさか》に出陣して吉備津彦と対陣した。

　吾田媛は善戦したが、吉備津彦軍に包囲され、兵たちは逐次《ちくじ》、討たれていった。

　そんな吾田媛は、夫の戦が気になったが、味方が数十騎までにも、斬り崩されてしまっ

ては致し方なく、

「戦《いくさ》の趨勢《すうせい》は決した。皆の者、それぞれ工夫して逃れよ！」

そう云い、残兵を救うために、ただ一騎だけで吉備津彦軍に突入して散華《さんげ》した。

武埴安彦軍は山背川に陣を敷いて大彦と彦国葺の連合軍と対峙していたが、胆駒《いこま》の山頂に狼煙が上がったのは、吾田媛軍が敗れたとの合図だった。

それを見た武埴安彦は、彦国葺と互いに矢を射合ったが武埴安彦の矢は当たらず、武埴安彦は彦国葺が放った矢を、わざと胸に受けて戦死した。

大彦は武埴安彦夫婦が滅びたと確認してから、二旬日遅れて古志の国へ出立した。

そして息子の武渟川別が東方の国々を平定した後に、※相津《あいづ》で合流して何食わぬ顔で天皇に復命した。

後日譚であるが、吾田媛に嫉妬して武埴安彦を陥《おとしい》れた倭迹々日百襲姫の許《もと》に、妻問いする神がいた。

その神の名は大物主神で、名を告げず、夜に訪れて日が明けぬうちに帰るので、

「貴男のお顔を見たことがありません。朝までいらして、お顔を拝見させてください」

倭迹々日百襲姫は、思い切って申し上げると、

「そう云われてみれば、もっともだな。では儂《わし》は貴女の※櫛笥《くしげ》に入っていよう。だが、その中にいる儂《わし》を見て驚かないでくれ」

大物主神は異《い》なことを云った。

倭迹々日百襲姫は、不思議なことを云う夫《つま》だと思っても聞き糺《ただ》せなかった。

明るくなって櫛笥を開けると、麗《うるわ》しい衣《きぬ》の紐《ひも》ほどの小蛇《おろち》が入っているので、

「あれ！」

と叫ぶと、辱《はずかし》められた小蛇は人の姿に変わり、

「お前の霊験は、武埴安彦を陥れたことで消え失せた。それが証拠に、驚かないでくれと云ったのに、お前は儂《わし》を辱めた。だから今度は儂がお前を辱めてやろう」

大物主神はそう云い残して、御諸山へ帰っていった。

倭迹々日百襲姫は呆然としていたが、我に返ると、櫛笥を開けたことを悔い、落胆の余りに床に尻を着いたとき床に置いていた箸が立った。その箸が、自分の陰《※ほと》に突き刺さって薨《みまか》ってしまった。

天皇は、倭迹々日百襲姫の陵を大市《※おおち》に造って葬ったが、この陵を造成するために、昼間は大勢の人民が大坂山の石を墓まで手渡しで運び、夜は神が造ったという。

時の人は、この墓を、倭迹々日百襲姫を辱めて箸墓と称した。

**※四道将軍《しどうしょうぐん》と箸墓《はしはか》の注釈（図③を参照）**

春二月：古代は一～三月は春、四～六月は夏、七～九月は秋、十～十二月は冬

平城山《ならやま》：奈良盆地の北にある丘陵《きゅうりょう》
いづみ川：木津川
根白草《ねじろぐさ》、多遅《たじ》、菜花《なばな》、差焼草《さしもぐさ》：芹、虎杖《いたどり》、菜《な》の花、蓬《よもぎ》
鹿鷺山《かさぎやま》：笠置山（古くから貴族の狩猟場）
双髻《そうけい》：頭上に兎の耳のように二つの輪を立てて作った女性の髪型
二里：古代では一里は三百歩《ぶ》、一歩は約一、五メートルだから、二里は約九百メートル
総角《あげまき》：髪を左右に分け、耳の近くで丸く結った若い男子の髪型
一丈《じょう》：約三メートル
角髪《みずら》：頭頂で左右に分けた髪を耳の際で輪を作って束ねた男子の髪形
宝髻《ほうけい》：双髻のようなものでも、頭上の二つの輪を水平にした女性の髪型
師木《しき》の水垣《みづかき》の宮：奈良県磯城《しき》郡にある三輪山の東南の麓で、桜井市金屋あたり
古志《こし》の道：北陸道
東方の十二道：伊勢・尾張・三河・遠江・駿河・甲斐・伊豆・相模《さがみ》・武蔵・総《ふさ》（上総《かずさ》、下総《しもうさ》、安房《あわ》を含む）
常陸《ひたち》・陸奥《むつ》であろう
旦波《たには》の国：丹波
西《にし》の道《みち》：山陽道
印綬《いんじゅ》：身分を示す官印と、それを身につけるための組紐
疫病《えやみ》：疫病《えきびょう》、流行病

天神地祇《てんじんちぎ》：天つ神と国つ神などの全ての神
大物主神《おおものぬしのかみ》：大国主命《おおくにぬしのみこと》の別名
河内《かわち》の国の美努邑《みののむら》：大阪府八尾市
御諸山《みもろやま》：三輪山《みわやま》
宇陀《うだ》の墨坂神《すみさかのかみ》：奈良県宇陀市の西に祀られる神
大坂神《おおさかのかみ》：奈良県香芝市の西の関屋から、河内国を越える山道に祀った神
坂の御尾《みお》の神：不詳
幣帛《みてぐら》：神に奉《たてまつ》る布帛《ふはく》（織物）・矛・盾等
五穀：米・麦・粟《あわ》・豆・黍《きび》。黍の代わりに稗《ひえ》をいうこともある
調《つき》：税
府倉《ふこ》：朝廷の貨財を収める倉
妻問《つまど》い：男が女のもとに通う
近《ちか》つ淡海《おうみ》：琵琶湖、または近江の国
山背《やましろ》の和珥《わに》の坂：奈良県天理市和爾町の坂
姫遊《ひめなそ》び：若い娘と戯れる
大和《やまと》の香具山《かぐやま》の土：香具山の土は天神地祇を祀るために使うので、この土を盗るとは、大和の国を盗むと
　同じ意味がある
領巾《ひれ》：衿から首にかけて左右に垂らした、薄い布状の女子の服装具

大坂《おおさか》：奈良県香芝市逢坂付近
相津《あいづ》：福島県会津
櫛笥《くしげ》：櫛など化粧道具を入れる箱
陰《ほと》：女性の陰部
大市《おおち》：奈良県桜井市の北部

# 八　天日槍《あめのひほこ》と子孫

御間城《みまき》［第十代崇神］天皇の御代《みよ》、※新羅《しらぎ》の国に天日槍という名の王子がいた。

彼は谷間に田を作っている農夫が、珍しい玉を持っていると聞き、それを手に入れようとした。

聞くところによると、それは拳大《こぶしだい》の赤色の玉で、農夫はどうして得たかは誰にも話さず、袋に入れて腰にさげて片時も離さなかった。

狡《こす》い日槍は、その玉を財貨で購《あがな》おうとはせず、難癖をつけて威し盗ろうと考えたのは毎度のことで、農夫をつけ狙っていた。

ある日、農夫が小作人の昼食を牛の背に載せていくのを見た日槍は、こっそり跡を追い、谷の入口で農夫に追いつくと剣を翳《かざ》して凄《すご》んだ。

「お前は、その牛をどうするつもりだ」

「どなたかと思いましたが、王子さまでしたか。私は田を耕してくれる小作人に、昼飯を届けにいくところです」

「いい加減なことを云うと、承知せんぞ！　牛の背の食料は見せかけで、お前は誰もいない谷間で、その牛を殺して食おうとしているに違いない」

「王子さま、何と滅相もないことを云われます。この牛は私にとっては家族同然で、殺して食うなどと、法を犯すことなど、考えたことはありません」

「お前が帯に挟んでいるのは、牛刀だろう。往生際の悪いことを云う奴だ！　牛を殺そうとしただけで重罪だから、牢に放り込んでやるぞ！」

農夫は、相手が我が儘《まま》で有名な王子で、しきりに自分の腰の袋に目をやるので、片時も離さず身につけている赤玉を、急場を凌《しの》ぐために渋々取出し、

「私が大事にしているこの赤玉を差し上げますから、お許しください」

そう云ったが悔しく、そっと赤玉に呪詛《じゅそ》をかけて王子に差し出した。

首尾よく赤玉を無償で手に入れた日槍は、床の間に置いて繁々と見ては、手で擦《さす》ったりして楽しんでいた。


――この赤玉の由来を話すと、新羅の国の阿具奴摩《※あぐぬま》の畔《ほとり》で、一人の賤女《しずめ》が晴天のもとで昼寝をしていた。

その女の股間に、七色の日が差すと、女は大きい赤い玉を産んだ。

（人も、鳥のように卵を産むことがあるんだなあ……）

農夫はそう不思議に思って見ていると、女は産んだ卵を温めようとする。

農夫は女のそばにいって、

「お前は未通女《おぼこ》だろう。もし卵が孵《かえ》ったとしても、育てるのに困るだろう。俺はこのことは誰にも話さぬから、その卵をくれぬか」

そう云って、手に入れたのがこの赤玉で、子供がいない農夫は、この赤玉を懐に入れて温めていたが、孵化する様子はなく、そうかといって、余りにも綺麗な玉なので捨てるに捨てられず、袋に包んで腰に提げていたのだった――。

日槍が毎日のように赤玉を撫でていると、ある日、赤玉は美しい乙女に孵《かえ》った。腰が抜けるほど驚いた日槍は、白い肌をした乙女の余りの美しさに妻にした。

この妻はよく働き、習ってもいないのに料理が上手で、珍しい料理を日替わりに作って食わせてくれ、しかも日槍を大事にする。

日槍は、自分が散らかした塵芥《ごみ》を掃こうと箒を手にすると、

「旦那さま、そんなことをなさってはなりません」

妻はそう云って、日槍が手にしている箒を取り上げる。あるいは厠《かわや》に入ると、外で手巾《しゅきん》を持って待っているという塩梅《あんばい》だった。

兄が、そんな妻の自慢話を吹聴していると聞いた弟の知古《ちこ》王子は、ある日、兄の家を覗くと、兄は透き通った化物のような大きい白い蚕《かいこ》を飼っている。

知古王子は呆気にとられて見ていると、蚕は忙しく動き回り、桑の葉を喰っては糞《くそ》を出し、その糞を兄が旨そうに食っている。

（何じゃ！　この蚕を、兄者《あにじゃ》が妻と云っているものなのか……。前から奇怪《おか》しいと思っていたが、兄者は気が狂っている……）

知古王子はそう確信し、

（これで、俺が王位を継げる。でもあれほど大きい蚕が繭を作ったなら、繭一つで、絹の衣が一疋《※いっぴき》できるだろう）

喜びを隠し、そんなことを考えながら、足を浮き立たせて帰っていった。

日槍は農夫に呪詛されたとは知らず、いつの間にか口が慢《おご》ると共に、妻に対する態度が傲慢《ごうまん》になり、それが当たり前になった。

農産物の端境期《はざかいき》でも、妻が苦心して集めて作った料理を、

「料理が取り柄のお前が、俺に、こんな不味《まず》いものを食わすとは、どういうことだ！」

日槍は口汚く罵っても、妻が作る食事は旨く、宮廷の在り来《あきた》りの料理とは、雲泥の差がある。

「何だ！　今日もこんなものを作りやがって」

こう罵倒する日槍に、妻は腹を立てても堪え忍び、

「その仏頂面は何だ！　もっと旨いものを作れ」

そんな日が続くと、遂に妻は反抗した。

「私は、貴方のような方の、妻になれる女ではありません」

「料理が上手いから可愛がってやったのに、何という口を利くのだ！」

「私はお暇をいただいて、先祖の国へ帰らせていただきます」

堪忍袋の緒が切れた妻はそう云い残して、大海に小舟を浮かべて東へ向かった。

（あの女奴《あま》が！）

吐き捨てるように云った天日槍は、捉えて懲らしめてやろうと妻の後を追おうとしたが、未練で追ってきたと思われるのを恥じて留まった。

しかし自分が作った飯は不味く、宮廷に食べにいっても旨くない。

（我が儘が過ぎたか……）

そう反省し、

（まだ遠くへいっていないから……後を追って縒《よ》りを戻そう）

と思い、それには農夫から赤玉をせしめたように、他人から奪い取った財宝をやれば妻は戻ってくると考え、それを小舟に積んで大海へ漕ぎ出した。

しかし何もかも妻に任せ切りだった日槍は、身体が萎《な》えてしまって、思うように舟を操《あやつ》れず、遥か先をいく妻の舟を、波と風任《まか》せで追っていった。

東に大陸が見えたとき、舟に追いついたが、妻は乗っておらず、大きい薄桃色のきれいな繭《まゆ》が二つ載っているだけだった。

その舟は意志があるように更に東へ向かうと、繭の一つから大きい蛾《が》が這い出し、羽化して東の方へ飛んでいってしまった。

日槍は残った繭を舟に積み替えて、出雲から角鹿《※つぬが》を経て寒い北海《※きたつうみ》を迂回して木国に着くと、またも変態した蛾が出てきた。

蛾は、そこで大きい赤い卵を数個産んだ。それは日槍が農夫から奪い盗った同じ赤玉で、

（これを擦って温めてやれば、美しい娘に孵るだろう）

日槍はそう思うも確信はなく、卵を積んで蛾が飛んでいった方向へ漕いでいった。

蛾は木国から翻って北へ向かい、更に※可太《かた》の瀬戸を通って茅渟《ちぬ》の海の奥にある草香江《くさかえ》に着くと、また卵を産み、そこから陸《おか》に上がって飛び去った。

そこは大和《やまと》の国の※難波《なにわ》という土地で、日槍は卵から孵った蚕が作った繭と、新羅から将来した財宝を舟に隠して陸に上がった。

そこで、住人が声をかけてくれても言葉は通じず、人を避けながら難波をさ迷い、

（俺は妻を追って、変な国へきてしまったなあ……）

そう後悔したが、そこで繭を紡《つむ》いで布に織《お》ると、薄桃色の衣が一疋《ぴき》できた。

そこに百済の言葉を話す男がきて、尋問した。

「俺は三年前、※任那《みまな》の国王の遣いできた蘇那曷叱智《そなかしち》という者だ。俺が仕えている大和の国王である天皇の命令で、お前を捕らえにきたのだ！　大和を騒がすお前は、一体、何者だ」

日槍は、蛾を追ってきたとは云えず、天皇に会いにきたと云うと、

「陸も見えぬ大海を、よく一人で渡ってこれたものだな……」

そう感心しながら云う。

「異境の者がうろついていると聞いた天皇が、そ奴を都へ連れてこいと俺に命令された」

そして崇神天皇の日を嗣いだ活目入彦《いくめいりびこ》［第十一代垂仁《すいにん》］天皇が、天の下を治めている纏《※まき》向《むく》の珠城宮《たまきのみや》に日槍を連行した。

「朕《ちん》はこの国の天皇である。なぜお前は大和にきたのだ」

この天皇の言葉を、蘇那曷叱智が通訳すると、

「私は新羅の国王の息子で、天日槍という王子です。東に大和という国があって、そこに聖王がおられると聴いたので、舟を漕いでまいりました。朝貢するために、多くの財宝を積んで舟出しましたが、海路を迷い、嵐に遭って、財宝は失ってしまいました。ただ一つ残ったこの布を献上いたします」

日槍は、父の国王が重臣と語っていた話を思い出して出任《でまか》せに答え、難波で織った布を上納した。

「何と、美しい布だ。妃《きさき》が喜びそうだが、こんな珍しいものが、多くある国が海の向こうにあると聞いている。もしお前が道に迷わなければ、二年前に崩御した朕の父の崇神《すじん》天皇が会えたものを……」

父思いの天皇は溜め息をつき、

「危険を冒して、わざわざ朕に会いにきたとは殊勝である。我が国に住みたければ針間《※はりま》の国の宍粟邑《※しさはのむら》か、淡道《※あわじ》島の出浅邑《いでさのむら》のいずれかを与えよう」

このように、日槍を厚遇すると云った。

「私は大和の国を巡って、気に入った土地に住まわせていただければ、それ以上の望みはありません」

「よかろう、好きなようにせよ」

天皇は承知し、日槍から、蘇那曷叱智も知らない新羅の珍しい話を聞いた。

日槍はしばらく纏向に留まっていたが、天皇の許しを得て、任那に帰国する蘇那曷叱智と同道して難波へいった。

そして舟に戻って卵を撫で擦ってみたが孵る様子はなく、大和の国を巡ってみようと※豊国《とよくに》の国前郡《みちのくちのくに》にもいって引き返し、天皇に許された針間の宍粟邑や、淡道島の出浅邑にもいってみたが、再び難波に戻った。

そこから山背川を遡《さかのぼ》って近《ちか》つ淡海《おうみ》を渡り、※若狭《わかさ》の国をへて※多遅麻《たじま》の伊豆志《いずし》に着いた。

日槍はその土地に住みつき、太耳《ふとみみ》の娘の麻多烏《またお》を娶ったが、先妻ほど気が利かなくても、辛苦を舐めた為か、慈《いつく》しみ合った。そして授かった子を多遅麻諸助《たじまのもろすく》と名づけ、彼の孫に清彦《きよひこ》がいる。

蛾が産んだ幾つかの卵は、伊豆志の冬は寒くて、夏は暑い土地のせいか、あるいは日槍が、農夫のように懐に抱いて温めなかったからか孵らず、日槍はその赤玉を蛾が生んだため、慣れない大和言葉を訛《なま》って、鵜鹿々《うかか》の赤玉といった。

その赤玉と、日槍が新羅から将来して舟に隠した※羽太《はふと》の玉と、※足高《あしたか》の玉と小刀、それに鉾と日鏡《ひのかがみ》※と熊※の神籬《ひもろぎ》の財宝は、伊豆志に祀って清彦に受け継がれた。

その清彦の子が田道間守《たじまもり》で、彼の弟の多遅麻比多訶《たじまのひたか》が、姪の由良度美《ゆらどみ》を娶ってできた子を葛城《かづらぎ》の高額媛《たかぬかひめ》といい、この媛が気長足姫《おきながたらしひめ》［神功皇后］の母となった。

## ※天日槍《あめのひほこ》と子孫の注釈

新羅《しらぎ》：古代朝鮮の三国の一つ（他の二国は百済《くだら》と高句麗《こうくり》）
阿具奴摩《あぐぬま》：阿具という沼であろうが、不詳
一疋《いっぴき》：二反分を一続きとした織物の単位。普通一反で、成人一人分の着物ができる
角鹿《つぬが》：福井県敦賀
北海《きたつうみ》：諸説があり、筆者は北海道南部辺りの海と解す
可太《かた》の瀬戸：紀伊水道にある賀田の瀬戸
難波《なにわ》：大阪府大阪市付近
任那《みまな》：朝鮮半島にあった金官加羅《きんかんから》、又は高霊加羅で、大和朝廷は任那といった
纏向《まきむく》の珠城宮《たまきのみや》：奈良県桜井市穴師の西にあった
針間《はりま》の国：兵庫県南西部の播磨（播州）
宍粟邑《しさはのむら》：兵庫県宍粟市
淡道《あわじ》島の出浅邑《いでさのむら》：淡路島の村というが不詳

豊国《とよくに》の国前郡《みちのくちのくに》：大分県の国東半島
若狭《わかさ》の国：福井県の西部
多遅麻《たじま》の伊豆志《いずし》：兵庫県の北部の出石
羽太《はふと》の玉：滴状《しずく》の玉か？
足高《あしたか》の玉：滴状の長い足を持つ玉か？
日鏡《ひのかがみ》：円形の鏡
熊の神籬《ひもろぎ》：熊の革で作った神の依《よ》り代《しろ》か？

## 九　狭穂彦《さほびこ》と狭穂姫《さほひめ》

秋九月、纏向《まきむく》の珠城宮《たまきのみや》で天《あめ》の下を治《おさ》める活目入彦《※いくめいりびこ》［第十一代垂仁《すいにん》］天皇の御代、天皇の留守と知って訪ねてきた狭穂姫の実兄の狭穂彦が、ある下心をもって訊《き》いた。

「愛しき妹《いも》よ、お前の美貌に目が眩《くら》んでいる天皇と、兄の俺とは、いずれが労《いたわ》しいか……」

そんなことを訊かれるとは、夢想だにしなかった狭穂姫は返答に窮《きゅう》して、

「兄上です……」

兄の言葉の弾みで、そう答えてしまった。

「そうであろう。お前の容色はいつか衰え、天皇は見向きもしなくなるだろう」

このとき狭穂姫は身籠もっていて月が満ちるのを待っていたが、皇子なら太子となるはずだった。

しかし自分の思惑と違う前例があり、先々代の開化《かいか》天皇が太子に立てたのは、初めに娶った竹野媛《たかののひめ》が産んだ彦湯産隅命《ひこゆむすみのみこと》ではなく、次の妃の伊香色謎命《いかがしこめのみこと》との間に儲けた先代の御間城《※みまき》［第十代崇神《すじん》］天皇で、彼は狭穂姫の夫の父である。

だから必ずしも、初めに娶った妃が産んだ御子《みこ》が、あるいは長男が太子になるとは限らない。

狭穂姫は、そのうち自分に飽きた天皇が、第二、第三の妃を求めるのではと、妊婦の心理状態もあって、兄を前にして深く考えず、安易な返事をしてしまった。

狭穂姫と狭穂彦の父は彦坐王《ひこいますのみこ》といい、開化天皇の第二妃の姥津媛が産んだ長男で、彦坐王の第二妃の沙本之大闇見戸売《さほのおおくらみとめ》を母としたのが狭穂彦と狭穂姫の兄妹で、他に次兄の袁耶本王《おざほのみこ》と、末弟の室毘古王《むろびこのみこ》との四人兄妹だった。

父の彦坐王は皇家の直系であっても、息子の狭穂彦王は日下部連《※くさかべのむらじ》と甲斐国造《※かいのくにのみやつこ》を、袁耶本王は葛野之別《※かづののわけ》と近淡海《※ちかつおうみ》の蚊野之別《かのののわけ》を、室毘古王は若狭《※わかさ》の耳別《みみのわけ》に任じられているが、姓《※かばね》としては最下級より一つ上でしかない。

もし父が日嗣であれば自分は天皇になれたはずで、活目入彦より優れていると自負する狭穂彦は、天の下を治める野望を捨てられず、邪《よこしま》な心を抱いて活目入彦天皇に妹の狭穂姫を娶《めと》らせようと仕向けた。

ところが狭穂姫が皇后になれたのは、その美貌だけでなく、器量を天皇が寵愛したからで、天皇は他に妃を求めなかった。

これは皇位を狙う狭穂彦にしては誤算で、天皇がこれほど狭穂姫を寵愛するとは想定外で思惑が狂った。

——初代の神武天皇が日向の国の吾平津媛《あひらつひめ》に生ませた手研耳命《たぎしみみのみこと》は皇位を狙って、天皇が皇后に立てた五十鈴媛《いすずひめ》との間にできた異母兄弟の、年下の神八井命《かむやいのみこと》と、神渟名川耳尊《かむぬなかわみみのみこと》を殺そうと謀《はか》った。だが手研耳命の魂胆を知った五十鈴媛は、心を痛めて次の二首を詠んで手研耳命の陰謀を、密かに実子の兄弟に教えようとした。

《※狭井河《さいがわ》に　雲立ちわたる※畝火山《うねびやま》　木《こ》の葉さやぎて大風吹かむ》

《畝火山　昼に雲揺れ夕《ゆう》されば　大嵐吹かむと木の葉さやぐやも》

この嵐の予兆を折り込んだ歌によって、手研耳命の陰謀は異母兄弟にばれた。そこで神八井命が手研耳命を誅《ころ》そうとしたが臆《おく》して果たせず、腹が据わっている末弟の神渟名川耳尊が討ったため、神八井命は皇位を弟に譲って神渟名川耳尊が第二代天皇となり、八十四歳で崩御して綏靖《すいぜい》という諡号《しごう》が贈られた——。

この過去の反乱事件を識《し》っている狭穂彦は、手研耳命とは違い自ら手を下さず、妹を使おうと天皇に取り入って狭穂姫を娶らせたが、活目入彦天皇は狭穂姫を寵愛して皇后に立てたのは見込み違いだった。

狭穂彦は、※同胞《はらから》の情は分かっても男女の機微《きび》を知らず、もしこの悪巧みが発覚すれば自分の命と、皇位とを天秤にかけての反逆なら悔いはないと思っていた。でも妹を巻き添えにするのは良心の呵責を覚えるも、事が成就すれば二人で天《あめ》の下を治めればよいと身勝手に考えた狭穂彦は、

「本当にそう思うなら、お前と私とで天の下を治めよう」

そう云い、※八塩折《やしほおり》の錦の飾り紐をつけた小刀を取り出し、

「天皇が寝ている隙に、この小刀で刺し殺しなさい」

狭穂姫はそんな法外なことを云う、自分を天皇に添わせてくれた兄を諌《いさ》めもできぬ自分を恨めしく思い、眠れぬ夜を過ごした。

狭穂姫は煩悶した挙げ句、兄の口車に乗ったからには兄の思いを遂げさせた後に、死をもって償《つぐな》えばよいとの結論に達し、懐に小刀を忍ばせて機会を窺っていた。

天皇はそんなことを露ほども知らず、ある日、狭穂姫の膝枕で気持ちよく昼寝していた。

その寝顔を見ていた狭穂姫は、意を決して懐から小刀を取り出し、天皇の首を狙って三度振り上げたが躊躇《ためら》った。

自分を愛してくれて、今も何の警戒心もなく自分の膝枕で寝ている無心な天皇の顔を見ていると涙が溢れ、その涙が天皇の顔に落ちた。

その皇后の涙で目覚めた天皇は、狭穂姫に訊《き》いた。

「朕は、不思議な夢を見た。※狭穂《さほ》の方から雨が降ってきて、私の顔を濡らした。それと錦

色の小さい朽《※く》ち縄《なわ》が、私の首に巻きついた。これは何の兆候だろう……」

狭穂姫は秘《かく》しきれないと観念し、兄の陰謀を打ち明けた。

「朕は危うく、謀《はかりごと》に遭うところだった」

天皇はそう云い、自ら軍勢を率いて狭穂彦を討とうとした。

この天皇の動きを知った狭穂彦は、自分の屋敷《いえ》の周りに脱穀したばかりの稲藁を積み上げて造った城で、天皇と一戦を交《まじ》えようと待ち構えた。

一方、狭穂姫は、自分が告白したことで異状な事態になったと悲しみ、もし首尾よく天皇の首を刺していれば、あるいは自白せずに云い逃れていたならと後悔した。

そして万一の場合はと、心に決めていた自害を決行するため、こっそり御屋を抜け、兄が造った稲城《いなき》に忍び込んだ。

その狭穂姫の姿を見逃さなかった天皇は、狭穂彦を恨んでも皇后は愛しくて逡巡した。

こうして天皇と狭穂彦が対峙している間に、狭穂姫は皇子《おうじ》を産んで産後の始末をして、稲城の中から御子を差し上げ、

「この御子を天皇の皇子と思《おぼ》し召《め》すなら、どうか引き取って育ててください」

と懇願した。

「そなたの兄は憎くても、そなたはいまでも愛しく思っている」

天皇はそう云うと、敏捷《びんしょう》な力持ちの兵士を選んで命令した。

「皇子を引き取ると共に、皇后を奪い返せ！　それには皇后の手でも足でも、あるいは髪

の毛でも掴んでもよいから引き取れ！」

狭穂姫は、長年連れ添った天皇の思惑を察して髪を剃り、その髪を鬘《かつら》にして被《かぶ》り、腕輪の珠の緒を腐らせて手首に三重に巻き、酒に漬けて腐らせた衣類を身に着けて、御子を稲城の外に差し出した。

そこを天皇の選《え》りすぐりの兵士の一人が御子を受け取るや否や、もう一人の兵士が皇后の髪を掴み、もう一人の兵士は手首を、四人目の兵士は衣服を掴んだが、全て抜けたり解《ほど》けたりして皇后を取り戻せなかった。

天皇は悔しくて恨めしく、

「子供の名前は、母親がつけるものだ。何と名づけたらよいのだ！」

腹の底から声を振り絞って云った。

「兄が稲城を焼こうと火を放って、炎《ほむら》が立ったときに生まれたので、誉津別《ほむつわけ》と呼んでください」

「そなたがいなければ、どう育てたらよいのだ！」

「乳母と、産湯《うぶゆ》を使える経験豊富な大湯坐《※おおゆえ》と、若い湯坐を決めて育ててください」

「そなたが結んでくれた私の衣の下紐は、誰が解くのだ……」

「私の異母兄に当たる丹波《※たには》道主《みちのぬし》※の子の、兄媛《えひめ》と弟媛《おとひめ》たちは貞節な娘なのでお召しくださ い」

天皇は、狭穂姫がそこまで考えていたかとがっかりしたが、群臣の手前いつまでも手を拱《こまね》いておれず、遂に稲城を攻めて狭穂彦を討った。

　狭穂彦の死を見届けた狭穂姫は、八塩折の小刀で兄の後を追ったのは野分が吹きはじめた秋の終わり頃だった。


　さて天皇は、狭穂姫の忘れ形見の誉津別命を可愛がり、※尾張の相津《あいづ》から※二俣《ふたまた》の杉を取り寄せて舟を作って、※市師《いちし》の軽池《かるのいけ》に浮かべたりして慈《いつく》しんで育てた。

　その誉津別命は、顎髭が胸元に届くようになっても赤子のように泣いているばかりで口は利けず、天皇は尋常《じんじょう》なら太子にと思ったが、皇后があんな死に方をした報《むく》いかと心を痛め、なお一層、不憫《ふびん》に思って可愛がった。

　ある日、※鵠《くぐい》が鳴きながら渡っていくのを見た誉津別命は、はじめて意味のない言葉を発した。この言葉とはいえない皇子の声を耳にした天皇は喜んで、※山辺《やまのべ》に住む大鷹《おおたか》という猟師を召して命令した。

「あの鵠を生け捕りにせよ」

　大鷹は得物の網を手にして、鵠を追って木国《きのくに》から針間の国へ、そして※稲羽《いなば》の国から旦波《たには》の国を経て※多遅麻《たじま》の国へ、更に※科野《しなの》の国から※高志《こし》の国へいき、遂に※和那美《わなみ》の水門《みなと》で網を張って捕らえて天皇に献上した。

　しかし誉津別命は鵠に興味を示さず、天皇は悲しかった。

　ある日、天皇の夢枕に※出雲の大神《おおかみ》が立ち、

「天皇の御屋と同じ立派な神殿を建てて私を祀《まつ》れば、皇子は口が利けるだろう」

と告げた。

天皇は早速、狭穂姫の異母甥の曙立《あけたつ》と、菟上《うなかみ》兄弟を誉津別命に副《そ》わせて出雲へ参拝させたところ、駅馬《はやうま》で誉津別命が口を利いたとの報せがあった。

大いに喜んだ天皇は、誉津別命を大和に送り届けた菟上を、再び出雲に遣わして神殿を造らせた。

こうしてどうにか口が利けるようになった狭穂姫の忘れ形見の誉津別命でも、天皇は日嗣にはできず、狭穂姫が進言した丹波道主の娘の、兄姫の日葉酢媛《ひばすひめ》と、妹姫の渟葉田媛《ぬばたびめ》と、真砥野媛《まとのびめ》に薊瓊入媛《あざみにいりびめ》とまたの妃、竹野媛《たけのひめ》を娶った。

しかし容姿が劣る竹野媛を旦波へ帰すと、竹野媛は恥じて、帰路の渓《たに》に身を投げて亡くなった。

天皇は狭穂姫が推挙した日葉酢媛を皇后としたが、狭穂姫が危惧したように太子には、日葉酢媛が産んだ※大足彦《おおたらしひこ》［第十二代景行］を太子に立てた。

**※狭穂彦《さほびこ》と狭穂姫《さほひめ》の注釈**
活目入彦《いくめいりびこ》天皇：正式名は活目入彦《いくめいりびこ》五十《い》狭茅命《さちのみこと》［第十一代垂仁《すいにん》］
御間城《みまき》天皇：御間城入彦《みまきいりびこ》五十《い》瓊殖命《にえのみこと》［第十代崇神《すじん》］

日下部連《くさかべのむらじ》：河内国河内郡日下を本貫《ほんかん》とする者
甲斐国造《かいのくにのみやつこ》：山梨県の地方官
葛野之別《かづののわけ》：京都市右京区太秦《うずまさ》を本貫とする者
近淡海の蚊野之別《ちかつおうみのかののわけ》：愛知《えち》郡愛荘《あいしょう》町を本貫とする者
若狭の耳別《わかさのみみのわけ》：福井県三方郡美浜町を本貫とする者
姓《かばね》：氏人が氏の長に付した尊称。国造《くにのみやつこ》・県主《あがたのぬし》・別《わけ》（和気《わけ》）・稲置《いなぎ》
狭井河《さいがわ》：大神《おおみわ》神社と縁故の深い狭井神社の北にある川
畝火山《うねびやま》：畝傍山《うねびやま》
同胞《はらから》：母を同じくする実の兄弟姉妹
八塩折《やしほおり》：何度も打ち鍛えた
狭穂《さほ》：奈良県奈良市佐保台の辺り
朽《く》ち縄《なわ》：蛇の古名
大湯坐《おおゆえ》：赤子に産湯を使わせられる女性
衣の下紐：当時、夫婦は互いに衣の下紐を結び固めて、再会するまで勝手に解かない習慣があった
丹波《たには》：丹波と丹後
尾張の相津《あいづ》：不詳
二俣《ふたまた》の杉：二俣に分かれた杉
市師《いちし》の軽池《かるのいけ》：奈良県磯城《しき》郡にあった池

鵠《くぐい》：白鳥の古名
山辺《やまのべ》：奈良県天理市
稲羽《いなば》の国：因幡、鳥取県の東部
多遅麻《たじま》の国：兵庫県北部の但馬
科野《しなの》の国：信濃の国、長野県
高志《こし》の国：北陸地方
和那美《わなみ》の水門《みなと》：不詳
出雲の大神《おおかみ》：大国主の神
大足彦《おおたらしひこ》：正式名は大足彦《おおたらしひこの》忍《お》代別命《しろわけのみこと》［第十二代景行《けいこう》］

# 十　野見宿禰《のみのすくね》と埴輪《はにわ》

活目入彦《いくめいりびこ》［第十一代垂仁］天皇の御代、弟の倭彦《やまとひこ》が薨《こう》じて、その屍《かばね》を、身狭《※むさ》の桃花鳥《つき》坂《さか》に陵を造って葬った。

人柄がよくて、多くの群臣に慕われた倭彦の葬儀は、因習どおり倭彦の近習の者を集めて、陵の周りに首だけ出して埋めて殉死させた。

殉死者は、昼は直射日光を浴び、あるいは雨に打たれ、夜は寒さと飢えと獣の襲来に脅《おび》え悶《もだ》え苦しみ、泣き喚《わめ》いて数日後に死んだ。

この殉死者の声を聞いた付近の民は耳を覆って悼《いた》んだが、どうしようもなかった。

こうして殉死者は倭彦の後を追ったが、人民は彼らの屍臭《ししゅう》に迷惑すると共に哀れに思って眉を顰《ひそ》めたが、その死体は貉《※むじな》や狼や犬などの他、鳥なども喰った。

天皇は、この悲惨な状況に心を痛め、

「皆に慕われて、尊敬されていた倭彦とはいえど、近習の者を殉死させるとは酷い旧習であるから、改善策を協議せよ」

群臣を集めて、そう下問した。

群臣たちは、古来からの政治《まつりごと》を改めるには抵抗があって考えあぐねた。だがもし天皇が身罷ったなら、自分たちと親しい近習の者も殉死しなければならない。

改革案を模索して、罪人や動物や鳥類を身代わりにするなどの案も出たが、罪人も動物も殺すことに違いはなく、天皇の勅命はいつものように先送りにされた。

話は代わって倭彦が逝去する前、参内していた臣《おみ》が、

「※当麻《たぎま》の村に、強い勇者がおります。名は蹶速《くえはや》といい、獣の角も砕き、曲げた鉄も伸ばすほど力が強く『俺に勝《まさ》る者はおらんか。俺と命を賭けて戦う者はいないか』と、天下無双と嘯《うそぶ》いております」

と云った。

「何とも、憎らしいことを云う奴がいるものだな。そ奴を叩きのめしてやりたいが、奴に勝てる強者《つわもの》を知っている者はおらぬか」

不愉快に思った天皇が群臣に問うと、一人の貧相な老臣が、

「私がもう二、三年若ければ、蹶速を懲らしめて見せますが……」

口だけの強がりを云い、

「出雲《いずも》の国に、天穂日命の子孫で、野見宿禰という勇者がいると聞いております。この者を召して、蹶速と戦わせては」

このように推薦すると、天皇は早速、使者として※倭 直《やまとのあたい》の長尾市《ながおち》を遣わした。だが気の弱い長尾市は、蹶速と対決するとは話さず、大王のお召しとしか云わなかった。

野見宿禰は、御用は何かと怪訝に思って都に着くと、蹶速と戦うのだと聞き、

「私は、争いごとを好みません。それに、推挙されるほど強くはありません」

御屋の中庭に伏した野見宿禰は、そう云って辞退した。

「高慢な蹶速の鼻っ柱を圧《へ》し折ってやりたいが、自信がなければ仕方がない」

天皇がそう云うと、野見宿禰を推《お》した老臣はしょんぼり末座に下がり、庭で顔を伏せている野見宿禰を恨めしげに見た。

そして話題は代わっても、老臣はまだ野見宿禰に恨めし気な視線を送る。その視線に居た堪《たま》れなくなった野見宿禰は、老臣の立場と、臣に対する天皇の心証を忖度《そんたく》して、

「意に添えるか分かりませんが、命を賭けて蹶速と戦ってみましょう。でも全力で戦うからには、私か、あるいは蹶速が死ぬことがあるかもしれませんが、血をみることがあってもお許しください」

謙虚に云って、蹶速と戦うと決意した。

戦う日は準備と、近郊を出歩いている蹶速を探すことなどで間があり、野見宿禰は当麻の村を訪ねて蹶速の噂を聞いて歩いた。

すると蹶速は手がつけられない乱暴者で、彼の戦いぶりは跳び上がって相手を蹴り倒すそうだ。

その大男の蹶速が跳び上がる姿は、見ている者でも脅《おび》える迫力だという。

そこで野見宿禰は、離れて戦えば不利だと思い、先ず得意の組技《くみわざ》で倒し、その後のこと

は考えず、その場のなりゆきに任《まか》せようとした。

こんな心の準備と、筋肉を鍛えていると、戦いの日がきた。

勝負は御屋の中庭で行ない、天皇と群臣が観戦するなかで二人は睨み合った後、互いに足を上げて牽制し合った。

野見宿禰は蹶速が足を上げる間合いを計り、幾度目か蹶速が足を上げた瞬間、前へ出て組みつくや否や、蹶速の内股を自分の腿に乗せて吊り気味に、現在《いま》でいう櫓《やぐら》投げで投げ倒した。

その後は無意識のうちに、転んだ蹶速の肋骨を蹴り折って腰骨を踏み挫《くじ》いていた。

天皇は野見宿禰の強さに驚いていたが、庭に伏して観戦者に一礼した後、動かない蹶速を介抱にいった野見宿禰が、

「残念なことに、蹶速はすでに亡くなっております。私は命をかけて戦いましたが、殺そうとは思っていませんでした。しかし、このような結果になってしまい、申し訳ありません」

そんな健気《けなげ》なことを云う野見宿禰に感動した天皇は、褒美として蹶速の領地の当麻を取り上げて与え、野見宿禰を力士の元祖として都に駐《とど》めて仕えさせた。

さて倭彦が亡くなった四年後、天皇が先の皇后の狭穂姫の遺言により、娶って皇后に立てた日葉酢媛《ひばすひめ》が薨《こう》じた。皇后の葬儀は陵を造るのに時を要し、天皇は倭彦の葬儀の残酷な

殉死を思い出し、

「以前に下問した、殉死に替える案はどうなったか……」

と群臣に訊いたが、誰も答えなかった。

そこで天皇は、誠実さを買って側近にした野見宿禰に、

「お前に任せる」

と下命した。

野見宿禰は大変なことを仰せつかったと悩み、妙案はないかと近郊を歩き廻っていると、農家の庭先で子供たちが木の葉や小石などを使って飯事《ままごと》をして遊んでいる。目を上げると、集落の奥にある小山の裾に露出している埴土《※はにつち》が目に入った。

（あの埴土で人や馬や、食器や竈の雛型《ひながた》を作ってやれば、子供たちはもっと楽しく遊べるだろう）

野見宿禰はそう思いつつ、

（そうだ……素焼きの実物大の人や動物や、炊飯用具を本物に似せて作り、それを殉死者の代わりに、陵の周りに立てて飾っておけば……）

このように考えを飛躍させ、野良仕事に従事する人民や馬を見て、

（人も馬も同じ姿のものはなく、誰かに似せると却って変に思われるし、作るのも難しいだろう。それなら出雲で土師《※はじ》の民が作っている、器《うつわ》の側面や壁面に刻んだ人や馬などの絵模様のようなものの方が作りよいだろう）

そんなことを考えた野見宿禰は、その案をじっくり練り直して天皇に拝謁を願い、

「お気に召されるかどうか分かりませんが、殉死の代案を考えてみました」

そう云って、自分の考えを天皇に話すと、

「朕の意に適うのはそれだ！　早速、そのように執《と》り計《はか》らえ」

天皇の快いお許しがあり、野見宿禰は出雲へ使いをやって土師の民を百人ばかり呼び寄せた。

そして天皇の認可を得て、自ら指図して香具山《かぐやま》の埴土を採り、日葉酢媛が寂しがらないように、高天原《たかまのはら》に供《とも》をする人や馬や家に、竈《かまど》や甑《こしき》などを数多く作って天皇に献上した。

この野見宿禰の立物《たてもの》※を見て大いに喜んだ天皇は、

「柔らかい粘土を紐にして、それをわがねて積み上げて作るゆえ、埴輪と呼ぼう」

そう云い、日葉酢媛の殉死者に替えて、できたばかりの立物を陵墓の周りに飾り並べた。

「今後は、このように埴輪を陵に立てることにする。殉死などと、人を殺したり傷つけてはならぬ。野見宿禰は、よくぞ朕の意に添ってくれた」

天皇は、群臣を前にして云った。

「私は考案しただけで、作ったのは土師の民です」

野見宿禰がそう云うと、

「お前が考えなければ、殉死の因習は断てなかっただろう。朕《ちん》の意に適《かな》った仕儀は、まこ

とに優れたものだ」

そう誉め称え、野見宿禰の功を厚く賞して、※土師部《はじべ》という姓《かばね》を新設して土師部の臣《おみ》に任命した。

※野見宿禰《のみのすくね》と埴輪《はにわ》の注釈
身狭《むさ》の桃花鳥坂《つきさか》：奈良県橿原市見瀬町付近
貉《むじな》：あなぐまの異名
当麻《たぎま》：奈良県葛城市
倭直《やまとのあたい》：奈良県天理市付近の地方官
埴土《はにつち》：きめの細かい粘土。古代はこれで陶器などを作った
土師《はじ》の民：土器を製作する部族
立物《たてもの》：埴輪の異名
土師部《はじべ》：土師器を製作したり、葬儀を執り行う職業集団

# 十一　石上神宮《※いそのかみじんぐう》の宝物と脚雪《あゆき》

活目入彦《いくめいりひこ》［第十一代垂仁］天皇は、次男の五十瓊敷命《いにしきのみこと》と三男の大足彦命《おおたらしひこのみこと》を呼び、

「お前たちは、何を望むか」

そう問うと、五十瓊敷命は弓矢を願い、大足彦命は日嗣《※ひつぎ》を望んだ。

このことがあった後、天皇は大足彦命［第十二代景行《けいこう》］を太子に立て、五十瓊敷命は楯《※たて》部《べ》と神弓削部《※かんゆげべ》に、神矢作部《※かんやはぎべ》、太刀佩部《※たちはきべ》など十の品部《※しなべ》と、神宝を収める石上神宮の神府を司《つかさど》らせた。

神府を司った五十瓊敷命は、自ら茅渟《※ちぬ》の菟砥川《うとかわ》の畔《ほとり》で剣を千口《く》作って、神府に納めた。

それから五十一年の歳月が経《た》って、老いた五十瓊敷命は、実妹の大中姫命《おおなかつひめのみこと》に神府の司を委《ゆだ》ねたが、大中姫命は神府の高い棚に梯子をかけても登れなくなり、この職権を物《ものの》部十千根大連《べのとおちねのおおむらじ》に譲渡した。

この神府には、新羅《しらぎ》の王子だったが、帰化して伊豆志《いずし》に住んでいた、天日槍《あめのひほこ》※が将来した物の中にあった、子孫が朝貢した羽太《はふと》の玉や足高《あしたか》の玉に、鵜鹿々《※うかか》の赤玉一つずつと、小刀一口に桙《ほこ》一枝《し》と、日鏡一面に、熊の神籬一具《ひもろぎひとそなえ》の七品が収められている。

なぜこれらの品が石上神宮の神府にあるかというと、天日槍が但馬に神宝として祀っている珍しいものがあると聞いた天皇は、天日槍の曾孫の清彦《きよひこ》に遣いをやって献上させたからである。

清彦はこれらの品々を朝貢するとき、桙は惜しくて伊豆志に留め、天皇が天の下を治める纏向《まきむくの》珠城《たまき》の宮へ向かったが小刀も惜しくなり、迷いに迷って上衣の中に忍ばせて拝謁したが献上しなかった。

そして天皇が清彦を接遇《もてな》そうと酒宴を催《ひら》いたとき、清彦が上衣の懐に隠していた小刀が露見し、

「その小刀はどうした……」

天皇が質《ただ》すと、清彦は観念して言上した。

「献上しようとした宝の一つですが、惜しくなって自分で持っていようとしましたが、天皇のお目に留まりましたからには献上いたします」

天皇は、これも含めて神府に蔵することにしたが、清彦はなお小刀を諦め切れず、伊豆志に帰る途中にこっそり引き返し、夜更けに神府の鍵前を鉄鋌《※てってい》を使って開けて小刀を取り戻した。

さて清彦が伊豆志へ帰った何日か後、五十瓊敷命が神府を開けて見ると小刀だけなくなっていた。

それを聞いた天皇は、清彦はそれらの品を神府に収める前に伊豆志へ帰っているので、

清彦が盗ったと思わなかったが、念のために清彦へ遣いをやると、

「小刀は昨日の夕方、ひとりで戻ってきましたが、朝、見ると消えてしまっていました」

こんな返事があった。

苦しい言い訳をした清彦は、こんな返答ではすまされないと思って臣下に命じて、曾祖父の天日槍が渡来したときに賜わった、土地勘がある※淡道島《あわじしま》の出浅邑《いでさのむら》の近くにある、素戔嗚尊《すさのおのみこと》が黄泉《よみ》の国へいくときに通った幽宮《かくれのみや》の祠《ほこら》に置かせにやった。

一方、天皇は奇妙な出来事と思っていると、小刀は忽然、淡道島に現れて島の人が祀っていると知り、神の霊験《れいげん》を畏《おそ》れてそれ以上追及しなかった。

武器も貯蔵している石上神宮の神府には、大きい※勾玉《まがたま》と※管玉《くだだま》も収められているが、これには次のような謂《いわ》れがある。

――昔、※但波《たには》の国の桑田《くわた》に甕襲《みかそ》という、早くに妻と子供を亡くした老猟師がいた。

ある日、狩りに出て、弓で山犬の首を射抜いて仕留めたが母犬だったので、産まれて半年ほどの数匹の仔犬が、死んだ母犬につきまとって離れなかった。

甕襲は、仔犬は母犬がいなくても育つとみて、山刀《やまがたな》で威嚇して追い払おうとしたが、四本の足首だけ白い雌の仔犬が、母犬の首に刺さった矢を咥えて脚を突っ張って抜こうとするが抜けず、母犬を返せとばかり甕襲を噛みつこうとする。

甕襲は強引に仔犬の首に縄を掛けて、山麓の自分の小屋に引き摺《ず》って帰り、獲物の母犬

は保存食用の干物にした。

小屋の前の木に繋いだ仔犬は、甕襲に吠えるのを止めず、日が暮れると遠吠えし、甕襲が近づくと牙を剥《む》いて噛みつこうとする。

甕襲が手懐《てなず》けて猟犬にしようとして、餌を与えても仔犬は喰わず、水しか飲まない。猟犬にはこんな悍《かん》の強い犬がよいと知っている甕襲は、手懐ける方法を色々やってみたが無駄で、仔犬は餌を喰わずに痩せ細って死にかかった。

甕襲は、母犬を加工した干し肉を与えてみると、仔犬は母犬のにおいに惹《ひ》かれて喰い、その後、甕襲が与える餌を食べるようになった。

それでも仔犬は母親や兄弟を恋しがって夜は遠吠えするので、甕襲は仔犬を抱いて寝てやると懐《なつ》き、甕襲の目を注視して、甕襲の動作を先読みするようになった。

これで猟犬に仕込めると思った甕襲は、脚が雪のように白いので脚雪《あゆき》と名づけた。

そして脚雪を猟犬にする訓練を始め、待てや伏せを教えると、甕襲の姿は見えなくても辛抱強くその姿勢を保つようになった。

そして狩りの訓練をするのに山へ連れていくと、脚雪は辺りの空気を嗅ぎ、獲物を感じると甕襲に報《しら》せる。

甕襲が、自分には見えない獲物を追い出せと身振りで示すと、脚雪は自分より大きな獣も恐れず、川の水をものともせずに追う。

それは偶然の出来事だったが、脚雪に追われた猪が甕襲の方へ逃げてきた。甕襲は弓で射止め、山刀で猪の腹を裂いて内臓を脚雪に与えた。

　この一件で脚雪は猟の方法を覚え、二歳でも甕襲には従順で、よき相棒となった。

　脚雪は三歳になっても、小屋に連れてきたときに、しばらく餌を喰わなかったためか母犬ほど大きくならなかった。

　それでも甕襲の指示に的確に反応し、持ち前の悍の強さで大きい熊にも怯《ひる》まず、甕襲が潜《ひそ》んでいる所へ獲物を追い込むことに長《た》けてきた。

　甕襲は、里へ物々交換にいくときも脚雪を連れていき、

「脚雪は賢い犬で、口で云わなくても目を見ただけで、獲物を俺の方に追い込んでくれる」

　人里を離れた、独り暮らしを心配する仲がよい里人たちと、こんな会話をして脚雪を自慢するのだった。

　四年目の春、発情した脚雪は本能に誘われるように山に入り、やがて孕《はら》んで腹が大きくなった。そんな脚雪に、甕襲は仔犬が産まれるのを楽しみにした。

　しかしある日から脚雪は帰ってこず、幾日か後に腹をぺちゃんこにして帰ってきたので、甕襲が餌を与えるとがつがつと喰い、すまなさそうな素振りで山へ戻っていく。

（脚雪は仔を産んだので、警戒心が強くなったのだろう……）

　甕襲はそう思い、仔犬が乳離れするまで辛抱強く待つことにした。

その後も脚雪は与えられた餌を急《せ》からしく腹に納めると、甕襲を振り返りながら仔犬のもとへ帰っていく姿を、甕襲はいつも複雑な思いで見送っていた。

そんな日が三カ月ほど続いたが、遂に脚雪は帰ってこなくなった。

優秀な猟犬を失った甕襲は、前のように独《ひと》りで狩りをしなければならなくなった。しかし突如、甕襲の前に獲物が現れることがあり、

(脚雪が、獲物を追い出してくれたのだ)

甕襲はそう信じて、獲った獲物は自分に必要な分だけ切り取り、残りは脚雪と仔犬のために置いて帰ると、翌日はきれいになくなっている。

(やっぱり脚雪だ。仔犬を連れて帰ってくるとよいが……)

そんな期待をした。

脚雪は姿を見せなくても、甕襲のいく先々の草が揺れているように見え、自分を見守ってくれていると信じた。


ある日、甕襲は　途轍《とてつ》もなく大きい貉《むじな》と鉢合わせした。

この貉は墓に葬られた者を喰って人肉の味を覚えて、方々の墓を暴《あば》いて人を喰うようになった老獪《ろうかい》な奴だった。

そ奴は、独りで山に入った女や年寄りを襲い、行動範囲を広げて畿内は疎《おろ》か、丹波まで人肉を求めてきたのだった。

その日は、独りで猟をしている甕襲に目をつけて襲おうとした。

甕襲は、自分が獣の餌食《えじき》になるなど思ったことはなく、突然のできごとに狼狽《うろた》え、前掻きして突撃態勢に入った貉から目を離せず、矢を番《つが》える余裕はなかった。

崖を背にした甕襲は、腰の山刀を使おうとしたが鞘《さや》に引っかかって抜けず、貉が牙を鳴らして突撃しようとしたとき、背後の崖上から甕襲の靫《ゆぎ》に触れて、矢のような速さで貉に向かう獣がいた。

この甕襲の靫から食《は》み出ている矢を一本咥えて、貉の首に体当たりしたのは脚雪で、その後から仔犬が、脚雪の後を追って貉の尾に噛みついた。だが貉は、脚雪が首に刺した矢の一撃で息絶えていた。

脚雪はしばらく、貉の首に突き刺した矢と甕襲を交互に見ていたが、やがて仔犬を促して甕襲を振り返り、振り返りながら山へ帰っていった。

（脚雪は……俺が脚雪の母犬の首を射抜いて殺したことを忘れていなかったのだ）

甕襲はそう思って呆然としていたが、山中に姿を隠した脚雪とは、

（妻と児を亡くしたときは悲しかったが、あれ以来の切ない別れであろう……）

そう思うと涙がこみあげ、貉を残したまま立ち去った。

翌日、甕襲はそこへいってみると、貉はそのまま横たわっている。

（脚雪が俺に贈ってくれた、最後の獲物だ）

甕襲はそう思い、気を取り直して山刀で貉の腹を裂くと固いものが刃に当たり、取り出

して見ると、紐に通した大きい一個の勾玉《まがたま》と数個の管玉《くだたま》だった。

これは、脚雪が甕襲にくれた宝物だとして、大切にしまい込んだ。


そんなことがあった何カ月か後、山の方から途切れることのない山犬の遠吠えを聞いた里の人たちは、老いた甕襲に何かあったのではと小屋を訪れると、甕襲は小屋の中で安らかに亡くなっていた。しかし辺りに、甕襲の死を報せてくれた脚雪の姿はなかった。

人望があった甕襲の遺体を里人たちは、獣に暴《あば》かれないように深い穴を掘って葬り、土を盛って塚を築いた。

その夜も山犬の遠吠えは続くが、それはただの遠吠えではなく、悲鳴のように長く尾を引き、夜が明けるまで止《や》まなかった。

甕襲と脚雪の別れを聞いている里の者は、その遠吠えを脚雪と信じて、山に往《い》ったまま帰ってこないので脚往《あゆき》と呼び替えた。

そして甕襲の小屋を片付けていると、枕の下から大きい勾玉が管玉を連ねて出てきたが、余りに見事な玉なので、

（こんなものを持っていると、国造《くにのみやつこ》に怪しまれるのでは……）

村人は相談して、国造を通じて朝廷に献上することにした。

その勾玉は※八坂瓊《やさかに》の勾玉と名づけられ、石上神宮の神府に収められた——。

この神府には、五十瓊敷命が多くの武器も貯蔵していたが、後に百済《くだら》王が神功皇后《じんぐうこうごう》に朝貢した※七支刀《ななつさやのたち》一口と、※七子鏡《ななつこのかがみ》も収められた。

## ※石上神宮《いそのかみじんぐう》の宝物と脚雪《あゆき》の注釈

石上神宮《いそのかみじんぐう》：奈良県天理市布留町《ふるちょう》に現存する
日嗣《ひつぎ》：皇位を継承すること（日の神の大命によって、大業を次々に受け継ぐとの意）
楯部《たてべ》：盾作りを専門とする部民
神弓削部《かんゆげべ》：神に捧げる弓作りを専門とする部民
神矢作部《かんやはぎべ》：神に捧げる矢作りが専門の部民
太刀佩部《たちはきべ》：太刀を佩《は》く軍事的な部民
品部《しなべ》：朝廷に隷属する人民組織で、毎年、朝廷に一定量の特産物を貢納するか、あるいは交替で労働奉仕をする、連《むらじ》や造《みやつこ》や首《おびと》などの姓《かばね》を持つ豪族の管理者
神府《ほくら》：朝廷の神宝を収める倉
茅渟《ちぬ》の菟砥川《うとかわ》：大阪府泉南市樽井付近を流れる川
将来する：ここでは、外国などから持ってくること
鵜鹿々《うかか》の赤玉：赤く輝く玉か？
鉄鋌《てってい》：平たい鉄片

淡道島《あわじしま》の出浅邑《いでさのむら》：播磨国の宍粟邑《しそう》の間違いでは？　淡道島の出浅邑は未詳
勾玉《まがたま》：瑪瑙《めのう》や水晶などをCやコ字形に加工し端部に孔をあけて緒を通して、首や腕を飾る装身具
管玉《くだたま》：碧玉《へきぎょく》などで作った長径五ミリ前後の、長さ三センチほどの竹管状のもので、紐を通して装身具にする
但波《たには》の国の桑田《くわた》：京都府亀岡市の東部
八坂瓊《やさかに》の勾玉《まがたま》：多くの勾玉や管玉を、八尺もの長い紐に通したもの
七支刀《ななつさやのたち》：左右に三本ずつ分枝がある太刀（石上神宮に現存する）
七子鏡《ななつこのかがみ》：周囲に七つの飾りがついた銅鏡

# 十二　田道間守《たじまもり》と香果《かぐのみ》

活目入彦《いくめいりびこ》［第十一代垂仁］天皇の御代《みよ》、海を隔てた隣国の新羅《しらぎ》から帰化した、天日槍《あめのひぼこ》の子孫となる田道間守という名の、丹波《※たには》の国から出仕した舎人《※とねり》がいた。

いま彼は大和《※やまと》を離れて、遥か遠い海の向こうの常世《とこよ》の国で彷徨《さまよ》っている。

不思議なことに、この国の人たちは死ぬことを知らず、刻《とき》はゆったりと流れている。

これは現世《うつしょ》の国の大和で暮らしていた田道間守には、大王《※おおきみ》に仕える多忙な日々を忘れさせてくれる国である。

しかし田道間守が苦難の末に辿り着いたこの常世の国では、大和の纏向《まきむく》の珠城宮《たまきのみや》で天《あめの》下《した》を治めている大王に復命しなければならない重大な任務がある。

その任務とは、時を問わず、よい香りを放つ非時《※ときじく》の香果《かぐのみ》を手に入れて、それを大王に献上しなければならないことである。

——田道間守が常世の国へ出立することになったのは、この年の春二月、臣《おみ》たちが参内しているとき、臣の一人が大王に上奏した。

「大王の御歳は百余り三十年《みとせ》になられて、真にお目出度い限りです。末永く健《すこ》やかにお過ごし願い奉ります。更なる大王の長寿には、非時の香果を召されるのがよいと人伝《ひとづて》に聞いております」

「はて異《い》なことを聴くが、朕《ちん》が耳にしたことのないその木《こ》の実《み》とはどこにある」

「海の彼方の、常世の国にあると聞いておりますが……」

「それなら、隣国から帰化した、天日槍の子孫の田道間守なら知っているだろう。それに常世の国は理想郷と聞いているが、それが真実《まこと》ならそこへいく道を知りたいものだ」

大王はそう云い、寵愛している誠実な田道間守を呼んで訊《き》いた。

「そのような話は、祖先から伝わっておりませんが、大王の寿命が永らえるなら丹波に帰って常世の国へいく道を調べて、非時の香果を探して持参いたしましょう。でも、いつ復命できるかお約束できませんが……」

田道間守はそう断り、丹波の国に帰って情報を集めた。

だが誰一人、非時の香果という果実を知っている者はいなかったが、田道間守は取り敢《あ》えず丹波の海岸から常世の国へ向かって舟を漕ぎ出した——。

大海へ乗り出した田道間守は、嵐に遭ったり潮に流されたりして、大海原を幾月も漂《ただよ》って、どうにか常世の国と覚《おぼ》しき国に辿り着いた。

この国の人たちは善人ばかりで、気候は温暖で、国全体が仄かな香りがし、齷齪《あくせく》せずに悠々と暮らしている。

それに塚や墓が見当たらないのは死ぬ人がいないからで、子供はいても産まれる赤子はおらず、田畑では年中作物が稔り、山野の果実も絶えることはない。

田道間守は、御屋で忙《せわ》しく働いていた日々や、苦しかったこの度の航海を振り返ると、この国で暮したいと思っても、長年の御屋仕えの悲しい性《さが》で、大王への復命を考えると悠然としておれない。

泰然《たいぜん》と刻《とき》が流れる常世の国で旅の疲れを癒《いや》した田道間守は、朝早くから夕暮れまで走り廻って非時の香果を探し求めた。

「そんなに働かなくても、時間はいくらでもあるのに……」

そう云ってくれる住民の声は、田道間守には慰めにならない。

広大な常世の国の隅々まで蝨潰《しらみつぶ》しに足を運ぶ田道間守の姿は、まるで蝸牛《かたつむり》の中を、働き蟻が忙しく動き廻っているようだった。

そんなこの国の住民に訊いて回ったところ、※荔枝《れいし》という名の果物を教えられ、大和と同じような空気の匂いがする遥か南方まで足を伸ばしてみたが、上品な香りはしても、実が成《な》るのは夏だけだった。

それとは別に、※沙棗《さそう》というよい香りがする、花の木に成る果実が西の国にあると聞き、一カ月近くかけて※回鶻《かいこつ》という国へ行ってみた。

しかしこの国は常世の国とは違い、大和と同じ空気だったが、沙棗は噎《む》せ返るほど強い芳香の花を咲かせても、実は大和の茱萸《ぐみ》に似て、しかも初夏にしか成らないと知っただけで、徒労に終わった。

こんなに努力と苦労を重ねても、非時の香果は見つけられず、この国でも毎年一度だけ咲く、大和と同じ暦替《こよみが》わりになる桜が散ったので、一年過ぎたと知ったが、それは田道間守にとってはあっという間だった。

遂に田道間守は途方に暮れて、住処《すみか》の外に出て夕暮の空を呆然《ぼうぜん》と眺めた。

この常世の国では、季節の移《うつ》ろいは桜花《おうか》しか感じられないが、大和は初夏のはずで、高齢の大王を思うと一刻の猶予もできない。

田道間守は、この国で無下《むげ》に過ごした一年を思うと居ても立ってても居られず、目を掛けてくれる大王に申し訳なく、庭木に紐をかけて首を吊ろうとした。

だが紐を通した木の枝は自分の体重で折れ、丈夫な幹に縄を架けても木は撓《しな》って地上に垂れ下がり、首を吊ることはできない。崖から身を投げても、落ちた地面は真綿のように柔らかく身体を受け止め、川に飛び込んでも身体は沈まない。剣で腹を刺そうとすると、なぜか剣の先はぐにゃっと曲がる。

いかなる方法を試みても、この常世の国では自決できず、また食事を摂らずに餓死しようとしても、腹は減らず気分は爽快になるばかりで、

〈常世の国とは、何と難儀な国であろう……。死ぬこともできず、苦しみも悲しみも感じられず、生きる目的も希望もない。この国の民はただ生きているだけで、死を迎えられる

現国《うつしくに》に生き甲斐を感じるとは、何と皮肉なことであろう。こんな生きる目的も希望も見《み》出《い だ》せない常世の国を、桃源郷《とうげんきょう》と勘違いして憧れるとは、何と現国に住む者の愚かな幻想であろうか……）

田道間守は、しみじみそう思った。

（それにしても、果たしてこの国に非時の香果があるのだろうか……）

田道間守は、どの家の庭にもある、この国の人が柑子《※こうじ》と呼ぶ木を見上げて愚痴った。

大和では木国《※きのくに》にある橘《たちばな》に似ているが、この国ではありふれた木の実で、誰もが一日に一個だけ口にしているが、田道間守も一度だけ食べたことがある。だがこの実は酸っぱいだけで不味く、それに不思議なことに、その日の記憶が欠如してしまったように感じられ、田道間守は二度と食べなかった。

（なぜこの国の人たちは歳を取らないのだろう……。もしかするとこの実が非時の香果で、この実を食べるとその一日が消滅するため、それで歳を取らないのだろうか……）

そんな考えが浮かび、翌日から、これまでじっくり観察したことのない人々の暮しぶりを拝見することにした。

田道間守がそう思って見ていると、多少の違いはあっても人々は、毎日同じ作業や動作を繰り返し、その日の天気以外は前日と同じ会話を交わし、作物や木の実は採っても数日後に同じところに成る。

（常世の国は、今日という日しかなく、明日の希望《のぞみ》も悩みもなく、それに生きる目的もな

い国である）

そう結論づけた田道間守は、

（柑子は、大和では暖かい地方にあっても食用にならないため、誰も気にかけない。あっ、そうだ！　常世の国にどこにでもある庭木が、非時の香果の実に違いない……。あれほど私が探し求めたものは、目の前にあったのだ。この木の実を持って、現世の国の大和へ帰ろう……）

田道間守は落胆とも喜びともつかぬ気持ちで、葉がついた非時の香果を枝ごとと、葉を取り払った枝をそれぞれ八本ずつ舟に積んで再び大海に乗り出した。

（だが、この実を大王に食していただくには、賛成しかねる。その日のできごとを忘れては、政治《まつりごと》は行なえない。でも、大王が長生きなさるなら、それでもよいか……）

そんなことを考えると、田道間守は複雑な気持ちになった。

（しかしこれで復命でき、大王に会えてお仕えできる）

田道間守は、そんな釈然としない気持ちを引き摺って大和へ帰国した。

ところが大和を出て一年半後に帰国したはずなのに、不思議なことに十年の歳月が過ぎており、大王は百四十歳で崩御されていた。

それを知った田道間守は、水瓶《みずがめ》に映ったよぼよぼの老人が自分と知ると急に力が抜け、歩くのも覚束なくなった。

それでも非時の香果の葉をつけたものを四本手にして、昨年の秋に即位した大足彦《おおたらしひこ》［第十二代景行《けいこう》］天皇に復命すると、群臣は変わり果てた田道間守を見て驚いた。

そんな姿で非時の香果を献上した田道間守は、這うように、やっとの思いで狭木《※さき》の寺間《てらま》にある大王の御陵《みささぎ》にいって、葉のない非時の香果の枝を陵の入口に供えて跪《ひざまず》き、

「大王！　田道間守が、復命しに常世の国から帰ってまいりました」

そう云い、

（この非時の香果を召し上がられたなら、大王は長生きなさったでしょう。でもそれは唯生きているだけで、無意味な日々となります。常世の国とは、現世の国に住む人たちには桃源郷があると信じるだけでよく、この実を召されずに身罷《みまか》られた大王は、きっと有意義な生涯を全《まっと》うされたことでしょう）

そう呟き、大王の崩御後に帰国したことに嬉し涙が込み上げてきた。

「私は、常世の国を見せてくだされた大王に深く感謝いたします。殉死するには憚《はばか》られる身分の舎人ですが、お供をさせてください。でも、このように老いさらばえて動けなくなりましたので御陵《みささぎ》の内まで歩いていけないので、ここで後を追わせてください」

そう云う田道間守の脳裏に、若い日の大王の凛々《りり》しい姿が浮かび、涙を迸《ほとばし》らせていたが、やがて動かなくなった。

それを見守った群臣の中には、田道間守の思いとは違い、

「田道間守がもう少し早く復命すれば、大王はもっと長く生き存《なが》えたのに……」

そんな恨みごとを云う者もいたが、多くの群臣は亡き大王を偲ぶと共に、田道間守の殉死に感動して、大王の陵の周濠に※陪冢《ばいちょう》を造って田道間守を葬った。

## ※田道間守《たじまもり》と香果《かぐのみ》の注釈

丹波《たには》の国：但馬
舎人《とねり》：皇族や貴族に支えて雑務を行う下級官人
大和《やまと》：日本国
大王《おおきみ》：臣下が天皇を敬《うやま》って云う天皇の尊称
非時《ときじく》の香果《かぐのみ》：時期を問わず、よい香りを放つ木の実。橘《たちばな》の実
茘枝《れいし》：ライチ（楊貴妃が好んだという、果肉は白色で半透明な多汁の甘い果実）
沙棗《さそう》：棗《なつめ》のような果実か？
回鶻《かいこつ》：ウイグル（遊牧民国家）
柑子《こうじ》：今の蜜柑より小さくて酸味が強い
木国《きのくに》：和歌山全域と、三重県の尾鷲市、熊野市及び南と北牟婁郡を含む地域
狭木《さき》の寺間《てらま》：奈良県奈良市山陵町御陵前
陪冢《ばいちょう》：大型の古墳に近接する小型の古墳

# 十三　※白智鳥《しろちどり》の陵《みささぎ》

大足彦《おおたらしひこ》［第十二代景行《けいこう》］天皇は、皇后が産んだ双子の兄の大碓命《おおうすのみこと》と、弟の小碓命《おうすのみこと》に異母兄弟の稚足彦命《わかたらしひこのみこと》の三人を日嗣《ひつぎ》の候補とした。

「朝廷に従わぬ、騒がしい東方十二ケ国の者どもを平定せよ」

この天皇の命令を受けた、小碓から名を代えた若い倭武命《やまとたけるのみこと》は、※大和《やまと》の纏向《まきむく》に五人の妃と、妃たちが一人ずつ産んだ五人の皇子《おうじ》を残して東国へ下っていった。

しかし天皇は兵を授けてくれず、耳建彦《みみたけひこ》だけを供にとの命令は、倭武命には思い当たる節がある。

それは小碓が、※川屋《かわや》に入った大碓を外で待ち受けて手足をもぎ取って殺したり、先年、天皇が討ち洩らした西海の※熊襲《くまそ》成敗を命じられると、首領の建《たける》を討っただけではなく、帰路、気儘《きまま》に山陰へ立ち寄って出雲建《いづもたける》も殺して華々しく凱旋した。

こんな小碓の活躍で、とみに世評が下落した天皇は、断りなく倭武命と名乗った節度のなさと荒々しい気性を恐れて、蛮勇と聞こえる東国の※蝦夷《えみし》討伐に遣わした。

倭武命は遠征の途次、伊勢神宮へ立ち寄り、叔母の※斎宮《さいぐう》の倭姫《やまとひめ》に心情を吐露した。

「天皇は、私に死ねと仰せのようです」

「この度の任務を全《まっと》うすれば、天皇は必ず貴方を大事になさるでしょう」

叔母はそう云って、草薙《※くさなぎ》の剣と御嚢《※みふくろ》を授けてくれた。

倭武命はそれより坂東へ向かい、各地の賊を討ちながら尾張《※おわり》に着くと、宮簀媛《みやすひめ》の家に泊まって彼女と婚約し、更に東へ向かって遠江《※とおとうみ》に着いた。

そこの忍山宿禰《おしやまのすくね》に宿を頼もうと耳建彦を遣わすと宿禰は快く聞き入れ、娘の弟橘媛に主従を別々の部屋に案内させた。

耳建彦は麗しい弟橘媛に一目惚れしたが、美丈夫《びじょうぶ》な倭武命に惹かれた弟橘媛は髪を宝《ほう》髻《けい》に結い、山橘《※やまたちばな》を彫《ほ》った櫛を挿して倭武命の部屋に入り、二人だけで夜を明かした。

これを知った耳建彦は、宿禰に告げ口した。

「私の主人は、貴方の娘と懇《ねんご》ろになっておりますが、東国へ遣わされたのは、天皇から死を賜わったのと同じことで、次の天皇は三男の稚足彦命に決まっております」

宿禰は倭武命が天皇になるものと思い込んで娘との仲を喜んだが、天皇になれないなら自分の益にならないばかりか、却って嫌疑を受ける。それに耳建彦の話では、天皇が持て余している倭武命を殺せば覚えがよくなるだろうと考え、

「東の駿河《※するが》の国に、鹿の角が若木のように群れている所があります。私がご案内いたしましょう」

そう云って、倭武命一人だけを隣国に案内し、

「狩りをする前に、お願いがあります。この野中に大沼があり、狂暴な神が住んでおります。どうか太子の力で、成敗してください」

そう誘い、倭武命が野中に踏み入ったと見ると、風上の野に火を放った。

倭武命は倭姫から授かった剣で辺りの草を薙ぎ払って空き地を作り、嚢の中にあった火打ち石で風下の草に火を点け、その野火の跡を辿って窮地を脱した。

そこで倭武命は、弟橘媛の身を案じて館に引き返し、先に帰っている宿禰を柱に縛りつけ、館に火を放つと宿禰は懇願した。

「貴方が火を放った館の牢に、娘を閉じ込めており、焼け死んでしまいます」

耳建彦は、弟橘媛が父の折檻を受けたと知って早々と逃げてしまい、倭武命は一人で炎に包まれている座敷牢から弟橘媛を助け出し、逆に宿禰を牢に閉じこめて焼き殺した。

弟橘媛は、太子を殺してでも恩賞に与《あずか》ろうとし、それに自分の娘が焼死すると分かっても助けてくれない父を憎んだ。それに比べると、火傷《やけど》を負うのも厭《いと》わず自分を救ってくれた倭武命を、かけがえのない自分の寄る辺《よべ》の君と胸に刻み、彼に我が身を託そうと決心した。

こんなことがあって倭武命と弟橘媛は手を取り合って焼津《※やきつ》と名付けた土地を去り、弟橘媛が御子を産むために逗留したりして仲睦まじく東へ進み、年月を重ねて相武《※さがむ》の国の東端に着いた。

その先には、朝廷に従わぬ蝦夷どもが手ぐすね引いて待ち構えている。

そこへ、一人だけでは大和へ帰れないと悟った耳建彦が、改心して戻ってきた。

弟橘媛も倭武命も、足手まといになると考えられる稚武彦王《わかたけひこのみこ》と名づけた御子《みこ》を、大和へ送り届けることを条件に罪を許した。

そこから上総《かずさ》の国へ渡るには走水海《はしりみずのうみ》を越えねばならず、その日は波浪が高く渦巻いている。

翌日、倭武命は、風波は鎮《しず》まったと見て舟出しようとすると、弟橘媛は、

「もう一日待って様子を見ましょう」

そう宥《なだ》めたが、

「西海の速吸門《はやすひのと》を渡ってきた俺だ。こんな小さな海なら、ひと漕ぎで渡れる」

倭武命は、自分の力を過信して云うと、

「口を謹《つつし》まないと、海神《わたつみ》の怒りに触れますよ」

弟橘媛はそう諫《いさ》めるも、そんな無謀な倭武命が好きだった。だがこの気性が天皇に疎《うと》まれる因《もと》で、天皇に自分の力を認めてもらいたく、東国を平らげようと勇む姿は、子供が父の気を引くのと同じで、それを弟橘媛は愛《いと》おしく思っていた。

そして垣間見る孤独の影は、心に疼《うず》くものがあり、蝦夷との戦いに自分が倭武命の行動を妨げるなら、

（太子に、天皇の命令を果たさせるのが私の務めだから、事態によれば自ら身を処そう）

そんな覚悟を潜《ひそ》めた弟橘媛の言葉に、自重した倭武命は翌日、風波が治まったと見て沖

に出ると、疾風《はやち》はたちまち波を吹き、舟は風波に翻弄《ほんろう》されてしまった。この事態は、

（こんな小さな海なら、ひと漕ぎだ！）

と走水海を侮《あなど》った倭武命に対する海神の仕置きで、二人の命は風前の灯火《ともしび》となった。

（若くて直情径行《ちょくじょうけいこう》な太子は、歳を重ねれば立派な天皇になって国を治めるでしょう。妾は父に殺されたものだとして、命を海神に捧げて、太子の命を助けていただこう）

こう即決した弟橘媛は吹き荒ぶ風に逆らって、声を振り絞って歌った。

《※さねさし相武の小野に燃ゆる火の火中《ほなか》に立ちて問ひし君はも※》

「私が海神の生け贄になるには、惜しむものは何もありません。だから太子は使命を果たして、無事に復命してください」

そう云うや否《いな》や、倭武命が止める間もなく身を翻《ひるがえ》した。

倭武命は、咄嗟に舟端《ふなばた》に身を乗り出して弟橘媛の衣裳を掴もうとしたが、倭武命の手を擦り抜けた弟橘媛は、瞬く間に浪に揉まれて海中に没すると、やがて風波は鎮《しず》まった。

弟橘媛を失った倭武命は、打ちのめされて上総に着き、嘆き悲しんで弟橘媛を捜して浜辺を彷徨した七日後、山橘の櫛が岸辺に流れ寄った。

それを手にした倭武命は哀切極まり、号泣しながら塚を造ってその櫛を納めて弔った。

悔やみ悩んだ倭武命は、日数《ひかず》をおいて、無理に気力を奮い立たせて、幾歳月を費やして

※吾妻《あづま》の国から※甲斐《かい》をへて科野《しなの》に至り、朝廷に従わぬ国造《くにのみやつこ》どもを帰順させて尾張まで戻ってきた。

その道中、ずっと上総の国から随《つ》いてくる、弟橘媛の化身のような※小白智鳥《こしろちどり》がいた。

倭武命はその鳥を見る度、弟橘媛を失った悲しみは窮《きわ》まり、気を紛《まぎ》らすために往路で約束した尾張国の宮簀媛の館に留まると、小白智鳥はどこかへ翔んでいった。

尾張に滞在中、※五十葺山《いぶきやま》の荒《あら》ぶる神が人民を苦しめているという噂を聞いた倭武命は、

「俺が、素手で仕留めて見せる」

いつものように自信満々に云い、草薙の剣を宮簀媛の館に置いたまま丸腰で山中に分け入ると、牛ほどもある巨大な白い猪が現れた。

(こ奴は、荒ぶる神を平らげた帰りに仕留めてやろう)

倭武命はそう豪語し、白猪を無視して深山《みやま》に踏み入ると再び小白智鳥が現れ、狂ったように啼き叫んで翔び廻った。倭武命は、それにかまわず峰を目指した。ところが白猪は荒ぶる山の神の化身だったので怒り狂って雲を起こし、雪を降らせて雹《ひょう》を叩きつけ、山を霧で包んだため道を失って渓《たに》に落ちてしまった。

そこに、再び現れた小白智鳥に誘われて山中を徘徊した倭武命は、疲労困憊となり、意識は朦朧として気を失った。

しばらくして気力を振り絞って立ち上がった倭武命は、小白智鳥が導《みちび》くまま山を降り、水が湧き出している※居醒井《いさめがい》に辿り着き、その清水を飲むと正気に返った。

そこで無性に故郷が恋しくなり、尾張に向かわず大和へ帰ろうとしても、※当芸野《たぎの》あたりで疲れ果て、

（俺は大和に帰ろうとしているのに、今は一歩も進めなくなった）

気力も体力もなくした倭武命は、望郷の思いだけを胸にして、杖を曳《ひ》いて故郷を目指し、

《大和は国の真誉場《まほろば》※畳《たた》なずく青垣《あおかき》　山隠《やまごも》れる大和しうるわし》※

このように故郷を偲《しの》んで歌い、※能煩野《のぼの》に着いたとき急激に衰えた。

そんな倭武命を見守っていた小白智鳥は、助けを求めるかのように鳴き騒ぐと、倭武命は苦し紛《まぎ》れに歌った。


《嬢子《おとめ》の床の辺《べ》に我が置きし剣《つるぎ》の太刀　その太刀をば》

これは、草薙の剣を佩《は》いていたならと述懐する歌だったが、倭武命はそこで遂に身罷《みまか》ってしまった。

小白智鳥は、梢に止まったまま倭武命を見下ろして哀し気《げ》に鳴く。

その声を耳にした国造が遺体を見て、身形《みなり》から倭武命と推察して駅馬《はやうま》で大和へ注進し

た。

この報《しら》せを受けた妃の両道入姫《ふたじのいりびめ》の他、四人の妃と稚武彦を含む七人の皇子たちが駆けつけ、能煩野に御陵《みささぎ》を造って倭武命を葬った。

《※なづきの田の稲幹《いながら》に　稲幹に這《は》い徘徊《もとろ》う※野老蔓《ところづら》》

妃たちはそう歌い、皇子たちと共に陵の周りの田圃を這いずり回って涕《な》き叫んだ。その様子を見た小白智鳥が飛び立つと、陵から出てきた白智鳥が後を追っていく。妃たちは、笹の葉や竹の切り株などで傷を負いながら白智鳥を追っていくと、二羽は海辺の岩伝いを翔《と》び、妃たちも荒磯を歩かねばならない。

このように比翼《ひよく》する二羽の鳥は、妃たちには歩き難い岩ばかりの磯を翔ぶので、妃と皇子たちは、

《浜つ智鳥　砂浜をゆかず　なぜ荒磯を伝う》

そう恨めしく歌って懸命に追い掛けても、大小の智鳥は休んでは翔ぶことを繰り返して※河内の志幾《しき》に留《とど》まった。

妃たちはそこにも陵を造って倭武命の魂を鎮座させようとしたが、二羽の白智鳥は天翔《あまがけ》

て二度と現れなかった。

## ※白智鳥《しろちどり》の陵《みささぎ》の注釈（図形④を参照）

白智鳥《しろちどり》：白鳥
大和《やまと》の纏向《まきむく》：奈良県桜井市穴師の北、三輪山の西北
川屋：川の上に建てた便所・厠
西海：九州地方
蝦夷《えみし》：北関東から東北に住む、朝廷に服属しない東北地方の民族で、アイヌ人と目《もく》される
斎宮《さいぐう》：神宮に仕える皇女。天皇の名代として伊勢神宮に祀られる未婚の皇女。ここでは景行天皇の妹の倭姫命
草薙《くさなぎ》の剣：素戔嗚尊《すさのおのみこと》が八岐大蛇《やまたのおろち》を退治したとき大蛇の中から出てきた剣
御嚢《みふくろ》：袋
尾張《おわり》：愛知県の西部
遠江《とおとうみ》：静岡県の西部
山橘《やまたちばな》：牡丹の古名
駿河《するが》の国：静岡県の中央部
焼津《やきつ》：静岡県焼津《やいづ》市

相武《さがむ》の国：神奈川県相模《さがみ》の古名
上総《かずさ》の国：千葉県の中央部
走水海《はしりみずのうみ》：浦賀水道
さねさし：相武《さがむ》（相模）にかかる枕詞《まくらことば》
問ひし君はも：私の安否を気遣ってくださった貴方よ
吾妻《あづま》の国：神奈川県の西部の足柄山から東部
甲斐《かい》の国：山梨県
小白智鳥《こしろちどり》：小さい白鳥
五十葺山《いぶきやま》：滋賀県と岐阜県の県境の伊吹山
居醒井《いさめがい》：滋賀県米原市の醒ケ井《さめがい》
当芸野《たぎの》：岐阜県養老町あたり
畳《たた》なずく：重なり合う
大和しうるわし：大和は懐かしい
能煩野《のぼの》：三重県鈴鹿市加佐登町あたり
なづきの田：あたりの田
野老蔓《ところづら》：山芋科の蔓草《つるくさ》
河内の志幾《しき》：大阪府八尾市あたり

## 追記

四代後の仁徳天皇六十年冬十月、天皇は白智鳥陵の陵守《みささぎもり》を、百姓を兼務する目杵《めき》に代えた。後日、陵を見にいくと、目杵は白鹿に化けて逃げていった。

「倭武命の陵は空墓だと思って、経費を惜しんで百姓兼務の陵守に任せたが、これは畏《おそ》れ多いことだった」

天皇はこう云って、陵守を元の土師部《はじべ》の臣《おみ》の管轄とした。

# 十四　海を渡る皇后

倭武命《やまとたけるのみこと》と両道入姫命との間に儲けた御子の足仲彦《たらしなかつひこ》［第十四代仲哀《ちゅうあい》］天皇は、行幸先の筑紫《※つくし》の橿日宮《かしいひのみや》で崩《ほう》じた。

皇后［神功《じんぐう》］の気長足姫《おきながたらしひめ》は、大臣《※おおおみ》の武内宿禰《たけうちのすくね》と議《はか》って天皇の喪を匿《かく》すことにし、中《なか》臣烏賊津連《とみのいかつのむらじ》と大三輪大友主君《おおみわのおおともぬしのきみ》に、物部胆咋連《もののべのいくいのむらじ》と大伴武以連《おおとものたけもつのむらじ》を招じて、

（天皇が崩御したことを兵が知ると、気が弛《ゆる》んで士気に影響するであろう）

こう恐れて、前述の四人の大夫《※まえつきみ》と百僚《※ひゃくりょう》に宮を守らせた。

天皇の死因は、

（海の向こうの国を得よ）

と託宣《※たくせん》した神に従わなかったため神が祟《たた》ったからで、皇后は群臣と百僚に命じてあらゆる罪を祓《はら》い、過《あやま》ちを革《あらた》めて小山田《※おやまだ》の邑《むら》に斎宮《※いわいのみや》を造らせた。

そうしてから武内宿禰に命じて、天皇の遺骸を納めた柩を穴門《※あなと》へ移し、豊浦《とゆら》の宮で火を点さずに殯《もがり》した。

そこで皇后は自ら祭主となって豊浦の宮の斎宮に入ると、中臣烏賊津連を審神者《※さにわ》とし、

武内宿禰に琴を弾かせて神を呼び出させた。

そして天皇が亡くなった因《もと》の、天皇に託宣した神の名を請い願《こ》って七日七夜祈ると、

「※伊勢の五十鈴《いすず》の宮におられる、憧賢木厳之御魂天疎向津媛《つきさかきいつのみたまあまさかるむかつひめ》である」

神は、そう答えた。

「その他に、託宣された神はおられますか」

また皇后が問うと、

「いま告げている吾《あ》れもそうで、吾の名は、※尾田《おだ》の吾田節《あかたふし》の淡《あわ》の郡《こおり》に祀られている※稚日女《わかひるめ》という神である」

そう答えた。

「その他に、託宣された神はおられますか」

皇后が再び問うと、

「天事代虚事代玉籤入彦厳之事代神《あめにことしろそらにことしろたまくしいりびこいつのことしろのかみ》がいる」

途轍もなく長い神の名を云い、更に問うと、

「いるかいないか、分からない」

そう答えた。

「後で思い出して、教えてくれる神がおられますか」

再三再四、訊《き》くと、

「※表筒男《うわつつのお》と※中筒男《なかつつのお》に※底筒男《そこつつのお》の神がいる」

神はそう答えた。

この表筒男と中筒男に底筒男は住吉の三神で、なお問うと、

「いるかいないか、分からない」

神は面倒臭そうに云い、その後、何度訊いても答えなかった。

皇后は早速、神の教えに従って六柱《ちゅう》の神を祀り、鴨別《かものわけ》を遣わして熊襲を討たすと、幾らもたたぬうちに熊襲は服従した。

「※荷持田村《のとりたのふれ》という土地に、剛強で翼があって空を翔《と》ぶ、皇命に従わず人民を掠奪する羽白《はしろ》熊鷲《くまわし》という者がおります」

復命した鴨別が、こう皇后に告げた。

皇后は※層増岐野《そそきの》へ※行啓《ぎょうけい》して羽白熊鷲を撃滅し、そこから※山門県《やまとのあがた》へ転じて土蜘蛛の田油《たぶら》津媛《つひめ》を誅《ころ》した。

このように、仲哀天皇が手を焼いた周辺の朝敵を平らげた皇后は、神の託宣が正しいと知り、神託に従って海の向こうの国を得るため、この年は天皇の葬儀を執り行わないことにした。

そこで皇后は、髪を解いて海に入って頭を濯《すす》ぐと髪は左右に分かれ、その髪を鬘《みずら》に結い、「妾《わたし》は未熟な女であるから、姿を男に変えて雄々しく軍を起こして、舟団を組んで波《は》濤《とう》を越えて軍を進めて宝の国を得たい。事が成れば功は群臣たちの力で、失敗すれば妾の責任である。この妾の覚悟のほどを理解した上で、遠征の賛否を協議せよ」

こう群臣の前で諮《はか》った。

「皇后は、国を安寧《あんねい》とする手段《てだて》を計っておられる。失敗しても罪は臣下に及ばないと云われ、私は謹んで詔《しょう》をお受けいたします」

大臣の武内宿禰がそう云うと、全ての群臣も賛成した。

そこで皇后は諸国に令を出して兵や舟を募ったが集まらず、※大三輪《おおみわ》に社《やしろ》を建てて剣と矛を奉じると兵軍は自《おの》ずと集まった。

そこで※吾瓮海人烏摩呂《あへのあまおまろ》に、神が託宣された西の海の向こうにあるという国を物見にいかせると、

「海の向こうに、陸《おか》は見えません」

こう復命したが、※磯鹿《しか》の海人の草《くさ》という者を遣わすと、

「海の西北方向に山らしきものと、雲が見えましたから、国があるのでしょう」

数日後に、草はそう復命したので、出陣の吉日を亀卜《きぼく》で占うとまだ日があった。

皇后は再び髪を髻に結って男装し、斧《おの》と鉞《まさかり》を手にして、

「※鐘鼓《しょうこ》の音《ね》や、軍旗が乱れると軍隊は機能を失う。異国の民《たみ》の財に手を出すと、この斧と鉞で懲罰を受けるだろう。また敵の数が少なくても侮らず、敵が大軍でも怯えてはならない。また婦女を犯したり、民人《たみびと》に暴力を振るってはならない。また投降する者を殺してはならず、戦《いくさ》に勝てば報償を授けるが、逃亡者は厳重に処罰する」

これを※三軍の将兵に訓示すると、

「※和魂《にきたま》は王に寄り添い、※荒魂《あらたま》は艨艟《もうどう》を導くだろう」

との、神のお告げがあった。

皇后はこの神託をいただき、依網吾彦男垂見《よさみのあびこおたるみ》をその神の神主とし、荒魂を先鋒《せんぽう》に、和魂は艨艟の鎮めとした。

そのとき皇后は産み月だったが、路傍の石を腰に挿し挟み、

「事が成就して凱旋した日に、妾はここで御子を産みたい」

そう神に誓うと、陣痛は治まった。

亀卜で吉日と出た一カ月後、皇后の三軍は※和珥《わに》の津《つ》に集結して出陣した。

この秋《とき》、※飛簾《ひれん》は風を起こし、陽光は波を上げ、海中《わたなか》の全ての大魚が舟を押し運び、帆は順風を受けて波を押し分けて進み、皇軍は舵や櫂を使わなくてもたちまち新羅《しらぎ》の国に着いた。

天神地祇《てんじんちぎ》の加勢を得て艨艟を押し運んだ波は、更に新羅の国の中ほどまで運び上げた。

この皇軍の勢いに新羅王の波沙寝錦《はさむきむ》は戦慄し、

「我が国開闢《かいびゃく》以来、国土に海水が押し寄せた記録はない。もはや我が国の天運は尽きたようで、国土は海没するだろう」

その声が終わらないうち、皇軍は新羅の国内に満ち溢れ、※旌旗《せいき》は日に輝き、鼓笛は山河に轟《とどろ》いた。

新羅王は、意外な強敵の出現に、国土の壊滅を怖れる余りに気を失っていたが、意識を

取り戻すと、

「聞くところによると、東方に大和《やまと》という神の国があり、そこに聖《ひじり》の帝がいるという。我が国に押し寄せたのは、きっと大和の国の神兵であろう。もはや防ぐ手立てはない！」

　そう云って、白旗を掲げて降伏した。

　新羅王は、自ら白い※組綬《くみひも》を降伏の印として首に掛け、更に後ろ手に縛って囚われの姿で、※土地図や戸籍《こせき》を封じるという、支配権を棄てて皇軍に下《くだ》り、

「貴国に服従して、※馬飼部《みまかいべ》となりましょう。そして舟便を絶やすことなく、春秋に馬の毛を洗う梳《くし》と鞭を献上いたします。また求められるなら、海路を厭《いと》わず男女を貢ぎます」

大和軍としては欲しくもない物を、有り難そうに云って※叩頭《こうとう》し、次のように誓約した。

「もし私が違約すれば、天地の神罰をお受けいたします」

　そんな新羅王を殺してしまえと云う者もいたが、皇后は、

「神託によって金銀を得たのだから、降伏した者は殺してはならぬ」

　そう云って新羅王の縄を解いて馬飼部とし、新羅国内の重宝の府倉《くら》を封印して、土地図や戸籍簿を使えなくした。

　新羅王は微叱許智伐旱《みしこちほつかん》を人質として差し出し、金《こがね》と銀《しろがね》に、※彩色《うるわしきいろ》、※綾《あやきぬ》、※羅《うすはた》に絹《きぬ》を揃えて朝貢し、それらの品を八十隻の舟に乗せ、人質を皇軍に随き従わせた。

　隣国の※高麗《こま》と百済《くだら》の二国の王は、新羅が皇軍に降伏したと知り、密かに軍勢を集めて備えていたが勝つ見込みはないと悟り、王自身が皇軍の陣営に進み出てこれも叩頭して、

「今後は西蕃《※にしのとなり》と称して、朝貢を絶やしません」

そう誓って降伏した。

こうして皇后が内官家屯倉《※うちつみやけ》を定めて帰国したのが、いわゆる三韓征伐である。

凱旋した皇后は皇太后と呼ばれ、筑紫の宇瀰《※うみ》で出産した誉田別《ほむたわけ》［第十五代応神］皇子を太子に立てて磐余《いわれ》に都を興し、この都を若桜宮《わかざくらのみや》と呼んだ。

二年後、新羅王は汙礼斯伐《うれしほつ》と毛麻利叱智《もまりしち》に富羅母智《ほらもち》らを派遣して朝貢した。

だがこれは、新羅王が人質として差し出した重臣の微叱許智伐旱を取り戻すためで、新羅王が派遣した者たちは、

「我が国王は、私が永く帰国しないので、妻子を奴隷にしているそうです。嘘か真《まこと》か調べたく、しばらく新羅へ帰らせてください」

こう微叱許智伐旱の口から、皇太后に云わせる小細工をした。

皇太后は謀《はかりごと》と知らず微叱許智伐旱の帰国を許し、葛城《かずらき》の襲津彦《そつびこ》を添わせて帰国させた。

そんな一行が対馬の和珥に着くと、毛麻利叱智らは密かに水手《※かこ》を手配し、微叱許智伐旱の褥《しとね》に草で作った人形を置き、衾《ふすま》で覆って微叱許智伐旱が就寝しているように見せかけ、微叱許智伐旱を新羅に逃した。

そして人をつけて看取《みと》らせる様子をさせてから、毛麻利叱智は襲津彦に、

「微叱許智伐旱は、死にかかっております」

と告げて謀《たばか》ろうとした。

騙されたと知った襲津彦は、新羅の使者三人を捉えて檻に閉じ込めて火を放って焼き殺した。そして新羅に渡り、※蹈鞴津《たたらつ》に泊って※草羅城《さわらのきし》を攻め落として凱旋した。

**※海を渡る皇后の注釈（図形⑤を参照）**

筑紫《つくし》の橿日宮《かしいひのみや》：福岡県福岡市香椎
大臣《おおおみ》：朝廷に近侍する最高執政官
大夫《まえつきみ》：重臣
百僚《ひゃくりょう》：諸々の司
託宣《たくせん》：神が人に乗り移って、意志を告げ知らせること
小山田《おやまだ》の邑《むら》：不詳
斎宮《いわいのみや》：斎王《さいおう》が忌み（心身を清浄に保って慎んで）こもる宮
穴門《あなと》の豊浦《とゆら》：山口県下関市長府町
審神者《さにわ》：神の神託を聞け、意味が解る者
伊勢の五十《い》鈴《すず》の宮：伊勢神宮
尾田《おだ》の吾田節《あかたふし》の淡《あわ》の郡《こおり》：不詳

稚日女尊《わかひるめのみこと》：天照大神の妹

表筒男《うわつつのお》
中筒男《なかつつのお》
底筒男《そこつつのお》
綿津見の神を上中下に分けた神で、住吉神社に祀られる三神

荷持田村《のとりたのふれ》：福岡県朝倉市秋月野鳥

層増岐野《そそきの》：福岡県朝倉郡筑前町安野

行啓《ぎょうけい》：皇太后、皇后、太子など、皇族が外出すること

山門県《やまとのあがた》：福岡県みやま市

大三輪《おおみわ》：福岡県朝倉郡筑前町弥永

吾瓮海人《あへのあま》：六連島《むつれじま》の西北六キロメートルに位置する藍島の海人か？

磯鹿《しか》：福岡市東区の志賀島《しかのしま》

鐘鼓《しょうこ》：士気を鼓舞する鐘と太鼓

三軍：大軍

和魂《にきたま》：和の神

荒魂《あらたま》：荒々しい神

和珥《わに》の津《つ》：対馬上県郡の鰐浦

飛簾《ひれん》：風の神

旌旗《せいき》：旗と幟

組綬《くみひも》：綱
土地図と戸籍《こせき》：土地の図面と人民の戸籍
馬飼部《みまかいべ》：馬を調教したり飼養する者（当時、日本では乗馬の習慣はなかった）
叩頭《こうとう》：頭で地面を叩く、頭を地につけて礼拝すること
彩色《うるわしきいろ》：金銀に輝く色
綾《あやきぬ》：模様を織り出した絹織物
羅《うすはた》：編み物のような、透薄な絹織物
高麗《こま》：高句麗《こうくり》
西蕃《にしのとなり》：帰化して西に住む者
内官家屯倉《うちつみやけ》：朝廷の直轄領
宇瀰《うに》：福岡県糟屋郡宇美町
水手《かこ》：水夫
蹈鞴津《たたらつ》：釜山の多大浦
草羅城《さわらのきし》：慶尚南道梁山市

# 十五　麛坂《かごさか》皇子と忍熊《おしくま》皇子の乱

足仲彦《たらしなかつひこ》［第十四代仲哀《ちゅうあい》］天皇が崩御した十カ月と十日後の冬十二月十四日、気長足《おきながたらし》姫《ひめ》［神功］皇后は筑紫《つくし》の宇瀰《うに》で誉田別《ほむたわけ》皇子を出産した。この誉田別皇子は仲哀天皇には、その前に大酒主の娘の弟媛との間に誉屋別《ほむやわけ》皇子を儲けているため、皇子としては四人目の御子である。

誉田別皇子を身籠もったまま大陸へ渡り、新羅と高麗と百済の三韓を降伏させた皇后は、翌年の春二月、生まれて間もない誉田別皇子を抱いて、群卿百僚を率いて穴門《あなと》の豊浦《とゆら》の宮に凱旋した。

そして殯《もがり》していた足仲彦天皇の遺骸を、海路を経て大和《やまと》に運ぼうとした。

ところが足仲彦天皇と大中媛《おおなかつひめ》との間に生まれた麛坂と忍熊の両皇子は、皇后が三韓征伐に成功した後、皇子を産んで、その御子誉田別皇子を、すぐ太子に立てたと知ると、（※悪阻《おそ》を陣痛と偽って出産を遅らせたのは皇后の狂言で、胤《たね》は武内宿禰に違いない。我が父足仲彦天皇の子ではない、海の物とも山の物とも分からぬ赤子を、日嗣とは片腹痛い。誉屋別皇子ならいざ知らず、誉田別以外の者が天皇になってしかるべしだ。だから父の墓

は俺たちで造り、俺たち兄弟のいずれかが天皇になることを天下に知らしめよう）

そう話し合い、天皇の陵を赤石《あかいし》に造ろうと、播磨の国から舟を列ねて淡道島《あわじしま》へ渡り、陵の※葺石《ふきいし》にする五色浜の石を運んで陵の造成に着手した。

陵がほぼ完成した日、西海へ偵察に遣っていた、皇軍の臣と通《つう》じる坂辺《さかべ》という舎人が、

「皇后は、足仲彦天皇の柩を舟に乗せて大和へ向かいました」

と、駅馬《はやうま》で報せてきた。

そこで麛坂と忍熊皇子は輩下の兵だけでは心許なく、赤石の人民にも武器を取らせ、海峡の両側に舟を並べて皇后軍を待ち伏せた。

その二皇子の軍には、倉見別《くらみわけ》と五十狭茅宿禰《いさち》が荷担し、麛坂皇子は二人を将軍に取り立てると共に、東国へ兵を募集《あつめ》にやって軍を増強しようとした。

しかし兵は集まらず、二人はすぐに戻ってこれないので、両皇子は摂津の国の※菟餓野《とがの》にいた軍を退《ひ》き、勝敗を占う※祈狩《うけいがり》をして日数《とき》を稼ぐことにした。ところが祈狩の仮桟敷にいた兄の麛坂皇子が、突如、現れた赤い大猪に喰い殺されてしまった。この不吉な出来事に忍熊皇子は、兵を集めて帰陣した倉見別と協議して軍を退いて住吉に陣を敷いた。

忍熊皇子が住吉に陣取ったと知った皇后は、生まれてまもない誉田別皇子を、知恵者であっても戦に不向きな武内宿禰に武振熊《たけふるくま》を副えて、

「南海に廻って、※紀伊《きい》の水門《みなと》に駐《とど》まるように」

そう命じた皇后は、自ら軍を率いて難波《なにわ》へ向かったが、難波を目の前にして舟は海流に

廻されて進まなくなった。それで務古《※むこ》の水門に戻って占うと天照大神《あまてらすおおみかみ》の託宣があり、これに従って天照大神を広田《※ひろた》の国に、天照大神の妹の稚日女《わかひるめ》を活田《※いくた》の長峡《ながお》の国に祀った。

　このように神託に従ったため皇后の軍は無事に難波の津に着いたが、忍熊軍は更に退いて菟道《※うじ》に陣を敷いた。

　忍熊軍の戦意喪失を感じた皇后は、誉田別皇子を迎えに南紀にいき、日高《※ひたか》で武内宿禰と合流し、群臣と議《はか》って菟道の忍熊皇子を攻めることにした。

　だが不吉なことに小竹《※しの》の宮《みや》に移ると、昼でも夜のように暗くなった。この奇っ怪な事象は何かと調べると、地元の古老が答えた。

「二社の神主を合葬した、阿豆那比《※あずない》の罪と思われます」

　皇后は阿豆那比の意味が解らず、巷里《※むらさと》の長《おさ》に訊くと、

「小竹と天野《※あまの》の神主は親友で、小竹の神主が発病して死ぬと、天野の神主は悲しみの余りに、小竹の神主の屍に伏して自殺しました。それで仲がよかった二人を合葬しましたが、多分、それが祟《たた》ったという意味でしょう」

　と云った。

　そこで二人の墓を開けてみると、

「いくら仲がよくても、一緒に葬られては息が詰まる」

　合葬された二人の死者がそう云うので、柩を改めて別々に葬ると日は照り輝き、もとのように昼と夜が分かれるようになった。

このように厄除けした皇后は、武内宿禰に武振熊と数万の兵を授けて忍熊皇子の討伐を命じた。これは、武内宿禰に武功を立てさせたかったからである。

棟梁《※むねはり》之《の》臣《まえつきみ》という武将の最高位に就いていながら軍功のない武内宿禰は、武振熊の云いなりに指揮を執り、紀伊から北上して山背《※やましろ》に出て菟道川《※うじがわ》の北に陣を敷いた。

忍熊軍は熊之凝《くまのこり》という者が先鋒《せんぽう》を務《つと》め、熊之凝の武勇を知っている武内宿禰は兵の髪を椎《つち》形に結わせ、中に予備の弓の弦《つる》を忍ばせた。更に剣を草叢《くさむら》に隠し、木刀を水に浮かばないように石を縛《しば》りつけて腰に帯びよと命じた。このように準備が整うと、武内宿禰は、

「皇后が身罷ったので、我々は戦う意志はありません。忍熊皇子は皇位に就《つ》いて、天の下を治めてください。だから我々は弓の弦を外して、剣を捨てて和睦しましょう」

そんな偽り言を云い、対岸の忍熊皇子が見ている前で、兵に弓の弦を切らせて腰の木刀を川に投げ捨てさせた。頼みの倉見別と五十狭茅宿禰が離反して、弱気になって和睦の道を探っていた忍熊皇子に、

「知恵者の、武内宿禰の罠《わな》ではないでしょうか。ここは慎重に……」

熊之凝が疑って進言したが、忍熊皇子は武内宿禰の狂言を信じて、

「弓の弦を外し、剣を捨てよ」

と命じた。それを見届けた武内宿禰は、

「予備の弦を弓に張って、本物の剣を帯びよ」

そう命じて川を押し渡ると、丸腰の忍熊軍は総崩れとなって狭々浪《※ささなみ》の栗林《くるす》へ退却し、

「誉田別は、我が父の足仲彦天皇の御子ではなく、憎きお前の子であろう。皇家が絶えるのは忍びないが、我が命運はこれまでだ」

忍熊皇子は武内宿禰にそう云って勢多《※せた》の済《わたり》に身を投げ、その屍が菟道川の下流に浮かび上がったのは数日後の、弥生三月の初旬だった。

## ※麛坂《かごさか》皇子と忍熊《おしくま》皇子の乱の注釈

悪阻《おそ》：つわり

葺石《ふきいし》：陵の盛り土が崩れぬように覆う石

菟餓野《とがの》：兵庫県神戸市灘区の都賀川流域か、大阪市北区兎我野との説があるが、筆者は自身の出生地の前者を採る

祈狩《うけいがり》：ことの成否を占う狩り

住吉《すみのえ》：大阪府大阪市住之江区

紀伊《きい》の水門《みなと》：紀伊の港

務古《むこ》：兵庫県尼崎市と西宮市の境にある武庫川《むこがわ》

広田《ひろた》の国：兵庫県西宮市大社町

活田《いくた》の長峡《ながお》：兵庫県神戸市中央区下山手

菟道《うじ》：京都府宇治市

日高《ひたか》：和歌山県日高郡
小竹《しの》：和歌山県御坊市薗
阿豆那比《あずない》：語源不詳
巷里《むらさと》：村や里
天野《あまの》：和歌山県伊都郡かつらぎ町大字上天野
棟梁之臣《むねはりのまえつきみ》：股肱《ここう》（最も頼りになる）の臣
山背《やましろ》：京都府の南部
菟道川《うじがわ》：琵琶湖から流れてくる宇治川《うじがわ》
狭々浪《ささなみ》の栗林《くるす》：滋賀県大津市膳所の栗栖
勢多《せた》の済《わたり》：瀬田川の渡し場

# 十六　百済《くだら》王と皇后

※魏志倭人伝《ぎしわじんでん》は云う。

※明帝《めいてい》の景初《けいしょ》三年、倭《わ》の国の女王卑弥呼《ひみこ》は※魏《ぎ》の国に※大夫《たいふ》の難升米《なしめ》らを遣わし、彼らが※帯方《たいほう》郡《ぐん》に着くと、

「魏の国の※洛陽《らくよう》におられる天子にお目通りを願って、朝貢させてください」

と告げた。

そこで帯方郡の※大守《たいしゅ》の※鄧夏は、役人をつき添わせて難升米らを洛陽へ送り届けた。

翌年の※正始《せいし》元年、明の帝王は建忠校尉梯携《けんちゅうこういていけい》らを大和の国に派遣し、※詔書《しょうしょ》と印綬《いんじゅ》を授けた。

その三年後、倭の王卑弥呼は、また大夫《たいふ》の※伊声者掖耶ら八人の使者を派遣して朝貢した。

これから幾星霜を経て、神功皇太后が斯摩宿禰《しまのすくね》を※卓淳国《とくじゅんこく》へ派遣すると、

「二年前の七月の中旬でしたが、百済の久氐《くてい》と弥州流《みつる》と莫古《まくこ》が我が国にきて『百済王が云うには、東方に大和《やまと》という貴い国があると聞いているので、我が国は朝貢することにしま

した。しかしそこへいく道は分からず、迷って卓淳国にきてしまいました。もし卓淳国が大和へいく道を教えてくださるなら、百済王は貴国に感謝するでしょう』そう云いました。」と伝えた。

更に卓淳国王の末錦旱岐《まきむかんき》は、斯摩宿禰に、

「久氏らに『大和という国があると聞いておりますが、いったことはありません。大和は大海遥か向こうにあり、大海の波は高く大舟でなければいけないでしょう』と云うと、久氏は『今一度、国に帰って、準備を整えて出直します。もし貴国に大和の使者がくることがあれば、我が国に報せてください』そう云い残して帰国しました」

こう語った。

斯摩宿禰は、従者の爾波移《にはや》と卓淳国の過去《わこ》という者を百済に遣わして、百済王に感謝の意を伝えると、百済の肖古王《しょうこおう》は二人を大いに歓待し、宝庫を開いて様々な宝物を見せた。その中から五色の綵絹《※しみのきぬ》を各一匹と、角の弓矢の他に鉄鋌《ねりかね》四十枚を爾波移に預け、

「我が国には、多くの宝物があります。これらを貴国に献上したくても、貴国へいく道が分からないので貴方に託《ことづ》けます」

そう云って、数々の品を預けた。

爾波移がこのことを斯摩宿禰に復申《ふくしん》すると、斯摩宿禰は直ちに帰国の途についた。

翌年の夏、百済王は久氏と弥州流と莫古を遣わして朝貢した。

このとき、新羅の貢《みつぎ》の使者も同行しているので、皇太后と誉田別太子は大いに歓迎し、

「いま仲哀天皇が望んだ国の人が来朝したが、存命でないのが残念だ」

と云うと、涙しない群臣はいなかった。

ところが百済と新羅の貢の品を比較すると、新羅の品には珍しいものが多く、百済の品は質が悪くて少なかったので久氏に質《ただ》すと、

「私たちは道に迷って沙比《※さひ》の新羅へいってしまい、新羅人に囚われて監禁されて殺されそうになりました。それで我々が呪咀《じゅそ》すると、新羅人は呪いを怖れて我々を殺さなかったのです。しかし我が国が貴国へ貢ぐ品を自分の国の安物と取り替え『このことを漏らせば、帰国の途上で殺すぞ！』と威《おど》しました。こんなことがあって、やっと大和に辿り着いたという次第です」

こんなことを云うので、皇太后と誉田別太子が新羅の使者を責めると共に、

「誰かを新羅に遣わして、真相を究明して罪を問うてみよう」

と云って神意に占うと、天神は、

「武内宿禰と議《はか》って、千熊長彦《ちくまながひこ》を使者にすればよいだろう」

こう託宣されたので、千熊長彦を新羅に遣わすと事実だった。

そこで百済の献上物を汚《けが》した新羅を責めた。

二年後皇太后は、荒田別《あらたわけ》と鹿我別《かがわけ》を将軍として、久氏らと共に卓淳国に遣わして新羅を討とうとすると、

「これほど少ない兵では、新羅には勝てぬぞ！　討つには百済の沙白《さはく》と蓋盧《こうろ》の二人を召して増兵を願うがよい」

　ある者がそんな助言をしてくれるので百済に援軍を請うと、百済王は援軍として木羅斤資《もくらこんし》と沙々奴跪《ささなこ》に精兵を授けて加勢してくれた。

　皇軍は百済軍の沙白と蓋盧と連携し、卓淳国で合流して新羅を討ち破った。更に西進して古奚津《※こけいのつ》に到って南蛮の忱弥多礼《※とむたれ》を撲滅し、百済に、援軍のお礼として忱弥多礼を与えて意流村《※おるすき》に着くと、百済王父子と荒田別と木羅斤資はそこで再会し、互いに礼を尽くして喜びあった。

　千熊長彦と百済王は百済に帰って辟支山《※へきのむれ》に登り、また古沙山《※こさのむれ》にも登って盤石《※ばんじゃく》に座《すわ》り、

「草を敷くと、草はいつか枯れ、木に座れば、木はいつか朽ちます。この盤石は永遠に残る故《ゆえ》、我々が交わした千秋万歳《※せんしゅうばんざい》の誓いは破れません。我が国は常に西蕃《にしのとなり》と称して、春秋に朝貢いたしましょう」

　百済王はそう誓い、千熊長彦を百済の都に誘って厚遇し、翌年の夏に千熊長彦が帰国するとき、久氏を副《そ》わせて大和へ送り届けた。

　その前の春に、荒田別が別路で帰国しているので皇太后は喜んだが、久氏に、

「西の多くの国を百済に与えたが、お前は何の用で来朝したのだ」

　そう問い質《ただ》すと、

「貴国の大恩は天地より重く、忘れることはありません。我が国王は、押さえ切れない喜

びに浸っております。その誠心を私に託して遣わしたもので、万世まで朝貢を怠ることはありません」

久氏はそう答えた。

「よく云ってくれた。それが、我が願いである」

皇太后はそう云い、百済に多沙城《※たさのさし》をつけ足して贈り、その後はこの多沙城を往還の道の駅とした。

翌年の春、百済王はまた久氏を遣わして朝貢した。すると、

「我が国と親交する百済は、人為ではなく天の賜りもので、妾《わたし》は喜んで貢ぎ物を用いましょう。そして妾が死んだ後々も、百済に恩恵を与えるように」

皇太后は、誉田別太子と武内宿禰にそう諭《さと》した。

更に翌年の秋も、久氏らが千熊長彦に従って来朝し、七枝刀一口《ななつのさやのたちいっく》と七子鏡《ななつこのかがみ》一面の他、種々《くさぐさ》の重宝を献上し、

「我が国の西を流れる河の源は谷那《※こくな》という山で、鉄を産します。そこには七日歩いても着きませんが、この山で採れる鉄を永久に朝貢いたします」

こう言上した二年後、百済の肖古王《こう》が薨じて、王子の貴須《くるす》が王となった。

それから六年後、新羅が朝貢しなかったので、皇后は襲津彦を新羅討伐に遠征させた。

襲津彦が新羅の水門《みなと》に着くと、新羅の使者は着飾った美人二人を引き連れて出迎え、宿舎に案内して帰った。

この二人の美人は宿舎に留まって襲津彦の着替えを手伝い、襲津彦が風呂に入ると裸になって侍《はべ》り、垢すりなどをして襲津彦に秋波を送った。

彼女らは、襲津彦を籠絡《ろうらく》する使命を帯びた新羅王が遣わした美女で、巧みに甘い言葉を囁いて襲津彦を誘惑しようとする。

襲津彦は懐柔されまいと二人を無視したが、ある夜、裸で寝室に入ってきた二人の魅力に負けて交接し、その日から美人らと過ごすようになり、

「新羅は、貴男が私たちを征服したのと同じことですよ。だから新羅より隣国の任那《みまな》を討ちなさいよ」

美人は寝物語に、新羅王に言い含められた任那の討伐を強請《ねだ》った。

「新羅を討て」

との皇太后の命令に反して、襲津彦は誘惑に負けて新羅を討たずに任那を討った。

不意打ちを食った任那の国王は、一族と人民を引き連れて百済へ出奔すると、百済は快く受け入れて厚遇した。しかし任那国王の妹の既殿至《けでんち》は、遥々大海を渡って来朝し、

「皇太后は、襲津彦に新羅を討てと命じられたのに、襲津彦は新羅が差し出した美女に目が眩んで、新羅を討たずに我が任那を亡ぼしました。任那の人民や、私の兄弟は流離して悲運に泣き暮れて憂慮に堪えません」

そう訴えると皇太后は大そう立腹し、直ぐ木羅斤資に軍勢を授けて加羅へ派遣した。

木羅斤資は、精兵を率いて襲津彦軍を打ち破って任那の社稷《※しゃしょく》を回復した。

破れた襲津彦は密かに帰国して隠れ住み、皇太后が寵愛する自分の妹を使って、皇太后の怒りが解けたかを調べさせた。

「昨夜、兄の襲津彦の夢を見ました」

妹は夢にかこつけて、皇太后にそのように話すと、

「そなたは兄が愛しくても、妾の命令に叛いた襲津彦は許せぬ。二度と襲津彦の名を口にするではない！」

皇太后はそう云って、大いに怒った。

妹はこのことを兄の襲津彦に告げると、罪を免れないと知った襲津彦は岩穴に入って自害した。

更に十五年の歳月がたち、百済の貴須王が薨じて王子の枕流《とむる》が王に立ったが、翌年に枕流も薨じると叔父の辰斯《しんし》は、枕流の息子のまだ少年だった王子の阿花《あくえ》を見縊《みくび》って王位を奪い取った。

その四年後の夏、皇太后は百歳で若桜宮で身罷り、その冬に狭城盾列《さきのたたなみ》※の陵に葬られた。

※百済《くだら》王と皇后の注釈（図形⑤を参照）

魏志倭人伝《ぎしわじんでん》：中国の魏《ぎ》の史書で、最古の日本に関する記述がある書物

明帝《めいてい》の景初《けいしょ》三年：後漢第二代の皇帝時代で、西暦二三九年

魏《ぎ》の国：中国の三国時代の一国
大夫《たいふ》：古代中国の周の時代における地位名。士《し》の上で、卿《れい》の下となる
帯方郡《たいほうぐん》：朝鮮におかれた中国の郡名、黄海南道と黄海北道を中心とする地方
洛陽《らくよう》：古代中国の周時代における河南省の都市
大守《たいしゅ》：長官
鄧夏：読み方は不詳（魏志倭人伝には、劉夏と記されている）
正始《せいし》元年：西暦二四〇年
詔書《しょうしょ》：皇帝の命令を伝える公文書
伊声者掖耶：読み方は不詳
卓淳国《とくじゅんこく》：慶尚北道大邱辺にあった加羅諸国の一国で、新羅に近接する交通の要地
綵絹《しみのきぬ》：彩《いろど》り染めた絹
沙比《さひ》：慶尚南道梁山市
古奚津《こけいのつ》：済州島《さいしゅうとう》へ渡る要港で、全羅南道康津郡か？
忱弥多礼《とむたれ》：朝鮮半島南西方にある最大の島の済州島《さいしゅうとう》（火山島）
意流村《おるすき》：百済の聖地をいい、特定の場所ではない
辟支山《へきのむれ》：金羅北道金堤郡にある山
古沙山《こさのむれ》：金羅北道古阜にある山（古阜の読み方は不詳）
盤石《ばんじゃく》：大きな岩。極めて堅固なこと

千秋万歳《せんしゅうばんぜい》：千年万年。永遠
多沙城《たさのさし》：慶尚南道と全羅南道との道境
谷那《こくな》：大河の臨津江と、礼成江の上流にある黄海道谷山郡か？
社稷《しゃしょく》：国家、又は朝廷
狭城盾列《さきのたたなみの》の陵《りょう》：奈良県奈良市山陵町字宮ノ谷

# 十七　文の道

誉田別《ほむたわけ》［第十五代応神《おうじん》］天皇には八人の妃があり、皇子女は十九人、あるいは二十七人ともいわれる。そんな妃の中でも皇后に立てた仲姫《なかつひめ》が大鷦鷯《おおさざき》［第十六代仁徳《にんとく》］皇子を、その前に娶った皇后の姉の高城入姫《たかきのいり》は、額田大中彦《ぬかたのおおなかつひこ》皇子と大山守《おおやまもり》皇子に、去来真稚《いざのまわか》皇子などを産んだ。

次の妃の宮主宅媛《みやぬしやかひめ》は、菟道稚郎子《うじのわきいらつこ》皇子を産み、子沢山の天皇は太子を決めかねていたが、大鷦鷯皇子か菟道稚郎子皇子のいずれかにしようとした。

そんなとき、天皇の母だった皇太后［神功］が征伐した百済《くだら》の国の辰斯《しんし》が王位に就いたが、朝貢してこなかったため天皇が咎《とが》めると、

「なぜ我が国が、卑しい大和に貢《みつ》がねばならんのだ」

そんな反発があった。

大いに怒った天皇は、紀角宿禰《きのつののすくね》と羽田矢代宿禰《はたのやしろのすくね》に、石川宿禰《いしかわのすくね》と木菟宿禰《つくのすくね》に兵を授けて百済へ遠征させた。

百済に着いた紀角宿禰らは天皇への無礼を激しく責め、力で枕弥多礼《とむたれ》と峴南《※けぬなむ》に、支侵《※ししむ》と

谷那《こくな》の他、東韓の甘羅城《※かむらのさし》と高難城《※こうなんのさし》に、爾林城《※にりんのさし》を攻略して大和朝廷の管轄下に置いた。

こんな皇軍の猛攻に驚愕した百済の重臣は、辰斯王を処刑して陳謝した。紀角宿禰ら遠征軍は、大和朝廷に従順な阿花《あくえ》を諭して、朝貢を絶やさないことを誓わせて王位に就けて凱旋した。

翌年、百済の王子の直支《とき》が、誼《よしみ》を修交しに来朝して大和に留まり、四年後には、高麗と百済と任那の使者が揃って韓人を率いて来朝した。

百済はその後も朝貢を欠かさず、ある年、縫衣工女《きぬぬいおみな》を奉ったが、引率した弓月君《ゆつきのきみ》は、

「我が国は、多くの人夫を朝貢するために、私は彼らを率いて国を出ました。ところが新羅の者が行く手を阻み、止むなく加羅《※から》の国に留めて、縫衣工女だけを引率してきました」

そう訴えた。

天皇は直ちに葛城襲津彦《かずらきのそつひこ》を遣わしたが、いくら待っても襲津彦から音信はなかった。

このように大和朝廷が大陸と関わっていると文《ふみ》というものが伝わり、菟道稚郎子皇子が文に興味を持った。

その文とは、紀角宿禰らが百済へ遠征したときに持ち帰った書物で、菟道稚郎子皇子がそれを読み解こうとした。

天皇は、そんな真摯《しんし》な菟道稚郎子皇子の姿勢に、太子にと心に決めた。

その理由の一つは、文を読めなければ外国に引けを取るからで、菟道稚郎子皇子に帝王学を修めさせようとした。

そんなとき、百済王が二匹の良馬を朝貢するため阿直岐《あちき》を遣わし、天皇は来朝した阿直岐に問うた。

「文というものがあると聞いているが、それはどんなものか」

「言葉を記録するものが文で、相手に文を送れば、出向かなくても双方の意思は伝わります。また文に記《しる》せば、後の世に伝え残すことができます。我が国では紙という、このようなものに記しますが、貴国に紙はなくても、※多羅葉《たらよう》を使えばよいかと思われます」

阿直岐は、懐から紙を取り出して見せた。

「……朕が太子にと決めた菟道稚郎子皇子を呼んで、お前の話を聞かせよう。だが太子に決めたことは極秘である」

天皇は阿直岐にそう断り、菟道稚郎子を呼んだ。

菟道稚郎子皇子が列席すると、阿直岐は天皇に話したことをもう一度繰り返し、

「文とは、漢民族が興《おこ》した※呉《ご》という国から我が百済に伝わったものです。漢民族は結論を先に云い、理由を後に述べます。我が韓人の言葉は、貴国の言葉と発音は違っても語る順序は似ております。個々の言《こと》の端《は》を表したものを文字と云い、文字を連ねたものを文といいます。私はその文を修得しましたので、文が読めて、書くこともできます」

そう云うと床に置いた、紙と称するものに『我明天出席旅途』と書き、

「大和言葉で順に読めば、私は明日出る旅に、とですが、漢人は何をするのかは最後に語ります」

阿直岐がこう補足して話を区切ると、天皇は菟道稚郎子に目をやって云った。

「どうも……難しいもののようだな。頭がよくなければ、理解できぬようだな」

菟道稚郎子皇子は目を輝かせて黙って聞いているので、阿直岐は続けて話す。

「私でも修得できるもので、それほど難しくはありません。文を書くのに用いる文字の数は数千ほどあって、それぞれ一つずつが意味を持ちます」

「数千以上もある、文字というものを覚えねばならんのか……」

天皇は、頭が痛いと云うように右手を額に当てて云う。

「天皇は、何万以上の物の名前を覚えておられるでしょう。練習すれば、それほど難しくはありません」

「数えたことはないが、それ位は覚えているだろう。いや近頃は歳のせいか……物の名はすぐ口に出てこなくても、その場になれば思い出す」

「それぞれの文字は、ものの形や心を表します。例えば木という文字は立ち木を模《も》して、このように記します」

阿直岐は、筆を取り出して木という文字を書き、

「これは木という文字で、縦の一本の線が幹で、上の横線は枝を表し、下の左右に撥ねたものは根を表現します」

このように、文字の意味を説明した。

「菟道稚郎子は、いま聞いた文というものを解こうとしているのだな」

天皇がそう云うと、菟道稚郎子皇子ははじめて口を利いた。

「そうでしたか。話を聞いていますと、いままで、いかほどの無駄な苦労を重ねてきたものかと、情けなくなりました。中国の呉の国と、我が大和人《やまとびと》の話し言葉とは、口に出す順序が違うとは考えてもみませんでした」

菟道稚郎子皇子は気落ちしたように、あるいは感嘆したように二度ばかり頷《うなず》いた。

「そうか、ものの形や感情を表すものが文字だな。朕は、文字を覚えるには歳を取りすぎた。菟道稚郎子は、阿直岐を師として文を習うがよい」

天皇は、菟道稚郎子皇子を頼もしげに見詰めて云った。

この日から菟道稚郎子皇子は、阿直岐を師と仰いで文の道に進むことになった。

阿直岐は初めに、百済から携えてきた貴重な紙を菟道稚郎子皇子に与え、煤《すす》を水で溶いて固めた墨というものを、獣の毛を細竹の先につけた筆というものを使って、菟道稚郎子皇子に文字を覚えさせた。

阿直岐が手本を書くと、菟道稚郎子皇子は阿直岐が書く筆順をなぞって個々の文字を覚えていった。菟道稚郎子皇子は文に惹《ひ》かれていただけに早朝から、夜は灯を点《とも》して励み、実の兄弟はもとより、異母の義兄弟も誘ったが、何人かが一、二度文机《ふづくえ》を並べただけで、

「新羅に遣わした襲津彦が、いまだに復命しないと騒いでいるときに、文などと……」

そんなことを云って、菟道稚郎子皇子を批判する皇子もいた。

ある晩、菟道稚郎子皇子が一人で、浅い木箱に砂を均したもので復習していると、大《おお》伴臣《とものおみ》の下臣の文人《ふひと》という者が拝謁を願い出て、

「私にも、文を習わせていただけないでしょうか」

そう云って、深々と頭を下げた。

（何を勘違いしているのだろう。文というものを識《し》ってのことだろうか……）

菟道稚郎子皇子はそう思ったが、

「仲間が増えると、私も師匠も励みになるでしょう」

そう云って許した。

「有り難き仰せ、幸せです。末席で習わしていただきとうございますが、もう一人……お部屋の隅で、小間使いを兼ねて習いたいという者がおります」

文人は遠慮しながら願った。

菟道稚郎子皇子は、これも安易に聞き入れると、

「実は十五に満たない、変わった嬢子《おとめ》です……。いずれ身分は知れますので、思い切って身分を証《あか》します」

文人はそんな前置きをして、

「嬢子は雪彦という陵戸《はかもり》の孫で、名は智沙《ちいさ》と云います。私は神功皇太后が三韓へ遠征したときに、兵が持ち帰った文というものを読み解こうと、長年研究しましたが究明できずに馬齢《ばれい》を重ねてしまいました」

そう恥ずかしそうに云った。

菟道稚郎子皇子は驚きの色を隠さず、文人の次の言葉を待った。

「智沙は雪彦という祖父から、私が文を解明しようとしていると知って、私と一緒に研究しました」

文人は菟道稚郎子皇子の様子を窺いながら、

「お聞き苦しくなければ、もう少し話しますが」

そう云い、菟道稚郎子皇子が顎を引いて頷くと、

「『私』という字は、文の初めにある文字だろうと想像しただけで、聡明な智沙でも手に負えず、こうしてお願いに上がった次第です」

そう云うと、懐から『我』と記した多羅葉を取り出した。

「何とまあ！　私も同じことしか考えなかった……」

菟道稚郎子皇子は、驚嘆《きょうたん》した後に嘆息《たんそく》し、

「大和では私だけでなく、同じ道を志す人がいるとは知らなかった。嬢子の一族を取り立てるように天皇に上奏して、部屋の隅とは云わず一緒に文机を並べましょう」

文人の言葉に感銘した菟道稚郎子皇子はそう云い、早速、天皇に願い出た。

「お前は、自分だけ文を習《おさ》めればよいと考えず、皇子たちを誘ったそうだな。広い心を持つお前の願いを許そう」

天皇は菟道稚郎子皇子を見詰めて愛《いと》おしそうに、また羨まし気《げ》に云った。

師匠の阿直岐は弟子が増えたことで更に熱が入り、菟道稚郎子皇子も文人も智沙も、目から鱗が落ちたように文に目覚めていった。

その三人は、文とは奥が深いものと識《し》って、更に奥義を究《きわ》めようとすると、

「我が国に、王仁《わに》という百済随一の学者がおります」

阿直岐は菟道稚郎子皇子らの努力に感嘆し、そこで自分の力では菟道稚郎子皇子らの向学心を満たせないと知って、恥を忍んで天皇に奏上した。

「そうか、文とはそのように奥が深い物のようだが、菟道稚郎子皇子らは、最早、阿直岐の域に達したと云うのだな」

天皇は感慨深く思うと共に、喜びを押さえて、

「それでは百済の阿花王に、王仁を遣わすように命じよう」

そう云って、荒田別《あらたわけ》と巫別《かむなぎわけ》の二人を百済に遣わしたのは秋八月である。

翌年の春二月、百済王が王仁を派遣すると、王仁は※論語十巻と※千字文《せんじもん》一巻の他、紙と墨と筆を携えてきたばかりか、鍛冶師《かじし》の卓素《たくそ》と、呉《ご》の国の縁戚となる機織女《はたおりめ》の西素《さいそ》の二人を伴ってきた。

天皇は阿直岐に、これまでの労を讃《たた》えて史人《ふみびと》という称号を贈り、菟道稚郎子皇子らは阿直岐と王仁に師事し、その王仁が将来した※典籍《てんじゃく》を学んで通達していった。

ところが、文人が志《こころざし》半《なか》ばで急死すると、長足の進歩を示していた智沙は、文人の死

を悲しんでこなくなったばかりか、行方不明になってしまった。

嬢子の頭脳を惜しんだ菟道稚郎子皇子は、手を尽くして智沙の行方を探索した。

結果は、智沙は摂津《せっつ》の灘邑《なだのむら》の出自である海彦という名の先祖たちが、道の奥の※日高見《ひたかみ》という地へ行ったことを聞き込んだので、旅に出たらしいのだった。

菟道稚郎子皇子は、有能な近習の舎人に、もっと詳しく調べるように指示した。

文人の弔いにきた一人の老人が、海彦たちの話をすると、智沙は目が覚めたように、

（先祖が辿っていった経路と、現在の状況を調べてみたい）

智沙はそう呟いたらしく、舎人は、灘邑や海彦たちのことを智沙に語った老人を探したが、既に亡くなっており、その老人の他に、日高見に至った事情を知っている者は皆無だったと復申《ふくしん》してきた。


その年、百済の阿花王が薨じたと報せが届くと、天皇は、大和に留まっている阿花王の長男の直支を招き、

「国に帰って、王位に就《つ》きなさい」

そう諭《さと》し、東韓の地を百済に返還すると約束して帰国を許した。

さて新羅に遣わした襲津彦が帰国しないので、天皇は平群木菟宿禰《へぐりのつくのすくね》と的戸田宿禰《いくはのとだのすくね》に精兵を授けて加羅へ遣わした。

木菟宿禰らが兵を進めて新羅の国境へ向かうと、新羅王は恐れをなして罪を認め、弓月

君が残してきた百済の人夫を解放した。

こうして木菟宿禰らは弓月君の民を率いて、襲津彦と共に帰国した。

それから九年の歳月がたち、百済の直支王が薨じたので若い久爾辛《くにしん》が王に立ったが、家臣の木満致《もくまんち》は、久爾辛の母と通じて国政を我がものにした。

これを知った天皇は、木満致を呼んで罵倒して社稷を久爾辛に戻した。

このことがあった三年後、高麗《こま》の王が朝貢してきたが、上表文に『高麗の王が大和に教える』そう記している文は重臣たち誰もが読めなかった。

そこに来合わせた菟道稚郎子皇子が、上表文を手に取り、

「我が国の者が、文を読めぬからと、からかったのだろうが、無礼にもほどがある」

そう云って怒り、使者の目の前で上表文を破り捨てると使者は慄《ふる》えあがった。

天皇は、王仁に書首《ふみのおびと》という称号を与え、菟道稚郎子皇子を日嗣に指名し、大鷦鷯皇子は太子の補佐として国事をみさせた。

その翌年、御年百十歳の天皇は天の下を治めていた軽島《※かるしま》の豊明宮《とよあきらのみや》で崩御され、菟道稚郎子皇子は、陵を恵賀《※えが》の裳伏《もふし》の岡に造った。

## ※文の道の注釈

峴南《けぬなむ》：甘羅《かむら》

支侵《ししむ》：忠清南道洪城付近か？
甘羅城《かむらのさし》：朝鮮の全羅北道威悦か？
高難城《こうなんのさし》：不詳
爾林城《にりんのさし》：忠清南道大興、あるいは全羅北道金堤郡利城か？
加羅《から》：広義では任那地方をいうが、ここでは高霊の加羅か？
多羅葉《たらよう》：モチノキ科の常緑高木の葉で、尖ったもので書くと黒化するため紙の代用となる
呉《ご》の国：中国三国時代の王朝の一（都は、今の南京）
論語《ろんご》：孔子と門人たちの対話を主に、人生訓を述べた書物
千字文《せんじもん》：中国南北朝時代の梁《りょう》国の周興嗣《しゅうこうし》の撰で、四言古詩二百五十句からなる処世訓を、異なる千の文字を使って記した韻文《いんぶん》
典籍《てんじゃく》：てんせきとも読み、書物や書籍
日高見《ひたかみ》：東北の北上
軽島《かるしま》の豊明宮《とよあきらのみや》：奈良県橿原市大軽町付近
恵賀《えが》の裳伏《もふし》の岡：大阪府羽曳野市誉田《こんだ》

# 十八　衫《ころもの》子《こ》と瓢《※ひさご》

大鷦鷯《おおさざき》［第十六代仁徳《にんとく》］天皇は、草香江《くさかえ》の水を茅渟《ちぬ》の海へ流すために、住まっている難《※なに》波《は》の高津《たかつ》の宮の北方の野を開鑿《かいさく》した。これを難波の堀江《ほりえ》と名付け、これが土木工事の手始めだった。

そして氾濫を繰り返す北《※きた》の河の芥《あくた》が田畑に流れ込まないよう、陵の造成に長《た》けている土木工事を得意とする土師部の臣に、茨田《※まんだ》に堤《つつみ》を築くように命じた。

土師部の臣は、降雨の少ない冬に着手したが季節外れの豪雨が続き、増水して蛇行部の二ケ所だけはどうしても堤を築けなかった。

いろいろ工夫して土を盛っても、流れがまともに湾曲部を直撃し、決壊して削られた泥が収穫を終えた田畑に流れ込む。

この難工事が天皇の耳に入り、天皇は土師部の臣を伴って茨田の堤を視察した。

現場では、使役する人民たちが藁で作った土袋《どのう》に土砂を入れて、畚《※もっこ》で運んで川岸から投げ込んでも土袋はたちまち破れて土砂は田畑に流れていく。

これは全くの徒労で、春の作付けを心配している百姓たちの姿が印象に残った天皇は、

「なぜこんな豪雨の時期に工事を行ったのか……」

と、土師部の臣に質《ただ》した。

「例年なら乾季の時期でして、収穫を終えた後に着手しましたがこんな有様で、申し訳ありません。大王が行幸されるとのことで、田畑の冠水を少しでも少なくして、百姓の心証をよくしようと、無駄を承知で土袋を投入しております」

土師部の臣は正直に答えた。

「徒《いたずら》に土袋を放り込むだけではなく、他に方法はないものか……」

「水が引けば杭を打ち込んで※柵《しがらみ》として土袋を盛ろうと、向こうで木を伐《と》って加工しております」

「そうか、百姓は大御宝《おおみたから》だから、丈夫な堤を築いて安心させてやらねばならぬ」

天皇はそう云い残して、その日は引き揚げた。

だが雨は止んでも上流では降り続いているようで、川の水は引く様子はない。心配した天皇は度々茨田へいっても、問題の二ケ所だけ捗《はかど》らない。

そんなある日、天皇の夢枕に立った神が託宣された。

「武蔵国《むさしのくに》の住人の、強頸《こわくび》という者と、※河内《かわち》の茨田連《まんだのむらじ》の衫子を人柱にすればよい」

神が託宣した一人は、近つ飛鳥の河内の国に住む衫子で、天皇が連に任命した者だった。もう一人の武蔵国にいるという強頸の存在は疑問だった。

武蔵国といえば蝦夷《えみし》の国だから、天皇は蝦夷を人柱にすることに異論はなくても、衫子は……と思案に余った。

だが躊躇している場合ではなく、天皇は武蔵国に遣いをやって強頸を捜させた。

（強頸という者がいなければ、あれは神託でなくただの夢だったと群臣に云い繕《つくろ》えば、衫子を人柱にしなくてすむ）

天皇はそう考えていたところ、武蔵国へやった使者が、強頸を引き連れて復命してきた。

天皇は仕方なく強頸を人柱にして河の神に捧げると、強頸は泣き叫んで水に没し、その堤は神の託宣通り完成した。

それは人柱を立てただけでなく、杭を柵として大きい岩石を投入して土袋を積み上げたからでもある。天皇は、連の衫子を人柱にしたくなく、そうかといっても良い考えは浮かばず、秘《ひそ》かに衫子を呼び、

「お前が人柱になることは知れ渡っている。だが朕はお前が惜しく救う方法を考えたが、よい案が浮かばぬ。お前は自分で、人柱にならなくてすむ方法を考えよ」

そんな無責任なことを云い、衫子自身に運命を委《ゆだ》ねた。

運命の日、衫子は丈夫な瓢を手にして、

「大王が聞かれた神託が本当なら、私が持っているこの瓢が川に沈めば本当の神託で、私は人柱になろう」

そう請《う》けいごと云って、瓢を川に投げ入れた。

衫子は、瓢は沈むことはないと安心していたが、そのとき旋風《つむじかぜ》が吹いて川に浮かんでいた瓢は、風に渦巻く波に呑まれて沈んでしまった。衫子は真っ青になったが、瓢はすぐ踊り上がって下流に流れていった。

その場に立ち合っていた天皇は神の託宣を受けられる身分で、衫子に自分が受けた神託を否定されては立場はなく、

（朕の聞き違えだった）

とも云えず、

「一度沈んだからは衫子は人柱にならねばならぬが、浮かび上がって流れていったのは、神の神託に迷いがあったからだろう」

天皇はそう取《と》り繕《つくろ》ったが、自分が受けた神託を衫子に打ち消されては天皇の沽券《こけん》に関わるため、

（神託は強頸までで、衫子は朕が神託を聞いた後に見た夢だったのだろう）

そんな苦しい言い訳をしても、ここの堤が築けなければ神託に背《そむ》く。

「遠い昔、野見宿禰が殉死の代わりに、陵に埴輪を立てた。強頸を人柱にしたのは、謀叛を繰り返す蝦夷への見せしめであるが、この堤には、試しに衫子に似せた埴輪を人柱に立ててみよう」

そう云って土師部の臣に命じて、衫子に似せた埴輪を作らせた。それを人柱として堤の

際に並べて立て、杭を打って柵を築くという、強頸を人柱にした堤と同じ土師部の臣が編み出した方法でやってみると、そこの堤も完成した。

これで衫子は助かったが、天皇は、

「朕が受けた神託を否定した罪は重い。罰として氾濫で流失した茨田の田畑を、苗や種を植える時期までに修復せよ」

と命じた。

「大王の御心《みこころ》を煩《わずら》わせて申し訳ありません。私を救ってくだされたご配慮に感謝して、責任を持って田畑を修復いたします」

衫子はそう感謝の言葉と決意を述べ、河内の民を率いて、稲作物の植えつけまでに天皇の命令を実行した。

その後、天皇は※山背《やましろ》の栗隅県《くるくまのあがた》に大溝を掘って田に水を引き入れると、土地は豊かになった。

更に衫子の※本貫《ほんがん》の茨田に、飢饉に備えるために※屯倉《みやけ》を建てたり、※和珥《わに》に灌漑池を造り、※横野《よこの》にも堤を築いた。あるいは※猪甘津《いかいのつ》に橋を架けては、難波の都の真ん中に大通りを造るなど、土木工事を督励《とくれい》して大御宝のために尽くした。

## ※衫《ころも》子《こ》と瓢《ひさご》の注釈

瓢《ひさご》：瓢箪《ひょうたん》の古名

難波《なには》の高津《たかつ》の宮：今の大阪城址辺り

北《きた》の河：淀川の古名

茨田《まんだ》：大阪府枚方市伊加賀から寝屋川市太間辺りまでの地名

畚《もっこ》：荒縄を網状に編み、四隅に吊り紐を取り付けた、土砂や肥料や農作物などを運ぶ道具

柵《しがらみ》：流れを堰き止めるために、打ち込んだ杭に竹や木などを渡したもの。まとわりついて引き止めるもの。関係を絶ちがたいもの

河内《かわち》の茨田《まんだ》：大阪府交野《かたの》市

山背《やましろ》の栗隈県《くるくまのあがた》：京都府宇治市大久保付近

本貫《ほんがん》：出身地。本籍地

屯倉《みやけ》：大和政権が直轄する田畑。稲穀物を納める官の倉

和珥《わに》に灌漑池：奈良市池田町に所在

横野《よこの》：大阪府大阪市生野区巽大地町

猪甘津《いかいのつ》：大阪府大阪市生野区中川西

## 十九　玖賀媛《くがひめ》と速待《はやまち》

大鷦鷯《おおさざき》［第十六代仁徳］天皇の御代《みよ》、宮中に玖賀媛《くがひめ》という貞節で美しい女官《※にょかん》がいた。

天皇は後宮《こうきゅう》に迎えたくても、異常に嫉妬深い皇后の磐之媛《いわのひめ》に云えず、徒《いたずら》に歳月は過ぎていった。

（頤《おとがい》の傷は目立たなくなったが、花の盛りを過ぎようとする玖賀媛は、間もなく枯れ萎《しお》れてしまうだろう。何とも惜しいことだ……）

そう思った天皇は、近習《※きんじゅ》の舎人《とねり》を集めて豊明《※とよのあかり》を催し、玖賀媛を侍《はべ》らせて、それぞれの舎人に酌をさせてから退席させて宣《のた》まった。

「誰か、いま退《さ》がった玖賀媛を養《やしな》いたい者はおらぬか」

誰一人も、皇后の嫉妬で手を拱《こまね》いていた天皇を慮《おもんばか》って願い出る者はおらず、天皇が話を切り上げようとしたとき、速待《はやまち》という針間《はりま》出身の舎人が意を決したように目を潤《うる》ませて、

「畏《おそ》れながら、僕《やつがれ》に賜《たまわ》りたいと存じます」

顔面を紅潮させて願い出ると、天皇は日頃から寵愛している速待に玖賀媛を下賜《かし》した。

その玖賀媛は長年禁裏《きんり》に勤めて、天皇が自分を愛《いと》しく思ってくれているのを察し、また自らも天皇を慕っていた。

しかし御屋《みや》に出仕してすぐ、皇后の激しい気性と嫉妬深さと残虐さを知って諦めていた。

天皇が速待に玖賀媛を賜った翌日、速待は早速、玖賀媛の宅《いえ》に妻問《つまど》いに訪れた。

だが玖賀媛は、天皇が自分を速待に賜わったと知っても取りつく島もなく、部屋に引き籠《こ》もったまま出てこない。

速待は強引に寝室に押し入って、玖賀媛を妻にしようとすると、

「妾《わたし》は天皇の寵《ちょう》を受けることなく、この歳になってしまいました。天皇が、こんな女の盛りを過ぎた妾を貴男に賜わったと聞いております。でもそうだからと云って、どうして貴男の妻にと望むでしょうか」

玖賀媛は諍《あらが》い、そうきっぱり断った。

「多くの舎人の中でも、私だけが貴女を賜わるよう大王《おおきみ》にお願いして、お許しいただきました。どうか私の妻になってください」

「いくら請《こ》われても、お断りいたします。妾は寡婦《やもめ》で、生涯を終えます」

速待は悔しくても、そう云う玖賀媛を哀れに思って耐え、玖賀媛は頑《かたく》なな態度を崩さず日は過ぎていく。天皇は、玖賀媛がいつまでも速待に添《そ》わず、速待も自分に訴えることなく堪えていると知り、

（朕《ちん》の優柔不断《ゆうじゅうふだん》な態度が、玖賀媛の一生を台無しにしてしまった。それに速待はこのままでは、仲間の嘲笑《ちょうしょう》を買って、宮中におれなくなるだろう）

天皇はそう思うと、何としてでも速待の志を遂げさせてやろうと思案していると、

「妾は、故郷の旦波《たには》の北桑田に帰らせていただき、そこで余生を過ごさせてください」

この玖賀媛の嘆願を皇后から聞いた天皇は帰郷を許し、供に速待だけを付き添わせた。

二人が難波《なにわ》の堀江の渡しに向かうも、玖賀媛は速待を近づけず、速待はそんなつれない素振りに不満を云わず、重い荷物を両手と背に負《お》い持って玖賀媛の後から従《つ》いていく。渡しに着くと、玖賀媛が初めて速待を振り返ると、速待は肩に食い込む荷を背と両手に提《さ》げ持って、立ち止まって微笑《ほほえ》んだ。そんな健気《けなげ》な速待の姿に、つい玖賀媛も頬を緩《ゆる》めた。

天皇の心尽くしの舟に乗った玖賀媛は艫《とも》に、速待を舳《みよし》に乗せて前だけ見ているように命じた。

舟は本流の北《きた》の河《かわ》を遡り、その夜は山埼《※やまざき》の津《つ》に舫《もや》って舟泊《ふなは》てし、翌日は更に北を目指し、山背川《※やましろ》と菟道河《※うじがわ》が流入する巨椋《※おおくら》の入江の西へ注ぐ葛野《※かどの》川を遡行《そこう》して嵯峨《さが》に降りた。

その先は山陰道の野口の駅までは、大堰《※おおい》川沿いの徒歩《かち》の旅である。

速待は玖賀媛を妻にするのを諦め、

（愛しい媛の姿を、見ているだけでよい）

として、媛を見守りながら従いていく。

先を行く足弱《あしよわ》の媛の歩みは遅くても、速待には長く一緒に居《お》れるのは好都合で、亀山《※かめやま》の駅に泊まり、上流の野口郷を目指した。

季節は秋八月で、涼しくても片側が断崖の渓谷に差しかかると、速待は背の大きい荷物が木や岩に触れて何度も渓《たに》に墜ちそうになった。それでも危険を顧《かえり》みず媛の身を案じて、両手の荷物を片手にまとめて、思い切って媛の手を取って山道を進んでいく。

そんな速待の心遣《こころづか》いに、玖賀媛は少し心を開いて感謝の言葉を口にするようになった。

五日目の野口郷に着いたとき、速待は呟《つぶや》くように云った。

「私は大王が、舎人たちを集めて豊明を催したときに、はじめて貴女を知ったのではありません。御屋に仕える前から貴女を想い続けて、貴女を恋い慕《した》っていました」

「妾は、天皇が豊明を催した日以前に、貴男に会った覚えはありません。それなのに、貴男はどこで妾を見たと云うのですか！」

玖賀媛は、出任《でまか》せを云うかと反発した。

「貴女は覚えておられません。でも私は、嘘や偽《いつわ》りを云っておりません」

そんな速待に、玖賀媛はそれ以上云わさず再び心を閉じたが、速待の誠実な態度は変わらず、翌日、玖賀媛は速待に問い質《ただ》した。

「なぜ前から、妾を知っていると云うのです」

「私がお会いしたときの貴女は、露《あらわ》な姿をされていて、口にするのは憚《はばか》られます」

そう云って目を伏せた速待を見た玖賀媛は、思い当たる節があって、もしやと思った。

——玖賀媛が禁裏に出仕して間もない日、

「今夜、お前の部屋を訪ねる」

天皇がこっそり玖賀媛に私語《ささや》いた。

初心《うぶ》で、皇后の激しい嫉妬を知らなかった玖賀媛は、大王が何の用でくるのか分からず身体を硬くして、夜がくるのを恐れた。

ところがきたのは皇后の女官たちで、玖賀媛を井戸端に引摺《ひきず》っていき、理由を云わず裸にして鞭《むち》で打ち、玖賀媛が気を失うと水を浴びせてまた鞭で打った。

そんな玖賀媛は朦朧《もうろう》とし、気がつくと自分の部屋に寝かされていた。

天皇は翌日、鞭の跡が生々しい、熱に浮かされた玖賀媛を見てことの重大さを悟り、以降、玖賀媛に云い寄ることはなかった——。

玖賀媛は、誰が寝かせてくれたかを知りたくても恥ずかしく、口にできなかった。

だがある感触を、今も微《ひそ》かに覚えているが、それは物狂おしいほど生々しいものだった。

玖賀媛はそんな若い日の出来事と、陶酔に近い何ごとかを思い出そうとしながら旅を続けていると、自分を部屋に運んでくれたのは速待でなかったかと思おうとするも、

（あれは、速待はまだ御屋に出仕していないときのことだと云っていたが……）

玖賀媛はこんな疑問を胸にして、翌日はひと山越えると北桑田に着くという前夜、由良《ゆら》川の上流となる美山《みやま》の岩室で、野宿の用意をしている速待の口元をちらっと見て云った。

「貴男が妾を以前に見たと云ったのは、本当のことだと思うようになりました」

「私はあの日の貴女の姿と、目を閉じたままの顔容《かんばせ》が忘れられなくなり、その面影を捜し続けましたが見つけられず、あれは夢だと思おうとしました。ところがあの豊明の日に見た貴女の頤の傷と、退席されるときに一瞬、目を閉じられた横顔を見たとき、長年見続けた夢は幻《まぼろし》でなかったと知りました」

そう云う速待に、胸を打たれた玖賀媛は、

「そうでしたか、妾は貴男を誤解していました。貴男は妾を出世の糸口にと、天皇に望んだものだとばかり思っていました。どうか、今宵から貴男の妻にしてください」

速待が自分を救ってくれたと確信したその夜、※褥《しとね》と※衾《ふすま》を一つにしようとすると、玖賀媛は急に腹を押さえて苦しみ出した。

暗闇の中で、衣裳《きぬも》の上から背中や腹を撫《な》で擦《さす》っていた速待は、更に激しく身を捩《よじ》って疝痛に苦しむ玖賀媛を何としてでも救おうとした。

そこで懐から常備薬の、陵《みささぎ》の畔《ほとり》に植えて、乾燥させた※夷草《えびすぐさ》の根を取り出した。それを噛み砕いて口移しに含ませると、反応があっても再び煩悶《はんもん》し、速待は神に祈りながら懸命に看病した。

だが薬効も看病の甲斐もなく、玖賀媛は明け方に息を引き取った。

その今《いま》わの際《きわ》、玖賀媛は速待の手を握って、息も絶え絶えに云った。

「貴男は、酷《むご》い仕打ちをした妾をよく看取《みと》ってくださりました。あの日、貴男を受け入れていれば、こんな目に遭《あ》わなかったでしょう。貴男は、初めて妾に会ったときの気持ちを持ち続けて接してくださいました。その貴男の心を拠《よ》り所として、常世《とこよ》の国へ旅立ちます。もし常世の国でお会いしたなら、もう一度、貴男の妻にさせてください」


速待はそこに塚を造って玖賀媛を手厚く葬り、難波の都に帰って大王に復命した。

「玖賀媛につき添わさせてくだされたご恩は、生涯忘れることはありません」

「北桑田で余生を送ると云っていた玖賀媛の望みは詮《せん》ないことで、さぞ朕を怨んだであろう。しかしお前の手厚い看病が、安らかに常世の国へ導いてくれたであろう……」

天皇はそう云って暗涙《あんるい》に咽《むせ》んだが、速待は大王にも玖賀媛にも隠していることがある。

それは速待が舎人になる前は、賤《いや》しい身分の陵戸《はかもり》だったことである。


——玖賀媛は皇后の女官から折檻《せっかん》を受けて失神した後、衣を着《つ》けただけで陵の畔に埋められていた。

それを月明かりの下で見ていた速待は玖賀媛を掘り出し、自分の掘《ほ》っ建《た》て小屋に運んで泥まみれの身体を拭き、気を失ったままの玖賀媛に温かい粥《かゆ》を口移しに含ませると、血色はよくなった。

（死ぬ恐れはなく、もう大丈夫だ）

速待はそう思い、玖賀媛の衣裳を洗いにいっている間に、何者かが玖賀媛を連れ去った。

速待は舎人になって知ったが、玖賀媛がいなくなったと知った天皇が、近習に探索させたからである。

「玖賀媛の手足を縛って、陵の脇に腰から下を埋めて、一晩、捨て置きにせよ」

こんな皇后が命じた酷《むご》い仕打ちを、胸を痛めた女官から聞いた近習の者は、玖賀媛を埋めたという場所にいくと、玖賀媛はすでに掘り出されていた。

そこで陵の近くを蝨潰《しらみつぶ》しに捜すと、ある陵戸の小屋に、玖賀媛が男物の粗末な貫頭衣《※かんとうい》を着せられて寝かされていた。

川から戻ってきた速待は、油断して女人を攫《さら》われたと悔むも、どこの誰か分からぬ女だった。覚えているのは、目を閉じた顔容と、雪のような白い肌と頤の傷に、得《え》も言われぬ甘い唇の感触だけが脳裏《のうり》に焼き付き、そんな女の消息を知りたいと渇望《かつぼう》して、夢にまで見るようになった。

あの女は宮中の女官だと推測した速待は、目を開けた女の顔を一目見たいと思い詰め、身分を隠して御屋に仕え、努力と誠実さで大王の近習の舎人に出世した。

速待がそれほどまでも努力したのは、災難の経緯《いきさつ》の一部を見ていた同情に憧憬《しょうけい》が加わ

り、

（如何なる手立を尽くしてでも会いたいものだ！）

そう思い込み、御屋に仕えたなら会えるかもしれないと思ったからである――。

復命を終えた速待は、舎人の職を辞して美山に住みつき、身分の発覚を怖《おそ》れることなく陵戸と自認して、終生、玖賀媛の霊を弔《とむら》った。

### ※玖賀媛《くがひめ》と速待《はやまち》の注釈（図形②を参照）

女官《にょかん》：宮中の後宮に奉仕する女性の官人
近習《きんじゅ》の舎人《とねり》：主君の近くに仕える下級官人
豊明《とよのあかり》：宮中の宴会
山崎《やまざき》の津《つ》：淀川の天王山の麓にある京都府山崎の舟付き場
山背《やましろ》川：木津川
菟道《うじ》河：宇治川
巨椋《おおくら》の入江：伏見まであった遊水池の巨椋池《おぐらいけ》
葛野川《かどのがわ》：嵐山から下流の桂川
大堰《おおい》川：保津川

亀山《かめやま》：京都府亀岡市の古名
褥《しとね》：敷き布団
衾《ふすま》：掛け布団
夷草《えびすぐさ》：芍薬《しゃくやく》の古名
貫頭衣《かんとうい》：一枚の布を二つに折り、折り目に頭を通すだけの穴を開けた、古代の庶民の衣裳《いしょう》

# 二十　隼別皇子《はやぶさわけのみこ》と女鳥皇女《めとりのひめみこ》

大鷦鷯《おおさざき》［第十六代仁徳］天皇は嫉妬深い皇后の目を避けて、八田《やた》皇女の妹の女鳥皇女を見初《みそ》め、異母弟の隼別皇子を媒人《なこうど》として遣《つか》わした。

「天皇は亡き義弟の菟道稚郎子太子《うじのわかいらつこのたいし》の遺言により、彼の妹であり、私の姉の八田皇女を妃になさろうとされました。しかし皇后の嫉妬は強く、まだ妃になさっておられません。そんな天皇の命には、従えません」

きっぱり断った女鳥皇女は、初めて会った若くて高貴な隼別皇子の顔を見詰めた。

隼別皇子も、女鳥皇女の切れ長の目の奥に揺れる妖しげな光に魅せられたのは、はじめて経験する胸苦しいまでの熱い想いだった。

こうして二人は見詰め合っていたが、熱い思いを滾《たぎ》らせた隼別皇子は思い切って、

「私と貴女は異母兄妹でも、会うのは初めてです。こんな美しい人がいるとは知りませんでしたが、どうか私の妻になってください」

天皇の使者であることを忘れて云った。

「私が天皇の命令を断ったもう一つの理由は、いま貴男にお会いしたことです。どうか私

の方からお願いして、貴男の妻にさせてください」

　女鳥皇女はそう云い、更に、

「先帝の応神天皇《おうじん》が、自分の妃にと日向国《ひむかのくに》からお呼びした髪長媛《かみながひめ》さまを、難波の津に迎えに上がった大鷦鷯尊自身が、髪長媛さまに魅《み》せられて、先帝に自分に賜わるようお願いして妃になさいました」

　女鳥皇女は前例を持ち出し、

「だから私たちも、きっと許してくださるでしょう」

　媒人の隼別皇子の立場を気遣って云った。

　隼別皇子は、尊敬して慕っていた義兄の菟道稚郎子皇子を殺した天皇ならば、当然の報《むく》いだと意《い》に介《かい》さなかった。

　その夜、隼別皇子は女鳥皇女と娶《よば》い、天皇に復命せず女鳥皇女との理無《わりな》い仲を隠した。

　天皇は、いつまで経っても隼別皇子が復命しないので、自ら女鳥皇女の家を訪れると、女鳥皇女は、嫋《たお》やかな手で布を織っていた。

　天皇は、そんな美しい女鳥皇女の姿態に見入っていたが、

「貴女が織っている布は、誰が着るのですか」

　それは自分が着るのだと、期待に胸を膨らませて訊《き》くと、

「これは、隼別皇子が召される布です」

　女鳥皇女は、躊躇《ためら》わず返答した。

この言葉で、天皇は隼別皇子が復命しない理由が分かり、肩を落として立ち去ったが、心は穏やかでなくても騒げば皇后に知れるのと、義弟への義をもって堪えて二人の罪を問わなかった。

隼別皇子と女鳥皇女は逢瀬を重ねていたある日、隼別皇子が女鳥皇女の膝枕で寛《くつろ》いでいた。

「隼と鷦鷯とでは、どちらが高く速く飛べるだろうか……」

「それは、隼に決まっておりますわ」

「そうだな……だから私が、先にお前に手を出したのだ」

そんなことを云って戯れていた。

これを聞いた女鳥皇女の舎人《とねり》が、横取りにした隼別皇子を天皇が罰せないことに気を大きくして、

《高くいく隼なれば遅拙な鷦鷯《さざき》を獲りて天《あめ》が下》

こう歌ったのを人伝《ひとづ》てに聞いた天皇は、

「これは私事ではなく、天下を覆《くつがえ》す陰謀である」

憎さも憎しと怒り、

「隼別皇子と、女鳥皇女を誅《ころ》せ」

皇后に黙って、山部の大盾連《おおたてのむらじ》に兵を授けて成敗に向かわせた。

この事態を知った隼別皇子は、緊急に難波の都を脱出しようと女鳥皇女を小舟に乗せ、自ら棹を差して泊瀬川《はつせ》を遡って逃げた。ところが、水手《かこ》を揃えた大盾の追っ手に追い付かれそうになった。

隼別皇子は、その三輪山の南東で舟を乗り捨てて、峻険《しゅんけん》な倉椅山《※くらはしやま》を越えようとした。

二人は手に手を取って喘《あえ》ぎ喘ぎ山に登ったが、山登りなどしたことがない女鳥皇女は、何度も躓《つまず》いては倒れ、草や木に縋《すが》ったため手足に傷を負った。

そして遂に疲労困憊となって歩けなくなった女鳥皇女は、息も絶え絶えに云った。

「束の間でしたが、貴男と過ごせて悔《くい》はありません。私をここに打ち捨てて、貴男は伊勢神宮を頼ってください。そこに祀られている倭姫《やまとひめ》さまのご加護の下で、天皇が私の兄だった、貴男が慕った菟道稚郎子太子の仇であることを忘れてお健《すこ》やかにお暮らしください」

「ここまできて、なぜそのような弱音を吐くのだ！　一緒に伊勢神宮へいって、菟道稚郎子太子の仇の天皇を討つ機会を待とう」

隼別皇子はそう云って女鳥皇女を背負ったり、抱きかかえたりして追っ手を気にしながら山に登った。

隼別皇子が疲れると、手を取り合ってやっとの思いで倉椅山の頂に辿り着き、眼下に目を向けると、いま登ってきた山は目が眩《くら》むような急峻だった。

そこで隼別皇子は、こう歌った。

《二人して登り来たればものかはも椅立《はした》てるこの倉椅の山》

「今日というこの日は、貴男と心が一つになれたことを、私は一生忘れないでしょう」

女鳥皇女はそう云い、二人は草を褥《しとね》にして抱き合っていると行く手に希望《のぞみ》があるように思えた。

しかし二人の衣服は綻《ほころ》び、髪は乱れてみすぼらしい姿だったが、互いにそんな姿を見て笑い、

「ここまでくれば大丈夫だ。もう少しで伊勢に着く」

隼別皇子はそう云って女鳥皇女を励まし、伊賀から伊勢へ通じる宇陀《※うだ》の曾爾《そに》に着いたとき、追っ手の大盾が追いついた。

二人は、岩陰や木の洞や芒原《すすきはら》に身を潜めて追っ手をやり過ごしたが、遂に伊勢の蒋代野《※こもしろの》で捕らわれた。

御屋仕えの大盾にとっては隼別皇子と女鳥皇女は主人筋で、その大盾は女鳥皇女が手首に巻いていた玉釧《※たまくしろ》を、自分のものにしたことを配下に隠して都に帰り、

「伊勢の蒋代野で二人を捕らえました。そこで、ご身分がご身分の方だけに、部下には見

せず、ご命令通り二人を殺して、私一人で塚を作って葬りました」

と、天皇に復命した。


こんな事件があったことが忘れられようとした日、皇后主催の豊明《とよのあかり》が催された。それには、主たる群臣の妻が招かれ、大盾の妻も参内《さんだい》を許された。

皇后は、自ら御酒《みき》を盛った柏の葉を妻たちに与えていたが、大盾の妻に与えようとしたとき、大盾の妻が手首に巻いている玉釧を見ると、即座に大盾の妻を退席させて大盾を呼び出し、

「なぜお前の妻が、あのような立派な玉釧を持っているのだ」

と、厳しく問い質《ただ》した。

大盾は云い淀んでいたが、皇后に責め続けられると隠し切れず、女鳥皇女を殺したときに奪ったと白状した。

その玉釧は、天皇が八田皇女に贈ったもので、それを見咎めた皇后が八田皇女を責めると、八田皇女は妹の女鳥皇女に譲った。

このことを皇后は覚えており、そこで天皇が女鳥皇女を妃にしようとしたと知って、天皇を糾弾《きゅうだん》した。

「天皇は自分がした横恋慕で、女鳥皇女の舎人《とねり》がごときの言葉を信じて、なぜ二人を殺さねばならなかったのです！」

大盾が、主人筋の隼別皇子と女鳥皇女を殺したばかりか、まだ生温かい女鳥皇女の手首から、玉釧を奪い盗った場面を想像した皇后は、更にその玉釧を自分の妻に贈った心根《こころね》を穢《きたな》しとし、独断で大盾に死罪を云い渡した。

処刑の日を待って牢に入っていた大盾が皇后に拝謁を乞《こ》うと、皇后は大盾の断っての願いを聞き入れた。

人払いを願った大盾は、

「私は、刑を免れるために釈明するものではありません。ただ誰にも真実を知られずに世を去るのが無念で、皇后さまだけはぜひ知っていただきたい。でも大王には決して話さないでください」

そう前置きして、意外なことを話した。

大盾の話を聞いた皇后は、伊勢神宮に参拝すると天皇に偽って行啓《※ぎょうけい》し、そこで大盾が云ったことを確かめると本当だった。

実は、大盾は二人を殺さず、伊勢神宮に祀られている倭姫のもとへ逃したのである。

皇后は、伊勢神宮の奥深い森に住まう隼別皇子と女鳥皇女に会って、隼別皇子が信じる天皇への恨みは誤解だと説いた。

——菟道稚郎子太子が亡くなったとき、大鷦鷯皇子が弔辞に駆けつけた。太子は義兄の厚《こう》誼《ぎ》に、感謝の言葉を述べるため蘇《よみがえ》り、妹の八田皇女を後宮に入れて欲しいと頼んだ後、本当に身罷《みまか》ってしまった。

そのときの状況を、皇位を狙っていた義兄の大山守皇子《おおやまもりのみこ》が、蘇った菟道稚郎子太子を大鷦鷯尊が止《とど》めを刺したと、菟道稚郎子太子を慕っている隼別皇子に偽って語った――。

「隼別皇子が信じているのは、皇位を奪おうとした大山守皇子の讒言《ざんげん》である」

皇后は実直に、真相を説《と》いた。

遥々伊勢まできて、誠実に諌《いさ》めてくれる皇后に改心した隼別皇子と女鳥皇女は、伊勢の地で仲よくひっそりと暮らし、子宝は恵まれずこの地で身罷った。

さて都に帰った皇后は、自分が死罪を命じた大盾を救おうとしても、皇后の身分では食言《しょくげん》は許されない。

そこで考えあぐねた末、大盾に自分が持っている土地を与え、その土地を大盾から天皇に差し出させて、これで罪を償いたいと天皇に嘆願させた。

「事の起こりは、天皇が女鳥皇女に心を動かしたからである」

そう皇后に責められた天皇は、大盾に土地を納めさせて死罪を許し、大盾が妻に贈った玉釧は、命を助けてくれた大盾に女鳥皇女が贈ったもので、再び八田皇女に戻された。

## ※隼別皇子《はやぶさわけのみこ》と女鳥皇女《めとりのひめみこ》の注釈（図形②を参照）

倉椅山《くらはしやま》：奈良県桜井市倉橋の南方にある山

宇陀《うだ》の曾爾《そに》：奈良県宇陀郡曽爾村で、伊賀と伊勢に通じる道筋にあり、山岳美や渓谷美に、秋は芒尾花の名勝地

蒋代野《こもしろのの》：不詳

玉釧《たまくしろ》：玉で飾った腕輪

行啓《ぎょうけい》：太皇太后、皇太后、皇后、皇太子、皇太子妃、皇太孫が外出すること

# 二十一　嫉妬する皇后

※難波《なにわ》の高津宮《たかつのみや》で天の下を治らしめる大鷦鷯《おおさざき》［第十六代仁徳《にんとく》］天皇は、ある年、山に登って※国見《くにみ》したが、民家に竈《かまど》の煙は昇っていなかった。

それによって民は貧しいと賢察した天皇は、※課役《えつき》を三年間免除した。

これで朝廷に※調《つき》は入らず、天皇も群臣も、履《くつ》や衣は使えなくなるまで履き古《ふる》さなければならなくなった。

御屋の垣根は破れても修繕できず、屋根は壊れても葺き替えられず、雨が漏れば器《うつわ》で受け、寝る場所は雨が漏らない場所を転々とするという有様だった。

このように三年間困窮に耐えていると、毎年、天候に恵まれて五穀は豊穣で、天皇は再び高台に登って国見すると、炊飯の煙が多く昇っている。これで民は潤って富んだと判断して、

「朕《ちん》は富んだので、心配することはない」

そう、皇后の磐之姫《いわのひめ》に云った。

「垣根や屋根は破れて、妾《わたし》たちの衣類は古びたままなのに、どうして富んだと云うのです

か……」

「百姓は、我々にとっては大御宝《※おおみたから》である。その百姓が富めば、朕が富んだことになる」

天皇はそう云い、群臣たちや贅《ぜい》を尽くす磐之姫らに、民人《たみびと》を大切にするように諭《さと》した。

農作物の収穫が終わった頃、諸国の国造《くにのみやつこ》たちが揃って、

「課役を免じてすでに三年が経過して民は富み、道に落ちているものを拾ったりはしません。天皇の御屋も、我々の住居も朽ち荒れて、屯倉《みやけ》も府倉《※ふこ》も空っぽです。課役を命じなければ国は治められません」

そう請願したが、天皇はそれでも辛抱して調を負わすことを許さなかったので、時の人は、天皇を聖《ひじり》の帝《みかど》と呼んで称讃した。

翌年、天皇は課役を復活させ、御屋の修理を行なうことにした。

すると人民は、老いも若きも引きも切らず駆けつけ、材木を運んでは土を運び、昼夜を問わず、労を惜しまず御屋の再建に尽くしたので、御屋はたちまち修復した。

この天皇が皇后に立てた磐之姫は、天皇が妃たちに首飾りや腕輪などを与えると、地団駄を踏んで悔しがるほど嫉妬する。

そんな天皇でも、皇后以外に、髪長媛《かみながひめ》などの妃との間に、四人の皇子と二人の皇女を儲けた。

更に、後宮の女官の玖賀媛《くがひめ》を妃にしようとしたが皇后の嫉妬で果たせず、それにも懲り

ず、※吉備《きび》に容姿が整った黒比売《くろひめ》という美しい娘がいると聞いた天皇は、その黒比売を後宮に召したが、黒比売は皇后の嫉妬を怖れて吉備へ帰ってしまった。

その折、黒比売が乗った舟が難波《なにわ》の津《つ》に浮かんでいるのを見た天皇は、黒比売に恋歌を送ると、それを知った皇后はひどく怒り、使いを難波の大浦へ遣わし、

「黒比売を　舟から降ろして徒歩《かち》で帰らせよ」

そう情け容赦なく吉備へ追い返した。

黒比売に恋い焦がれる天皇は、

「淡道島で、狩りをする」

皇后にそんな嘘をついて淡道島へ渡り、そこから島伝いに吉備へ向かった。

天皇の行幸を知った黒比売は、接遇《もてな》しの吸い物にする青菜を山の畑で摘んでいると、吉備に着いた天皇は待ちきれず、矢も盾もたまらず山畑へいって黒比売に逢い、

《山畑で吾が愛《いと》しき黒比売と摘むは青菜と命の糧《かて》》

こう心の内を歌って吉備で二、三日過ごしたが、

「皇后に知れると、累が黒比売にも及ぶ」

そう思考して未練を断ち切って帰っていく天皇に、黒比売は随《つ》いていきたくても皇后の嫉妬を思うと難波に戻れず、永遠《とわ》の別れと、

《誰《た》が夫《つま》か難波の津へ向かう帆舟　心は惑《まど》う背が君なれど》

岸の岩に立ってこう歌い、大鷦鷯天皇の舟が見えなくなるまで見送った。

こんなことがあった後、先《さき》の応神天皇の皇女で、腹違いの妹である八田皇女を妃にと、歌に詠んで皇后の許しを得ようとした。皇后は当然、不承知で、天皇が同じことを何度も歌うと、口を利かなくなってしまった。


――天皇が、八田皇女を妃に求めたのは、それなりの訳があった。

大鷦鷯皇子は、元来、天皇になれる人ではなかった。というのは、先の天皇［第十五代応神］は、菟道稚郎子《うじのわきいらつこ》皇子を太子に立てた。

先の天皇は多くの御子を儲け、十九柱あるいは二十七柱もの皇子女に恵まれ、妃は八人とも十一人ともいわれ、皇后に仲姫《なかつひめ》を立てた。

応神天皇の皇子は、他に額田大中彦《ぬかたのおおなかつひこ》皇子や大山守《おおやまもり》皇子などがいても、他の皇子を差し置いて菟道稚郎子皇子を選んだ。

大鷦鷯皇子は皇后の仲姫が産んだ長男で、腹違いの弟の菟道稚郎子太子は心優しく、義兄の上に立つのを臆《おく》したか自信がなかったのか、それとも諸典籍を学んで達し得ないものはないといわれ、更に文の奥義を究めようとしたのか、皇位を大鷦鷯皇子に譲ると言い張った。

日嗣《ひつぎ》を切望する大山守皇子を、応神天皇がどのようにして諦めさせたかというと、大山守皇子と大鷦鷯皇子を呼んで訊いた。

「お前たちは、自分の子供が可愛いか」

「大そう可愛いです」

二人は当たり前のことを云った。

「では上の子と下の子は、どちらが可愛い」

再び天皇が問うと、兄の大山守皇子は、天皇が太子を決めようとしていると判断し、自分を選んでもらおうと答えた。

「それは上の子が可愛いです」

大鷦鷯皇子は、天皇は大山守皇子の答えを喜ばれない様子を察して答えた。

「上の子は既に大きくなっておりますので、下の子の方が気掛かりで愛しいです」

天皇はもとより菟道稚郎子皇子を日嗣と決めており、大鷦鷯皇子ならそう答えると考えての問いで、又、大山守皇子がどう答えようとも、太子を諦めさせる質問だった。

「親の心が分からぬお前は、人心を掴めないだろう」

天皇はそう云って、大山守皇子に山や川や林や野を司《つかさど》らせ、菟道稚郎子皇子を太子とし、大鷦鷯皇子は太子の補佐役として国事を見させることにした。

天皇はこうして日嗣を決めてから崩御したが、菟道稚郎子太子は、兄の大鷦鷯皇子に皇位を譲ると云って即位しなかった。

こうして二人が皇位を譲り合っていると、大山守皇子が謀反を企て、菟道稚郎子太子を、都から遠く離れた辺鄙《へんぴ》な菟道《うじ》に誘《おび》き出して殺そうとした。

大山守皇子が菟道稚郎子太子をどのようにして菟道に誘った口実とは、父の応神天皇の大叔父の［第十三代成務《せいむ》］天皇が都とした※高穴穂宮《たかあなほのみや》で、菟道はその道筋にあった。それで応神天皇はその地名にちなんで菟道稚郎子とした土地だったので、

「菟道という、お前の名前の因《もと》になった土地を見せてやろう」

そう誘い、菟道稚郎子太子を菟道へ呼んだが、菟道稚郎子太子は大山守皇子の魂胆《こんたん》を察していた。

菟道稚郎子太子が菟道川に着いたとき、大山守皇子は、

「川の向こうに、鹿が群れている。我らは川を渡って狩りをしよう」

と云って菟道稚郎子太子を誘い、

「鹿が逃げないように、勢子《せこ》を先にいかせて見張らせておくから、お前は後から弓と矢を十分用意してくるように」

そう云って、先に勢子の姿に変装させた兵を舟に乗せて川を渡らせ、自分は後から一人で舟に乗ろうとした。

この大山守皇子は、川に舟を三艘しか用意せず、そのうちの二艘は水手《かこ》の他に一人しか乗れない小舟だった。

大山守皇子は、先にやった勢子の姿をした部下を川岸に伏《かく》し、後からくる菟道稚郎子太子を討とうと謀った。

大山守皇子の魂胆を読んでいた菟道稚郎子太子は水手に変装し、それに気づかず小舟に乗った大山守皇子を、川の中ほどで突き落として水死させた。

これで大山守皇子の謀反は失敗した。

こんなことがあった菟道稚郎子太子は、

「私は臣として、大鷦鷯天皇を補佐します」

と云っても、大鷦鷯皇子は、

「先帝が、お前を太子と決めたゆえ」

と云い張り、どちらも皇位に就かず譲り合った。

そんなとき応神天皇の長男の、大鷦鷯皇子と菟道稚郎子太子とは腹違いの兄の、大山守皇子の実兄である額田大中《ぬかたのおおなかつひこ》彦皇子《みこ》が、大和《やまと》の屯田《※みた》と屯倉《みやけ》を我がものにした。

これを知った、屯倉や屯田を管理する屯田司《みたのつかさ》の淤宇宿禰《おうのすくね》が太子に訴えると、菟道稚郎子太子は、

「大鷦鷯天皇に申しあげよ」

と云って取り合わず、淤宇宿禰は仕方なく大鷦鷯皇子に申しあげると、大鷦鷯皇子は調査して額田大中彦皇子を責めた。

すると額田大中彦皇子は手を引いたので、大鷦鷯皇子は不問にした。

こんなことがあっても、御屋《みや》を菟道に造った菟道稚郎子太子は皇位を辞し続け、こうして三年という歳月が流れ、いずれも皇位に就かなかったため、菟道稚郎子太子は国が乱れるのを恐れて自ら命を断った。

大鷦鷯皇子は、菟道稚郎子太子の急を聞いて難波の宮から駆けつけたが、すでに菟道稚郎子太子は身罷って三日たっていた。

大鷦鷯皇子は、菟道稚郎子太子の胸を打ち叩いて嘆き悲しみ、菟道稚郎子太子の名を三※度呼ぶと、不思議なことに菟道稚郎子太子は黄泉帰《よみがえ》り、

「大鷦鷯天皇は、私の死を知って遠路はるばる駆けつけてきてくれました。それなのに、私はどうしてその労を犒《ねぎら》わずにいられましょうか。私の最後の願いは、実の妹の八田皇女を貴男の後宮の数に入れてくださることです」

そんな感謝の言葉と遺言を述べ、柩に伏して本当に薨《こう》じてしまった。

大鷦鷯皇子は、菟道の山の上に陵を造って菟道稚郎子太子を葬ってから、やっと皇位に就いた――。

こんな経緯《いきさつ》を知っている皇后は熊野に行啓《ぎょうけい》し、神に捧げる食物を盛る御綱柏《※みつなかしわ》を採った帰途、難波の水門《みなと》に着くと徒歩で都へ帰ろうとすると、そこに都から駆けつけた女官が、

「天皇が八田皇女を宮中に召し入れました」

そう報せると皇后は嫉妬に狂って、摘み取った御綱柏を海に投げ捨てて難波の都へ帰ら

ず、山背川《やましろ》を遡っては山背を越えて大和へ向かった。

天皇は舎人《とねり》の鳥山《とりやま》を遣わし、皇后を連れ戻そうとした。

しかし前後の見境をなくした皇后は、山背川に戻ったり、那羅山《ならやま》を越えて再び山背に戻り、※筒城岡《つつきのおか》の南に※宮室《おおとの》を造って住んだ。

天皇は次の手をうち、皇后に仕えている国依媛《くによりひめ》の兄の口持臣《くちもちのおみ》を皇后に遣わしたが、

「天皇と暮らしていると、嫉妬するだけです」

皇后は国依媛にそう云って、口持臣を黙殺して会わなかった。

口持臣は、宮室の中庭に座って皇后の拝謁を願い、折からの豪雨に濡れそぼって正座していると腰まで水に浸《つ》かった。そうしていると、口持臣の赤い紐をつけた青い※摺染《すりぞめ》の衣は、雨水に溶けた紐の色の赤に染まった。

そんな哀れな兄の姿を見ていた国依媛は悲しみ、皇后に兄の拝謁を願った。

しかし皇后は、

「私はこれ以上、天皇に関わりたくなく、難波の宮には帰りません」

きっぱり断ったため、口持臣は仕方なく難波の都に帰って復命した。

天皇が自ら筒城の宮室に足を運んでも皇后は会おうとせず、皇后は嫉妬に悶《もだ》え苦しんでそこで亡くなった。そんな皇后は、臨終の際、

「もう一度、天皇のお顔を拝見したかった……」

そう漏らしたが、聞いていたのは国依媛だけで、

（磐之姫さまは、何と純情なお方だったのでしょう……）

国依媛はこの思いを胸にしまい、烈しい気性だけだと思っていた皇后を敬《うやま》った。

天皇は皇后を那羅山に葬ると、菟道稚郎子太子の遺言通り八田皇女を皇后にした。

だが八田皇女は御子が授からず、天皇は亡き磐之姫との間にできた長男の去来穂別《いざほわけ》皇子［第十七代履中《りちゅう》］を太子に立てた。

## ※嫉妬する皇后の注釈

難波《なにわ》の高津宮《たかつのみや》：大阪城址の辺りか？
国見《くにみ》：高い所から国内を望み見る
課役《えつき》（調《つき》）：国民の義務としての労役や兵役に、絹や綿や土地の産物を納める税
大御宝《おおみたから》：天皇が治める国民・臣民
府倉《ふこ》：財貨や文書などを納めておく蔵
吉備《きび》：後の備前《びぜん》、備中《びっちゅう》、備後《びんご》、及び美作《みまさか》の総称
高穴穂宮《たかあなほのみや》：滋賀県大津市
屯田《みた》：朝廷直轄の田
三度：古代ではいくつもの意で、度々・多数。八は漠然と数が多いこと

御綱柏《みつなかしわ》：葉先が三つに分かれている常緑樹で、神に供える酒を盛る葉を茂らせる木
筒城岡《つつきのおか》：京都府綴喜郡田辺町辺り
宮室《おおとの》：邸宅
青い摺染《すりぞめ》：山藍《やまあい》を置いて上から叩き、その形に染めたり、藍の汁を摺りつけて染めた布

## 二十二　田道《たじ》の仇討ち

大鷦鷯《おおさざき》［第十六代仁徳《にんとく》］天皇の御代、新羅《しらぎ》が朝貢してこなかった。

これまで朝貢を絶やしたことがない新羅に不審を覚えた天皇は、※上毛野《かみつけの》の住人で、迅速に行動できる騎馬隊を擁する竹葉瀬《たかはせ》を、朝貢を欠いた理由を問わせに新羅へ派遣した。

竹葉瀬は渡航前、往路で珍しい白鹿が獲れたので難波《なにわ》の高津《たかつ》の都に引き返し、獲物を天皇に献上して、改めて新羅へ向かった。

（大和《やまと》朝廷の御稜威《みいつ》をもってすれば、新羅など如何ほどのものか。新羅は、酒と女で歓待してくれるだろう）

竹葉瀬はそう高《たか》を括《くく》り、物見遊山気分で渡海した。

ところが取るに足りないと聞いていた新羅軍は、豈図《あにはか》らんや、着いた日から勇猛果敢に攻めてくる。

少数精鋭の竹葉瀬が頼りとする駿馬《しゅんめ》は舟酔いで役に立たず、竹葉瀬はその日はどうにか虎口《ここう》を凌《しの》ぎ、馬の回復を待って持久戦に持ち込んだ。

馬が回復して騎馬戦に移ると、新羅の大軍は追えば逃げるがそれは新羅の作戦で、別働隊が後ろから攻撃するという戦いぶりで竹葉瀬軍を翻弄《ほんろう》する。

竹葉瀬は朝廷に援軍を求めるにも、少ない兵を割いて大和《やまと》へ遣いを遣ることはできず、それに遠征の途上で白鹿を得て天皇に献上するため、都へ引き返すという余裕を見せたからには自尊心が許さなかった。


大和では、待てど暮らせど竹葉瀬から何の音沙汰はなく、このことと併せて如何に珍しい白鹿とはいえど、大事な任務を中断して戻ってきた竹葉瀬の行為を訝《いぶか》った天皇は、竹葉瀬の弟の田道《たじ》を召し、

「お前の兄から、いまだに音信がない。狩りを楽しんで奇妙な獣を追っているとは思わぬが、そろそろ何か報《し》らせがあってもよいころだ。もしや新羅との折衝に難航しているやも知れぬので兵を率いて、ことの次第では新羅を討て」

暗に兄の怠惰を仄めかし、精兵《せいびょう》を授けて新羅へ遣《つか》わした。

兄の戦況が気掛かりだった田道は、別れを惜しんで前夜も共臥《ともふし》した妻の溥絽媛《ひろひめ》の玉釧《たまくしろ》を腕に巻いて新羅に着いた。

ところが新羅は、大和朝廷に叛いて軍を起こして竹葉瀬軍を挑発し、しかも連日、新手を繰り出すので、竹葉瀬軍は防戦に手一杯だった。

そんな苦戦を強《し》いられる竹葉瀬軍は、天皇が弟の田道を応援に寄越してくれたので一息つけ、疲労した兵と馬を休めるために要塞《ようさい》を固めた。田道軍も海路で人馬共、疲労してい

るため兄と共に籠城した。

そして精気を取り戻した竹葉瀬と田道の連合軍は、騎馬団を駆《か》って反撃しようとすると、新羅の斥候が偵察にきた。

それを田道の部下が捕らえて尋問すると、

「新羅軍には百衝《ももつき》という俊敏な豪傑がおり、右翼の先鋒を務めているから強いのだ」

そんなことを、抜け抜けと語る。

田道は兄と作戦を練り直して新羅軍を攻撃すると、新羅軍は左翼を後退させ、百衝を先鋒とする右翼隊を突き出してくる。

皇軍は一団となって百衝の右翼へ向かうふりをして、急に馬首を巡《めぐ》らして新羅の左翼を攻めると退いたのは新羅の作戦だった。

そこで新羅の右翼の百衝が皇軍の後尾を攻めると、逃げた左翼が引き返して、右翼と挟み撃ちにしようとする。

この戦術を読んでいた皇軍は、作戦通り草叢《くさむら》に伏《かく》していた別働隊が、百衝隊の背後から攻撃すると、新羅軍は総崩れとなって潰走した。

竹葉瀬と田道はここぞとばかりに自慢の騎馬隊を駆って掃討戦を展開して、数百人の新羅軍の兵士を斬殺した。

そして竹葉瀬は、投降した新羅王に朝貢を約束させ、戦利品として四つの村の人民を捕虜にして難波の都へ意気揚々と凱旋して復命した。

大いに満足した天皇は、兄弟を犒《ねぎら》ったが、上毛野に帰郷した竹葉瀬は連戦の疲れと、帰路に暴風雨に遭ったため労《いたつき》の身となってしまった。

こんなことがあった二年後、朝廷に帰順していた東国の蝦夷《えみし》が叛き、天皇は蝦夷の居住地に近い上毛野の田道を招き、

「蝦夷を平定せよ」

と命じた。

兄の竹葉瀬は病床の身だったが、田道が出陣する前日、馬の手綱をとるのも覚束ぬ姿で訪ねてきて、

「この度は馬を舟で運ばなくてよく、すぐ攻撃できるゆえ蝦夷を討つのは難しくなかろう。しかし新羅の百衝のような、しぶとい者がいるかも分からぬから侮《あなど》るなよ」

そのように忠告と激励をした。溥紹媛は、

「女の妾《わたし》は戦に口は挟めませんが、兄上が云われたように油断なさらず、蝦夷を平らげて、無事にご帰還されるのをお待ちしております」

そう云って餞《はなむけ》に舞を舞い、その夜も田道と褥《しとね》を共にした。

田道は新羅遠征と同じように験《げん》のいい妻の玉釧を腕に巻き、駿馬を駆って道の奥へ攻め上がったが、広大な平原に点在する蝦夷の部族間の結束は固く、頑強で容易に服従しない。

平素、蝦夷は農耕に従事しており、田道の騎馬隊が通り過ぎると後ろから奇襲する。これではまるで田圃の蝗《いなご》を追い払うようなもので、田道は手を焼き、

（それなら、蝦夷の首長を討てば降伏するだろう）

そう考えても、誰が首長か分からない。

これでは幾ら戦っても復命できないと焦った田道は、騎兵を駆って道の奥へ進撃し、蝦夷の首長と目《もく》される者が集《つど》っているという※伊峙《いじ》の水門《みなと》まで攻め上《のぼ》った。

そこで、田道は異《い》な話を聞いた。

――それは八、九十年前の春、大和の※恵賀《えが》の長江《ながえ》陵の近くに住む、智沙という二十歳前後の女性が、この伊峙にきたということだった。

着いたときは髪を角髪《みずら》に結って立派な太刀を佩いていたが、やがて娘だと分かったが、

「倭　武命《やまとたけるのみこと》の東征の道を辿って、※摂津《せっつ》の国を本貫とする自分の祖先が、移り住んだ日高見を訪ねたい。私は大和の国の武門を誇る大伴の下女で、大鷦鷯天皇の弟だった菟道稚郎子太子の知己《ちき》を得ている」

そんな触れ込みで案内を請《こ》うた。

その頃は、まだ大和朝廷に従順だった地元の蝦夷の長《おさ》が、倭言葉《やまとことば》を使える足振辺《アブルベ》という名の若者を案内人として随行させた。

物静かな足振辺が操る小舟に智沙は乗り、穏やかな流れの※日高見《ひたかみ》川を遡行した。そして

三日目、胆沢川《いさわがわ》が合流する水沢《みずさわ》という地で、大和の庶民が住んでいるような竪穴住居を見た智沙は陸に上がった。

蝦夷が牧畜する花《※はな》の牧《まき》にいかなければならないと云う足振辺と、智沙はそこで別れた。

その年の秋九月、足振辺が水沢を訪ねてきたのは、もうすぐ雪が降る季節だからと、智沙を心配したからだった。

川の入江の奥にある集落を見た足振辺が、訪ねていくと蝦夷の部落に智沙はいるようで、その日、智沙は胆沢川添いに倭人《※わじん》を捜しにいったと云う。

その日の夕刻、帰ってきた智沙は足振辺を懐かしがって、文をも読み解く智沙は、覚えた蝦夷言葉で、摂津の国から移り住んできた灘の住民の探索の経緯を話したが、成果はなかったと云った。足振辺は、

「間もなく雪が降るが、どうする……」

言葉少なく訊くと、智沙は大和でも雪は降ると云い、

「聞くところによると、倭人は冬の寒さと山背《※やませ》の冷害による飢餓で、二、三十年前に死に絶えたそうだ」

足振辺は、寡黙な口を抉《こ》じ開けるように話した。

肩を落とした智沙は呆《ほう》けていたが、

「これからどこへいくの……」

気を取り直して足振辺に訊くと、

「伊峙に戻ろうと思っているが、花の牧に智沙がくるなら……」

そう語尾を濁した足振辺の顔を見詰めていた智沙は、

「花の牧と云うからには、春になると花に包まれるのね。私はそこへいきたい」

その言葉で、足振辺と智沙は花の牧で夫婦となった。

そして翌年の春、智沙は男の子を産んだ。

それから四年後の夏、これまで川などで水遊びをしたことのない智沙は、近所の子供たちが遊ぶ日高見川へ、一人しか恵まれなかった息子を連れていった。

魚が跳ねるのが珍しく、それを見ていた智沙が、目を離した隙に息子は、視界から消えた。

血眼《ちまなこ》になって助けようとした智沙は川に飛び込んだが溺れ、近くにいた蝦夷に救われたが、息子は下流で水死体となって浮かび上がった。

それを知った智沙は息子を背負って、川岸の楡《にれ》の木で縊死《いし》した。

狩りから帰ってきて哀切極まった足振辺は、智沙と、楡の木の下に横たわっている息子の屍を小舟に乗せ、大和に少しでも近い伊峙へ運び、そこに大和の墓に似せた塚を築いて葬ったという——。

田道は天皇の弟の菟道稚郎子太子を知っていたが、智沙という名は聞いたことはなくても、太子と心安かったと云う話なら似非《えせ》ではないと感じた。

それにしても不思議な話だと思った田道は、その智沙が生きていたときと違って、朝廷に頑強に抵抗する蝦夷を掃討して、天皇に復命する折の土産話にしようとした。

だが当面は蝦夷討伐が目標で、伊峙から先に行くには日高見川を舟で遡らねばならず、地元で使っている小舟では馬は運べず、田道は馬卒に馬を預け、

「馬を肥やして、帰りを待っていてくれ」

そう云い残して、川舟で北へと蝦夷を追っていった。

流れの穏やかな日高見川を遡り、※米谷《まいや》や、河童が棲むという※去返川《さるがえしがわ》が流入する馬産が盛んな花の牧、更に※不来方《こずかた》まで進出した。

だが広大な土地を探索するには徒歩《かち》では行動に限度があり、討伐を諦めて伊峙の水門に引き返したところが、頼みの馬も馬卒も消えている。

唖然としていると、北の方から蹄の音がして蝦夷が騎馬で向かってくるが、馬は蝦夷が使っている貧相な馬ではなく、奪われた田道軍の馬だった。

すると田道軍の飼い主に気づいた駿馬は、どれも急に立ち止まって後ろ足で立ち、乗っている蝦夷を振り落とし、それぞれ飼い主の許に駆け寄って鼻面を摺り寄せてくる。

それでも、集まった馬は出陣時の半分に満たず、馬を失った歩兵を加えた田道軍は蝦夷に退路を断たれてしまった。そして蝦夷たちに包囲され末、遂に田道は討ち死にした。

警戒している蝦夷の中で勇敢な田道軍の兵士の頭分《かしらぶん》の一人が、田道が手首に巻いていた玉釧を外して大きい塚を築いて屍を葬った。

ところがその塚は昔、大和から遠路をここまで辿ってきて、日高見へ道案内した蝦夷の若者の妻になって亡くなった倭人だからといって、蝦夷と形が違う塚に葬られている智沙の塚の近くであった。

それを兵士たちは誰も気にせず、玉釧は上毛野に持ち帰られて田道の妻に返された。

玉釧を胸に押し当てていた溥絽媛は、

「妾の命を託した玉釧なのに、なぜ霊験《れいげん》がなかったのでしょう……。妾の真心が通じなかったとは、思いたくない」

そう云って夫の死を嘆いたが、遠征から戻ってきたばかりの従者を伴って、はるばる夫が葬られている伊峙の水門を訪ねていった。

徒歩で旅した溥絽媛と従者は、衣裳《きぬも》は破れ、垂らし髪も乱れていた。

そんな姿の二人は、蝦夷たちが取り囲んでいる中で、田道の塚に跪《ひざまず》いて祈っていた。

そこに脂利古麻呂《※シリコロオマロ》という酋長が、倭言葉が話せる蝦夷の通訳によって、先祖からの口《く》伝《でん》だと断って溥絽媛に話し出した。

それは田道の塚の側《わき》にある智沙の塚のことで、一部始終聞き終えた。その後、溥絽媛は玉釧を手に握りしめ縊死《いし》した。溥絽媛の最期を悲しんだ従者は、その遺体を田道の塚に合葬した。

これを知った時の人は涙したが、一部の群臣は、

「蝦夷奴《め》、なぜそんな話をしたのだ！　それにしても田道は、なぜ新羅を討ったときのよ

うに、頭を働かして戦わなかったのだ……」

　そう云って、蝦夷と田道を蔑《さげす》む者もいた。

　蝦夷は、その後も朝廷に従う人民に危害を加えただけでなく、最大の侮辱である田道の塚と智沙の塚を暴《あば》いた。すると田道の墓から朽《く》ち縄《なわ》が数匹、目を怒《いか》らせて出てきて蝦夷に喰いついて毒を吐いたため蝦夷たちの殆どは死に、助かったのは二、三人だけだった。それを知った時の人は、

「田道は、死んでも蝦夷を討った！」

　そう称賛し、田道を軽蔑していた群臣たちも、

「そうまでして蝦夷を討った田道を、どうして知恵なしと云えようか」

と懺悔《ざんげ》した。

　そのような智沙の話を、蝦夷討伐に加わった従者が天皇に話すと、

「菟道稚郎子太子が、大伴の下臣と共に書を習ったと聞いている。太子は朕にも習えばと声をかけてくれたが、興味がなかった故《ゆえ》、断った。今になると、大伴の文人《ふひと》や智沙のように習っていれば、書司《ふみのつかさ》を介してではなく、直接書簡を読み解くことができたものをと後悔している。しかし田道夫婦には、命の儚《はかな》さを教えられたな……」

　そうしみじみと述懐し、田道に上毛野君《かみつけののきみ》という諡《おくりな》を与えた。

## ※田道《たじ》の仇討ちの注釈

上毛野《かみつけの》：群馬県
伊峙《いじ》の水門《みなと》：宮城県北東部の石巻
恵賀《えが》の長江《ながえ》：仲哀《ちゅうあい》天皇陵（大阪府藤井寺市岡）
摂津《せっつ》の国：大阪府西部と兵庫県南東部
日高見《ひたかみ》川：北上川
花《はな》の牧《まき》：花巻
倭人《わじん》：中国人などが日本人を呼ぶ古称
山背《やませ》：初夏の頃、東北地方に吹く冷たい風
米谷《まいや》：宮城県登米市《とめし》東和《とうわ》町米谷
去返川《さるがえしがわ》：猿ケ石川《さるがいしがわ》
不来方《こずかた》：盛岡
脂利《シリ》古麻呂《コロオマロ》：アイヌ語で土地を領有する男

# 二十三　武内宿禰《たけうちのすくね》

大足彦《おおたらしひこ》［第十二代景行《けいこう》］天皇の高祖父である彦国牽《ひこくにくる》［第八代孝元《こうげん》］天皇の孫の屋主忍《やぬしおし》男武雄心命《おたけおごころみこと》が、※木国《きのくに》の影媛《かげひめ》を娶ってできたのが武内宿禰である。

この武内宿禰がはじめに仕えたのは大足彦天皇で、彼の天皇は※纏向《まきむく》の日代宮《ひしろのみや》で政《まつりごと》を行なっていたが、※南筑紫《つくし》に群居する熊襲《くまそ》が反逆したため自ら兵を率いて西海へ行幸した。

そして一年もたたぬ翌年、熊襲の首領の八十梟《やそたける》を討って平定した大足彦天皇は、日向《ひむか》の国の高屋《たかや》に行宮《かりのみや》を建てて六年間過ごし、乱が鎮まったのを見届けてから大和へ※還幸《かんこう》した。

武内宿禰が頭角を顕《あらわ》したのは、その大足彦天皇が武内宿禰に、北陸と東方諸国の風土や農耕などを調査させたことが発端《ほったん》である。

宿禰という名は、天皇が臣下や近臣に親しく呼び掛ける言葉で、武内宿禰は一年半以上かけて北陸と東方の諸国を踏査し、

「※東夷《とうい》の日高見《ひたかみ》という国では、男女とも髪を椎《つち》のような形に結って文身《いれずみ》をしており、性格は獰猛《どうもう》で彼らを蝦夷《えみし》と呼びます。土地は肥沃で広大ですから、蝦夷を攻略すればよいで

しょう」

こう復命した。

これが武内宿禰が世に出るきっかけとなったが、北陸の調査は何も触れなかった。

この報告は武内宿禰が実際に調査したのではなく、近隣の人民が語る蝦夷の蛮勇を恐れて過小に表現した心算《つもり》であっても、北陸にいったかは疑わしい。

その後、倭武《やまとたける》が熊襲を征伐した後に東征して病死したその間、武内宿禰はこれという働きはなく亡くなった。そこで父親似の息子が私《ひそ》かに掏《す》り替わった。

二代目の武内宿禰は、世間に知られていない父親似の老け顔の息子だった。

この二代目の時代、大足彦天皇が群卿を招いて数日間の豊明《とよのあかり》を催したが、第四子の稚《わか》足彦皇子《たらしひこのみこ》と武内宿禰は出席せず、二人を呼んで理由を訊《き》くと、

「群卿と百僚が出払っているときに事変が起これば、国家は立ち行きません。私たち二人は、門の外で有事に備えていました」

稚足彦皇子はそう答えた。

「立派な行ないである」

父の大足彦天皇はそう誉めて二人に目をかけ、その年の秋、天皇は稚足彦皇子を太子に立て、武内宿禰を棟梁之臣《むねはりのまえつきみ》に任命した。

これは武内宿禰の賭けが当たった結果で、五十九人もの皇子女に恵まれた天皇は、その中から稚足彦皇子を見込んだが、武内宿禰も同じ考えだった。

しかし皇子が採った措置と天皇への返答は武内宿禰が皇子に進言していたもので、これは二代目武内宿禰の会心の策で盤石《ばんじゃく》の地位を築き、大足彦天皇が崩御した後に稚足彦皇子が皇位を継承すると、恩誼《おんぎ》ある武内宿禰を大臣《おおおみ》という位を設けて任命した。稚足彦［第十三代成務］天皇はその理由を幼なじみで気心の知れた者であるとし、自分が太子になれたのは武内宿禰の入れ知恵だったことは隠した。

そして三代目を継いだ武内宿禰は、稚足彦天皇が崩御した後、次の足仲彦《たらしなかつひこ》天皇［第十四代仲哀《ちゅうあい》］に疎《うと》まれたが、天皇が若死にすると皇后の気長足《おきながたらし》姫［神功皇后］に寵愛された。

その気長足姫が受けた神託により朝鮮半島へ進出することになったが、天皇の逝去により将兵の士気が衰えるのを怖れた武内宿禰は気長足姫と諮り、足仲彦天皇の死を匿《かく》そうと葬礼を司る土師部の臣を差し置いて、自ら屍を穴門に遷《うつ》して火を焚かずに殯《もがり》した。

良き参謀にも影の夫となった武内宿禰に、皇后は神を呼び出す琴を弾かせたり、神の田に水を引く溝を作るのに邪魔な大岩を取り除くため、剣と鏡を捧げて祈らせたりもした。

そして三韓遠征から大和へ帰還する折、忍熊皇子との戦いは前述した通りで、その後、新羅王の朝貢にかこつけての人質奪回騒ぎがあったが、皇太后と呼ばれるようになった気長足姫は、十五歳になった誉田別［第十五代応神］太子に武内宿禰を副《そ》えて角鹿《※つぬが》の笥飯大《けひのおお》神《かみ》へ参拝させた。

更に時代を経て、皇太后が身罷って誉田別天皇の御代に大鷦鷯《おおさざき》皇子が誕生したとき、産殿に木菟《※つく》が飛び込んできた。

ところが、四代目の武内宿禰も同じ日に子供が生まれたが、何と武内宿禰の産屋にも鳥が飛び込んできたのは鷦鷯《※さざき》だった。

天皇は武内宿禰と喜びを分かち合って、天皇と武内宿禰の鳥の名を取り替え、皇子には大をつけて大鷦鷯［第十六代仁徳］と命名し、武内宿禰の子供は木菟と名づけた。

これは武内宿禰が巧く天皇に取り入ったまでで、実際は武内宿禰の子が先に生まれたが、天皇に御子が誕生すると知り、武内宿禰が話を合わせただけである。

話は戻るが、誉田別天皇が即位した四年後、高麗《こま》と百済《くだら》と任那《みまな》及び新羅《しらぎ》の者が揃って、多くの韓人を伴って来朝した。

誉田別天皇は、来朝して帰化した多くの韓人の用途を考え、本来なら土師部に命ずべきところ、棟梁之臣の武内宿禰に命じ、韓人《からひと》を使わせて灌漑池を造らせた。

ある年の夏、誉田別天皇は武内宿禰を筑紫に遣り、百姓や人民の動きを記録させた。

これは表向きの理由で、天皇が疎《うと》ましくなった武内宿禰を左遷したのだった。

筑紫で悶々たる日々を送った武内宿禰は、落ち度のない自分を左遷した天皇を恨み、灌漑池を造るときに使った韓人を利用して誉田別天皇の暗殺を目論《もくろ》んだ。

武内宿禰は、慰問にきた実弟の甘美内宿禰《うましうち》にこの策略を持ちかけると、天皇に忠実な下僕になっていた甘美内宿禰は大和に急行して天皇に注進した。

「兄の宿禰が野心を抱いております。筑紫と三韓に貢がせて兵を募って、天下を覆《くつがえ》そうと謀《はか》っております」

天皇は直ちに兵を筑紫に差し向けて武内宿禰を誅《ころ》そうとすると、武内宿禰はことの発覚を知り、

「吾に二心はなく忠をもって君に仕えてきたのに、何とした禍《わざわい》なのだ！　罪なき者が自決すれば、世間は私を罪人とみなすだろう」

そう嘯《うそぶ》いた。

武内宿禰の臣下の、容姿が武内宿禰によく似た白髪の真根子《まねこ》という者は武内宿禰の謀《はかり》ごととは知らず、

「罪なき者が殺されるのは惜しいことです。大臣に邪心がないことは天下の誰もが知っております。大臣が自害されるのは、都に上って弁明してからでも遅くはないでしょう」

真根子はそう云ったが考え直し、

「大臣にそっくりな私が身代わりになって、大臣の赤心《せきしん》を明らかにいたしましょう」

と云うや否や剣を自分の胸に当てると、身を伏して自決した。

その真根子の屍《かばね》を前にした武内宿禰は、真根子の遺骸を自分だと天皇を欺けず、あるいは隠遁《いんとん》して生き存《なが》えても生きる価値はないと考え、忠誠な真根子の死を無駄にして密かに筑紫を離れて、海路を海南へ向かった。

そこでも迷い惑い、吉野の山越えした磐余彦《いわれひこ》［初代神武］天皇と同じ苦難の道を歩み、都に辿り着くと、秘かに天皇を訪れて自分に罪のないことを釈明した。

武内宿禰を疑っていた誉田別天皇は甘美内宿禰と対決させると、二人は互いに主張を譲らず是非は決められず、天皇は二人を神祇《※じんぎ》に請《こ》う探湯《くかたち》をさせることにした。

そして誉田別天皇の立合いの下に磯城《※しき》川の辺《ほとり》で探湯を行なったが、武内宿禰は闘鶏《※つげ》の氷室から盗んできた氷を握った手を湯に入れて勝つと、手が焼けただれて苦しんでいる弟の甘美内宿禰を突き倒して剣で殺そうとした。

誉田別天皇は武内宿禰を制し、甘美内宿禰の生命《いのち》を救おうと、宿禰の母方となる紀直《※きのあたい》の先祖に奴隷として賜った。

これは、武内宿禰の無実を信じたからではなく、天皇に忠誠な甘美内宿禰が、肉親の情を断って実の兄を諫言《かんげん》したのに誠意を感じたのと、探湯での武内宿禰の怪しげな動作に不審を覚えての措置だった。

こうして武内宿禰は窮地を脱したが、それ以来、世間の風評に敏感になり、巷間《こうかん》に自分の世評を探る者を徘徊させ、悪評を放つ者は一族諸共、皆殺しにした。

ところが気長足姫皇后と親密だったことから、誉田別天皇は武内宿禰の胤《たね》だとの噂は根強い。

どの武内宿禰も、歴代の天皇の前では諂《へつら》って頭を下げまくった。

それは自分の家臣に見られても平気で、臣下を奴隷のように扱い、自分に贈り物してくれる者には、身分の上下を問わず、家臣の前でも丁寧に扱い、家臣がこの者を邪険にすると烈火の如く激昂する。

五代目の武内宿禰は、大和の豪族の巨勢《こせ》氏や蘇我《そが》氏、平群《へぐり》氏などと誼《よしみ》を結んでいったが、大鷦鷯天皇はそれを知っても尾を振る犬は可愛いというが、武内宿禰を嫌わなかった。

それは媚びられる者にしか分からない心理で、武内宿禰は臣の棟梁《とうりょう》でも武功は皆無に等しく、知恵だけで、それも悪知恵だけで地位を保持してきた。

だが六代目の武内宿禰は大した働きはなく、ある年の春、河内の者が大鷦鷯天皇に、

「茨田《まんた》の堤で、雁が卵を産みました」

この珍事を報せてきた。

大鷦鷯天皇が遣いをやって確かめると本当で、

「大和の国で、雁が卵を産むことなど聞いたことがない。それは何故か」

と、武内宿禰に問うと、

「それは天皇の吉兆の印です」

武内宿禰はそう媚びた以降は、これという働きのない武内宿禰の噂は、人口《じんこう》にのぼらなかった。

大鷦鷯天皇の五十五年の春三月、三百六十余歳（初代から数えて）になったという武内宿禰は、稲羽《いなば》の国へ下向し、※亀金《かめかね》に左右の履《くつ》を残して※陰《かくれどころ》所知《し》らずとなった。

稲羽の国の※法美郡《ほうみこおり》にある※宇倍山《うべやま》の麓に社《やしろ》があり、ここには東方の蝦夷を平らげた武内

宿禰の御霊《みたま》を祀っているというが、これは武内宿禰六代目の法螺《ほら》で、七代目に引継げなかった成《な》れの果てだった。

それから七年後、大鷦鷯天皇の異母兄である額田皇子《ぬかだのみこ》が鬪鶏で狩りをすると、森の中に盧《いおり》※のようなものを見つけたので、遣いをやって問わせると、

「窟《むろ》というものです」

と復命した。

だが何に使う窟か分からず、鬪鶏の稲置《いなき》※の大山主《おおやまぬし》を呼んで訊くと、

「氷室《ひむろ》といいます。土を一尺ほど掘った上に萱《かや》を葺き、冬に氷を入れて置くと夏でも溶けず、暑い盛りは酒に入れて飲みます。この氷室を、大臣の武内宿禰さまはよくご存じでした」

そう説明した。

額田皇子は、その氷室の氷を持ち帰って御所に納めると大鷦鷯天皇は大いに喜び、その後、十二月に氷を氷室に納めて夏に宮中へ配ることにした。

**※武内宿禰《たけうちのすくね》の注釈**

木国《きのくに》：紀伊国の古名

纒向《まきむく》の日代宮《ひしろのみや》：奈良県桜井市穴師《あなし》の北（三輪山の西北にあたる）

南筑紫《つくし》：九州の南部
還幸《かんこう》：天皇が行幸先から帰る
東夷《とうい》の日高見《ひたかみ》の国：東北、北上川の流域か
角鹿《つぬが》の笥飯大神《けひのおおかみ》：福井県敦賀市曙町の気比《けひ》神社付近
木菟《つく》：みみずくの古名
鷦鷯《さざき》：みそさざいの古名
神祇《じんぎ》に請う探湯《くかたち》：神に誓って熱湯に手を入れると正しい者は無事で、邪《よこしま》な心を持つ者はただれるという神判
磯城《しき》川：奈良県磯城郡辺りの初瀬川
闘鶏《つげ》：奈良県山辺郡都哆《つげ》村
紀直《きのあたい》：紀伊の国名草郡の神社を祀る紀伊国の国造
亀金《かめかね》：不詳
陰所《かくれどころ》知《し》らず：姿を消す（入水）
法美郡《ほうみこおり》：不詳
宇倍山《うべやま》の麓の社《やしろ》：鳥取県鳥取市国府町の元国幣中社
廬《いおり》：草や木で作った粗末な小屋
稲置《いなき》：下級地方官

# 二十四　住吉仲皇子《すみのえのなかつみこ》の陰謀

去来穂別《いざほわけ》［第十七代履中《りちゅう》］天皇は、※磐余《いわれ》の稚桜《わかさくら》の宮で天の下を治《し》らしめた。

その去来穂別は、父の仁徳天皇が崩御して※諒闇《みものおもい》が明けても皇位に就かず、まだ太子だった頃は、難波の宮にいた。

ある年の秋、※新嘗祭《にいなめさい》を催してすっかり酒に酔った太子は、気がつくと真っ暗闇の野中をいく馬の背におり、供は阿知直《あちのあたい》だけだった。

「なぜ、夜中に遠出したのだろう……」

太子は不思議に思い、轡《くつわ》を取っている阿知直に問うと、

「住吉仲皇子が天下を奪おうと、太子が新嘗祭の酒に酔ってぐっすりお休みになられておられる間に、※大殿《おおとの》に火を点けて焼き殺そうとしました。それに気づいた私は太子を馬にお乗せして、大和《やまと》の石上神宮《いそのかみじんぐう》へお連れするところです」

阿知直はそう答え、主従は追っ手を気にしながら河内の※埴生《はにゅう》の坂に着いた。そこから難波の都を振り返ると、大殿が赤々と燃えて夜空を染めているのが見える。

主従が、その先の※大坂《おおさか》の山口《やまのくち》に着いたとき、闇の中から一人の女が現れ、

「この先の山には、武器を手にした多くの兵《つわもの》が伏せております。ですから遠回りなさって、※当芸麻道《たぎまみち》から大和へいかれる方がよいでしょう」

そう云って立ち去った。

去来穂別皇子は、暗闇で顔は見えなかったが、どこかで聞いたような声だと思うと共に、なぜ行き先を知っているのかと訝《いぶか》った。

しかし誠実そうな女の言葉を信じて、当芸麻道を辿って石上神宮に着いた。

そこに急を知った次々弟の瑞歯別皇子《みつはわけのみこ》［第十八代反正］が駆けつけ、太子に拝謁を願った。

だが自分を暗殺しようとしたのは、次弟の住吉仲皇子と阿知直から聞いていても、弟たちを信じられなくなった去来穂別皇子は、

「お前も住吉仲皇子と同じ心であろうから、面会するに能《あた》わず」

と下僕を通して云わせた。

「私は、決して兄の住吉仲皇子のような邪《よこしま》な心は持っておりません。火の手が上がった大殿におられない兄上の身を案じて、多分ここだろうと駆けつけてきただけです」

瑞歯別皇子は、去来穂別皇子の下僕を介して伝えた。

「その心が誠《まこと》ならすぐ難波に戻って、住吉仲皇子を討ち取ったなら面会しよう」

去来穂別皇子は、再び下僕を通してそう云って会わなかった。

兄の太子に赤心《せきしん》を示そうと難波に戻った瑞歯別皇子は、住吉仲皇子の近習の刺領巾《さしひれ》とい

う出世欲が強い隼人《※はやと》を秘かに呼んだ。

「お前が私の命に従うなら、お前を大臣《おおおみ》に取り立ててやろう」

「瑞歯別皇子さまのお言葉に偽りはありませんね。それが確かなら仰せに従いましょう」

刺領巾がそう答えたため、瑞歯別皇子は多くの財物を与え、

「それでは、お前の主人を殺せ！」

と命じた。

欲に目が眩《くら》んだ刺領巾は、厠《かわや》に入った住吉仲皇子を外で待ち受け、矛《ほこ》をもって住吉仲皇子を刺し殺した。

そして住吉仲皇子の死を確かめた瑞歯別皇子は、刺領巾と多くの宮人を伴って大和へ向かう途中の大坂の山口に着くと、

「今夜はここに泊まって、大臣に任命した刺領巾に印綬《いんじゅ》を授けてから大和へ上ろう」

そう云って仮の宮を造って酒宴を催し、その席で刺領巾に大臣の位の印綬を授けた後、宮人たちに、大臣になったばかりの刺領巾に拝礼させた。

（これで、志が叶った）

刺領巾はそう思うと万感胸に迫り、目に涙を溜めて大いに喜んだ。

瑞歯別皇子は更に云った。

「大臣と同じ杯で酒を酌《く》み交《か》わそう」

顔が隠れるほど大きい杯に満した酒を先に飲み、杯に酒を注ぎ足して刺領巾に勧めた。

（尊《みこと》と同じ杯の酒が飲めるとは、俺は大した者になったものだ）

刺領巾は感慨に耽《ふけ》って、気分よく両手で杯を持ちあげた。杯が刺領巾の顔を覆ったとき、瑞歯別皇子は敷物の上に置いていた剣で刺領巾の首を刎《は》ね、

「刺領巾は、私の命令に従って手柄を立てたからには、私はその信義に報いて大臣に取り立てた。だが刺領巾が主君を殺したことは人道に悖《もと》る行為で、今後も背信せぬとは限らぬ。それがゆえ、賞は賞とし、罰は罰としたのだ」

こう平然と云って退け、翌日、身を浄めて大和へ上った。そして石上神宮に参上した瑞歯別皇子は、ことの次第を去来穂別太子の下僕を通じて申し上げて面会を願った。

去来穂別太子は歓迎し、拝謁を許しただけでなく、二人で国の将来を語り合った。

こんなことがあって去来穂別太子が即位すると、※蔵官《くらのつかさ》という役職を設けて阿知直をそれに任命して※粮地《たどころ》を与えた。


即位した去来穂別天皇は、住吉仲皇子の乱を熟慮すると、まだ太子だった頃、羽田八代宿禰《はたのやしろのすくね》の娘の黒媛《くろひめ》を娶《めと》ろうとしたのが、ことの発端《ほったん》だと顧《かえり》みた。

というのは、去来穂別太子は聡明で美しく優しいと聞いている黒媛を妃にと望み、翡翠の玉釧《たまくしろ》や、匠《たくみ》に作らせた※月草《つきくさ》を彫った櫛笥《くしげ》などの数々の品を納采として届けた。

しかる後の夜、吉日を告げる使者として弟の住吉仲皇子を遣わした。

だが住吉仲皇子はすぐ復命せず、不審に思った去来穂別太子は翌日、羽田八代宿禰の家

にいき、※帳《とばり》を開けて暗い黒媛の寝室に入ると、床の隅で鈴の音《ね》がした。

「この鈴はどうした……」

去来穂別太子は不思議に思って、初めて会った黒媛に訊くと、

「なぜ、そんなことをお尋ねになられます。この鈴は、昨夜、太子がお忘れになった鈴でしょうに……」

初対面とは思えぬ黒媛の馴々しい言葉と、その鈴は昨夜に遣わした住吉仲皇子がいつも手首に巻いているものだと看破した去来穂別太子は、住吉仲皇子が太子と偽って黒媛を犯したと知って黙って立ち去った。

黒媛の声を聞いたのはその時だけだったが、暗闇の大坂の山口で自分に忠告してくれた女の声は、黒媛ではなかったかと思った。

しかし腑《ふ》に落ちないのは、聡明な黒媛が黙って帰った自分の理由を悟らぬはずはなく、なぜ身体を許した住吉仲皇子に叛いてまで、自分の身を案じてくれたかである。

それらを深く考えた去来穂別太子は、住吉仲皇子を自分と思い込んで身を任せた黒媛に科《とが》はないばかりか、大坂の山口まで出向いて忠告してくれた黒媛を愛しく思った。

そこで去来穂別太子は、難波に足を運んで羽田八代宿禰の家を訪ねると、宿禰も黒媛も家を出たまま行方知れずで、八方手を尽くして捜しても見つからない。

そこで去来穂別太子は、姿を平民に窶《やつ》して大坂の山口へいき、土地の民に黒媛の風貌を語って尋ね廻ったところ、ある老人がいぶせき小屋に入れてくれた。

そして小屋の隅から取り出した翡翠の玉釧を見せ、相手を太子とは知らず黒媛のことを語った。

――北々西の難波の空が赤々と染まった日の深夜、老人の小屋に若くて美しい女が訪れた。

女は、卑しい身分ではないのは一目で分かり、

「雨露を凌ぐ所を、拝借させていただけませんか……」

女はそう頼み、借用賃として翡翠の玉釧を差し出した。

その姿は何か観念している様子に見え、女を粗末な小屋に入れても、老人は玉釧を受け取らず、

「褥《しとね》と衾《ふすま》は、筵《むしろ》だけだが、それでよければ」

そう云うと小屋を出ていき、自分は裏の物置に移った。

翌朝、老人が小屋を覗くと、玉釧は残っていたものの女の姿はなかった。

それから二、三日して、女は安堵した様子で戻ってきて云った。

「しばらく、住まわせてくれませんか」

老人が承知すると、

「貴男の家をお借りするのは心苦しいので、裏の物置を使わせてください」

女はそう云ったが、老人は、

「俺はどこで寝ても同じだから、遠慮せず小屋を使ってくれ」

そう勧めても、女は勝手に物置へ移った。

その翌々日に女はいなくなり、三日後に放心した面持ちで帰ってきた。

「何かよくないことがあったのでは……」

老人は見るに見兼ねて訊くと、女はしばらく惚《ほう》けていたが、

「父が亡くなりました」

そう云って、翌日、行く先を告げず老人のもとを去った――。


この話を聞いた天皇は、同じ平民姿で難波の羽田八代宿禰の家を訪れると、日はすっかり暮れていた。

大声で案内を請うても応答はなく、黙って黒媛の寝室に入ると、身じろぎもせず床に臥している者がいる。

太子は櫛の歯を折って火を点けて見ると黒媛で、平民に窶した太子の顔を見た黒媛は、太子と看破して激しく嗚咽《おえつ》する。

天皇が黒媛の背中を摩《さす》ってやると、

「妾奴《めせ》の背を、天皇の御手で……畏れ多い」

黒媛はそう云い、目に涙を溜めて次のことを語った。

――去来穂別太子が何も云わず帰った何日か後、住吉仲皇子が黒媛を訪ねてきて、

「俺が皇位に就けば、お前を皇后にするつもりで名を偽って目合《まぐわ》ったが、お前の部屋に鈴を忘れたため、去来穂別太子に気づかれたようだ。今夜、太子が新嘗祭を催すから、そこで俺は太子に酒を勧め、いつものように酔って寝ている間に大殿に火を放って焼き殺す。もし死なずに逃げたとしても、行く先は大和の石上神宮だから、途中の大坂の山口に兵を配置して討ち取る。そこで俺は皇位に就き、必ずお前を皇后として迎えにくるから待っていてくれ」

（身体を許した黒媛が、自分に叛《そむ》くはずはない）

そう信じる住吉仲皇子は、大事を打ち明けたが、黒媛は初めて見る住吉仲皇子の顔は貴公子然とした去来穂別太子とは違い、何を考えているのか分からない目つきと、傲岸《ごうがん》な態度に鳥肌が立ち、曖昧な返事をして住吉仲皇子を帰した。

この話を帳の外で聞いていた羽田八代宿禰は、ことの重大さに動転して太子に注進すべきか否かを迷いながら家を出た。

それを知らずに思い煩《わずら》った黒媛は、父に打ち明けたくても外出中で、刻《こく》は過ぎて夕方になってしまった。

そこで黒媛は、太子に告げようと大殿にいくと、新嘗祭のため警備は厳しく、太子に取り次いでくれる雰囲気ではなかった。

そしてもし太子が焼死を免れても、大坂の山口で伏兵に襲われないように進言しよう

と、大坂を目指して駆けた。

その後、黒媛は大坂の山口で太子に出会えて、太子が難を逃れたのは前述した通りで、黒媛は秘かに家に帰って父に会おうとしたが、父は黒媛が大坂の山口へ向かった夜、黒媛を迎えにきた住吉仲皇子に殺されたと分かった。

これは火を放った住吉仲皇子が、黒媛を迎えに遣わした者が黒媛の所在を訊くと、羽田八代宿禰が答えなかったため、折檻を受けて死にいたったのだった――。


この話を聞いた天皇は、羽田八代宿禰の塚を築いて葬った。

そして黒媛を陪臣の葦田宿禰《あしだのすくね》に預けて大坂の山口に出向き、再び、黒媛に宿を貸した老人に会い、黒媛が残していった納采の翡翠の玉釧を老人に改めて授けると、

「私には、用がないものです」

老人はそう云って拒んだ。

去来穂別天皇は玉釧を引き取る代わりに、一年でも食い切れぬ十俵の米を贈る約束をしたが、老人はそれも拒否し、

「もう一度、あの清《すが》しい女人に会いたい」

そう願った。

天皇は、喜んで黒媛を伴って再び小屋を訪れ、老人と黒媛と、自分との再会を果たした。

こうして黒媛の後始末をした去来穂別天皇は、黒媛を葦田宿禰の養女にし、再び納采として翡翠の玉釧と、新たに作った黒媛に似合う山橘《やまたちばな》を彫った櫛笥を贈って皇后として宮に迎え入れた。

皇后になった黒媛は、市辺押羽皇子《いちべのおしはのみこ》と御馬皇子《みまのみこ》に、青海皇女《あおみのひめみこ》、後に飯豊皇女《いいとよのひめみこ》と呼ばれる御子を産み、天皇は七十歳で崩御して履中と呼ばれ、※河内《かわち》の毛受《もず》の陵に祀られた。

次の天皇は、履中天皇が生前に日嗣と決めた、次々弟の瑞歯別皇子［第十八代反正《はんぜい》］に引き継がれていく。

## ※住吉仲皇子《すみのえのなかつみこ》の陰謀の注釈（図形③を参照）

磐余《いわれ》の稚桜《わかさくら》の宮：奈良県桜井市池之内付近か？
諒闇《みものおもい》：天皇の喪に服する期間、悲哀に物思いするとの意
新嘗祭《にいなめさい》：新穀を天神地祇に勧めて、臣下と共に親しく会食する儀式
大殿《おおとの》：宮殿・貴人の邸宅
埴生《はにゅう》の坂：大阪府羽曳野市野々上
大坂《おおさか》の山口《やまのくち》：大坂の穴虫峠か？
当芸麻道《たぎまみち》：大阪府羽曳野市飛鳥から大和にいく、穴虫峠越えより南を迂回する道
隼人《はやと》：九州南部に勢力を持つ部族

蔵官《くらのつかさ》：朝廷の蔵の管理・出納を司る官人
粮地《たどころ》：私有の領地
月草《つきくさ》：露草・蛍草の古名
帳《とばり》：室内に垂れ下げて室内を区切る布帛《ふはく》
河内《かわち》の毛受《もず》：大阪府堺市西区石津ケ丘町

# 二十五　赤石《あかいし》の大門《おおと》の真珠

※遠《とお》つ飛鳥《あすか》の宮で天《あめ》の下《した》を治《しら》しめる雄朝津間《おあさつま》［第十九代允恭《いんぎょう》］天皇の御代、阿波の国の※長邑《ながむら》に男狭磯《おさし》という若い海人《あま》がいた。

彼は得意の素潜りで、鮑や栄螺や※縞海老《しまえび》を獲ったり、銛《もり》で魚を突いて暮らしていた。潜れる深さは二十※尋《ひろ》が限度だったが、それ以上深く潜ろうと考えた男狭磯は、吸い込んだ空気を口に戻しては吸うことを繰り返すと、一呼吸で一※剋《こく》ほどで二十尋まで潜れるようになったが、それ以上潜ると海底に吸い込まれるような恐怖を覚えた。そしてそれより深く潜ると浮上するのに時間がかかり、海面に出たときに失神したことがある。

そこで長さを決めた縄を腰に巻きつけ、他方を岩礁などに括りつけ、潜る深さを制限し、それを手繰《たぐ》ると早く浮上でき、これを潜水の基本とした。

ある日、男狭磯が阿波の国造《くにのみやつこ》の宅《いえ》へ調《つき》として大きな海老を届けると、

「何と！　こんな大きい海老は初めてだ」

と云う下僕の大声に、国造の娘の卯津良《うつら》媛が宅から出てきて、

「ありゃまあ！　何と立派な大きな海老だこと」

そう驚いて、男狭磯に目を向けた。

まだ幼顔が残っている卯津良媛を見た男狭磯は心臓の鼓動が高まり、どこを歩いて帰ったかを思い出せないほどの陶酔感を覚えた。

男狭磯はその日から卯津良媛を想うようになり、潜水中も美しい魚を見ると卯津良媛の顔が浮かび、うっとりして溺れそうになり、

（こんなことでは、仕事に差し支える……）

そう思っても、卯津良媛の顔が見たくて国造の宅の周りをうろついたが会えず、

（また大きい海老を献上すれば、会えるかも……）

そう考えて大きい海老を探していると、何日か後、自分でも驚くほどの大きい海老が獲れたので国造の宅に持っていくと、卯津良媛は庭で子供たちと遊んでいる。

男狭磯は顔を赤くして卯津良媛に海老を渡すも、しどろもどろになって言葉は交わせず、卯津良媛の顔を見ただけで逃げるように帰った。

卯津良媛の顔を見るだけでよいと思った男狭磯は、そんなことを繰り返していると卯津良媛の方から話しかけ、男狭磯も口が利けるようになった。

そんなことが幾度かあり、男狭磯は頃合を見計らって自分の心の内を打ち明けた。

「妾《わたし》が欲しいなら、手柄を立てれば、父は許してくれるでしょう」

媛は、気があるようなことを云った。

「手柄をか……そうすれば俺の妻になってくれるのだな」

男狭磯が云うと、媛は微笑んで頷いた。

（手柄とは、何をすればよいのだろう。まさか勇魚《いさな》を獲れというのか……）

男狭磯は、いろいろ考えていると、

（赤石《あかいし》の大門《おおと》に大きい珠があり、大王《おおきみ》がその珠を採る者を捜している）

男狭磯は、そんな話を耳にした。

（名立《なだ》たる海人が挑戦しても、海は深くて潮の流れが速いため、珠を採る者はおらぬ）

その後、そんな噂が伝わった。

（なぜ、そんな深い海の底に珠があると分かったのだろう……）

男狭磯は不思議に思っていると、国造の家僕が訪ねてきて云った。

「この秋、大王が淡道島へ猟に行幸されたとき、山野に鹿の角が若木のように林立し、猿や猪も蝿のように群れているのに一匹も獲れなかった」

「そんなにいるなら、当てずっぽうに矢を射っても、どれかに当たるだろう。大王は、余ほど腕が悪いんだな」

「こら！　滅相もないことを云うではない。大王だけでなく供の者も同じで、神祇《じんぎ》に占うと『島の神が祟《たた》っており、その神に赤石の大門にある珠を採って祀《まつ》れば、獲物は容易に得られるだろう』とお告げがあったそうだ」

「そうか、それで赤石の大門の底に珠があると分かったのだな……」

「感心している場合ではない。※御屋形《おやかた》さまは、お前が獲った大海老を思い出して、阿波の名誉にと、お前に白羽の矢を立てたのだ」

「聞くところによると、国中の優れた海人を集めて潜らせたそうだが、誰も採れなかったというが……」

「その中の隠岐《おき》の海人が、五十尋もの底に光っているものを見たが、どの貝の腹にあるのか分からぬと云ったそうだ」

「殻の外まで光るとは、かなり大きい珠だなあ……。俺は二十尋まで潜ったことはあっても五十尋は無理だ。それに俺は、珠を見たことはあっても採ったことはない」

「そうか、御屋形さまはがっかりされるだろうが、仕方がないか……」

国造の家僕はそう云って、悄然として帰っていったが、翌日、

「お前が手柄を立てれば、お前が好きな卯津良媛を娶《めと》らせると御屋形さまが申された」

再び、男狭磯を訪ねてきて云った。

「それは本当だな」

「わざわざ、嘘を云いにくるもんか」

そう云われても、男狭磯は自信はなく、国造の家僕にも卯津良媛にも黙って、

（あわよくば、卯津良媛と添えるかも……）

そう思って、※粟門《あわのと》へ向かって舟出した。

季節は冬の終わりに近く、男狭磯は、

（大門というからには、粟門のように潮の流れが速く、渦巻いているのだろう。俺は赤石で漁をしながら潮の流れをじっくり調べ、潮に流される分を見越して六十尋の縄を用意して、北風が止んで暖かくなる春に潜ってみよう）

そんな計画を立てた男狭磯は粟門の潮の流れを一カ月かけて調査してから、小舟を操って淡道島の東側にあたる茅渟《ちぬ》の海を渡って赤石に着いたのは春二月だった。そして地元の海人を訪ね歩いて情報を集めていると、

「隠岐からきた海人が、海の底に光る鮑《あわび》を見たと云ったのは、きっと珠は鮑の腹の中にあるのだろう」

そんな話をしてくれた老練な海人は、

「その場所は、対岸の淡道島の石屋《※いわや》と赤石と、野島《※のじま》と東の多留美《※たるみ》に山を立てた所で、深さは三十尋らしい」

このように、詳しく話してくれた。

（三十尋なら俺でも潜れるかも……。五十尋とは、話に尾鰭《おひれ》がついたのだろう。問題は、潮の流れだ）

そう考えて調査すると、

（潮が茅渟の海から針磨灘《はりまなだ》へ、また反対に流れを変える潮止まりの間が長い、干満の差が少ない上弦か下弦の月がよい）

こんなことが分かり、潮に流されるのを考慮して四十尋の細縄を作った男狭磯は、親し

くなった土地の同じ年頃の海人に、

「俺が腰につけている縄を弛《ゆる》ませずに握り、潜っている俺が縄を引けば、素早く引き揚げてくれないか」

そう頼むと、快く引き受けてくれた。

その海人と一緒に、鮑がいるという海上にいった男狭磯は縄を腰につけて潜り、徐々に深く潜って巨大な鮑がいる場所を探した。

男狭磯は慎重に潜る深さを延ばして潜っていると、岩に張りついて光っている鮑を見つけた。

そして絶好の日を待っていると、この噂が阿波に届き、国造は家僕を供にして赤石へ向かった。

絶好の潮がきた日、男狭磯は地元の若い海人と二人で舟を操って山を立て、鮑がいる海上で潮止まりを待った。

そして潮が止まったと見た男狭磯は、腰に縄をつけて海に入り、大きく深呼吸して潜っていくと、岩の間に、身の丈の半分もある大鮑を見つけた。

その殻を通して珠が光っており、男狭磯は両手をかけたが、鮑は岩にへばりついて持ち上がらず、腰の縄を解いて鮑に巻きつけて、力一杯縄を引いて舟上の若者に合図した。

若者は懸命に縄を手繰っても鮑は岩から離れず、何度かしゃくった後に縄が伸びたように見えたとき鮑は浮き上がったので、男狭磯は鮑を追って浮上した。

だが縄で引き揚げてもらうのと違い、腕で水を掻いてもまどろこしいほど遅く、海面は遥か頭上に揺らめいている。

男狭磯は卯津良媛を想って息苦しさに堪えて海面を目指したが、もう少しという所で潮を呑んだ。

舟上の地元の若い海人は必死に縄を手繰っても男狭磯は余りにも重く、怪訝な気持ちでやっと引き揚げたのは巨大な鮑で、どうにか鮑を舟に引き揚げて男狭磯の浮上を待ったが、男狭磯は上がってくる気配はない。

若い海人は不安を覚えて飛び込み、不自然に浮き上がってくる男狭磯を見つけて抱えて舟に引き上げた。

そして必死に海水を吐かせながら舟を漕いで赤石の磯に着くと、都の官吏《かんり》や阿波の国造に、大勢の人が介抱したが男狭磯は息を吹き返さなかった。

そして舟から下ろした鮑の腹を赤石の国造が裂くと、桃の実ほどの白珠《※しらたま》が出てきた。

その前日、卯津良媛は、

（私の夫《つま》になるかもしれない男狭磯が、獲る珠を見たい……）

そう無邪気に思い、男狭磯の活躍に胸を膨らませ、物見遊山で地元の水手《かこ》に頼んで赤石の大門へ急いだ。

卯津良媛が舟を急がせたため、水手は近道をと淡道島の針磨灘側へ向かった。

粟門に差しかかったとき、急に潮が動きだしたので、水手は一気に、粟門を乗り切ろうと必死に櫂を使ったが渦潮に呑み込まれて、舟もろとも海中に没した。

　都の官吏が、男狭磯が採った白珠を捧げて天皇に献上すると、天皇は云った。

「この白珠を採った男は阿波の海人だそうだな。朕は、その海人を引見しよう」

「この珠は、五十尋もの海底から採ったもので、採った海人は浮上に手間取って、呼吸できずに亡くなってしまいました」

　天皇は、言葉を呑んで黙っていたが、

「年は……幾つだった」

　と訊いた。

「二十歳過ぎの若者で、阿波の国造は、珠を採れば娘をやる約束をしたそうです」

「そうか、惜しい若者を失ってしまったな……。その海人への褒美をその娘に授けよう」

「娘は卯津良媛といい、男狭磯の跡を追って行方不明になったそうですが、どうやら噂を聴いて粟門で入水したものと思われます」

　天皇はその後、淡道島へ行幸して島の神に白珠を祀り、塚を築いて男狭磯を葬り直した後に猟をすると多くの獲物を得た。

　天皇は獲物と、卯津良媛への褒美にするはずだった髻華《※うず》を塚に捧げて二人の霊を弔《とむら》った。

## ※赤石《あかいし》の大門《おおと》の真珠の注釈

遠《とお》つ飛鳥《あすか》の宮：難波の都から遠い、奈良盆地南部の飛鳥川流域
長邑《ながむら》：徳島県阿南市那賀川町付近
縞海老《しまえび》：伊勢海老
尋《ひろ》：両手を左右に広げたときの両手先間の長さで、深さを表す身体尺（約一・五メートル）又は六尺（一・八メートル）
一剋《こく》：約十五分
御屋形《おやかた》：親方《おやかた》
粟門《あわのと》：鳴門海峡
石屋《いわや》：兵庫県淡路島の北東端岩屋
野島《のじま》：兵庫県淡路島の北西部
多留美《たるみ》：兵庫県神戸市の垂水
白珠《しらたま》：真珠
髻華《うず》：花や青葉や造花を冠《かんむり》にして、髪に飾るもの

## 二十六　軽皇子《かるのみこ》と軽大娘皇女《かるのおおいらつめのひめみこ》

遠《とお》つ飛鳥《あすか》の宮で天《あめ》の下《した》を治《しら》しめる雄朝津間《おあさづま》［第十九代允恭《いんぎょう》］天皇の御代である。

天皇は、忍坂大中姫《おしさかおおなかつひめ》皇后が産んだ長男の木梨軽皇子《きなしのかるのみこ》を日嗣《ひつぎ》に立てた。軽皇子の実の兄弟姉妹には、長女の名形《ながたの》皇女、次男の境黒彦《さかいのくろひこ》皇子、三男の穴穂《あなほの》皇子、次女の軽大娘皇女、四男の八《や》釣白彦《つりのしろひこ》皇子、五男の大泊瀬《おおはつせの》皇子、三女の但馬橘《たじまのたちばなの》皇女、四女の酒見《さかみの》皇女の五男四女がいる。

群臣も人民も、端正で貴公子然とした太子の誕生を喜んだ。

だが三男の穴穂皇子は、尋常でない次男の境黒彦皇子はさておき、太子にしてくれない天皇を恨んでいた。

そんなとき、壮年期から寝たきりになった天皇は七十八歳で崩御し、河内の長野原《ながののはら》※の陵《みささぎ》に葬られた。

次女の軽大娘皇女は絶世の美女で、またの名は衣通郎女《そとおしのいらつめ》と呼ばれ、身体の艶《つや》が衣を通して輝くという妖艶さで、その軽大娘皇女と軽皇子は子供の頃から仲がよく、実の兄妹でなければ理想的な夫婦だろうと噂されていた。

こんな筒井筒《つついづつ》のような二人が、睦まじく語り合う天真爛漫《てんしんらんまん》な声は部屋の外に聞こえることもあり、辺りを憚《はばか》らない無邪気な二人を苦々しく思っている三男の穴穂皇子は、天皇が崩御して允恭という諡号《しごう》を贈られても、まだ皇位に就《つ》かない軽太子を陥れようと、

「二人は、深い関係にある」

こんなことを、頭の弱い次男の境黒彦皇子に云い触れさせた。

群臣は、正常ではない境黒彦皇子の言葉に取り合わず、軽太子と軽大娘皇女はいつも通り睦み合っていた。

穴穂皇子は軽大娘皇女の腰紐を盗み、それを境黒彦皇子に持たせて、

「軽太子が軽大娘皇女の部屋を出た後に、こんなものが部屋の外に落ちていた」

境黒彦皇子に、群臣の前でこう云わせた。

そんな話を聞いた大臣《おおおみ》の大前宿禰《おおまえのすくね》は放っておけず、軽太子の部屋を訪ねて、遠慮がちに相姦の有無を問うと、

「母もご存じのことで、私と軽大娘皇女の仲が良いのは幼い頃からである。いまでも軽大娘皇女を妹として愛しく思っている。兄弟姉妹の仲がよいことは、親としては喜ばしいことであろう。まさか太子の私が、実の妹の肌に触れるという、天下の法《おきて》を破ることなど考えたことはない」

軽太子がそう答えると、

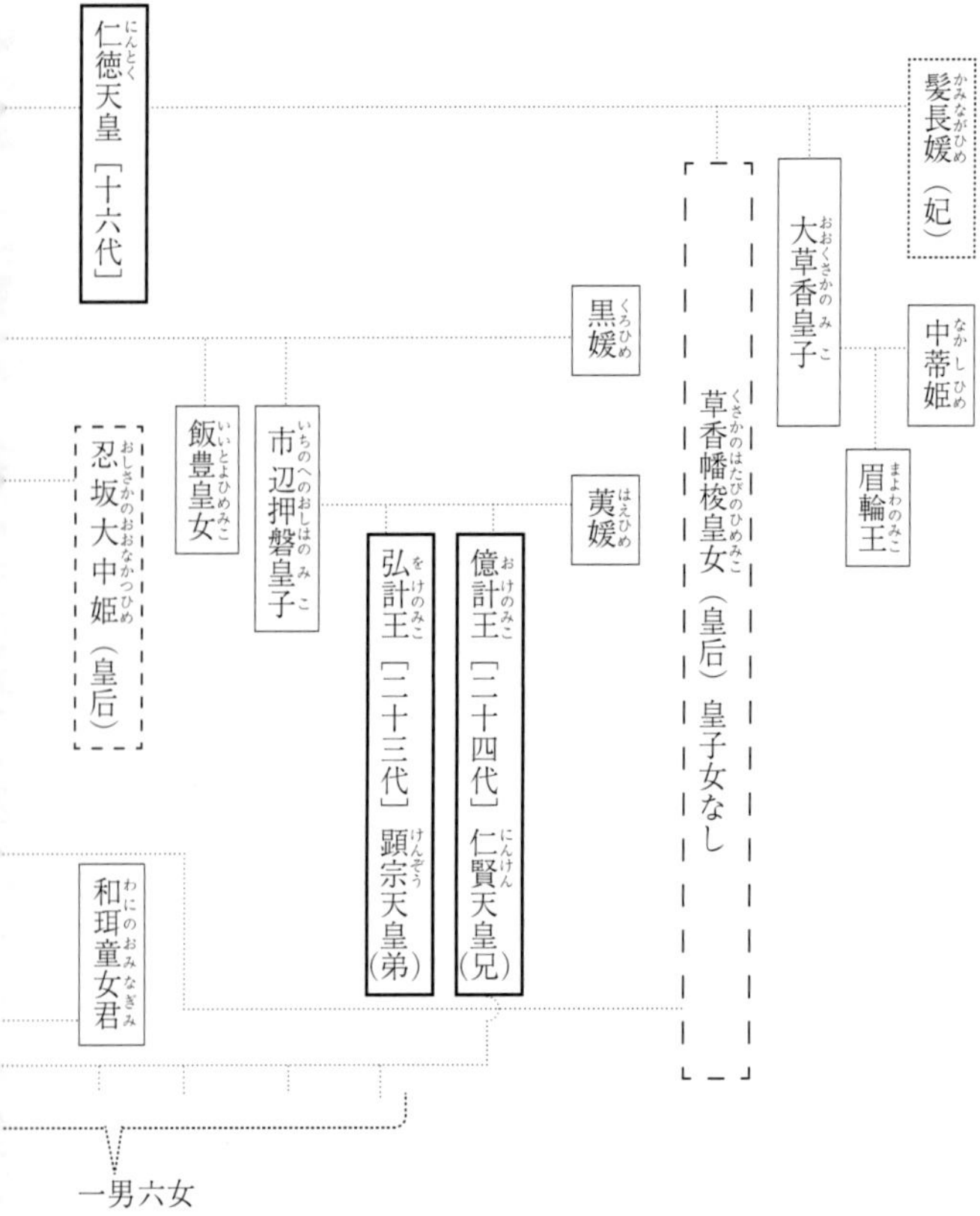
仁徳《にんとく》天皇［十六代］
髪長媛《かみながひめ》（妃）
大草香皇子《おおくさかのみこ》
中蒂姫《なかしひめ》
眉輪王《まよわのみこ》
草香幡梭皇女《くさかのはたびのひめみこ》（皇后）皇子女なし
黒媛《くろひめ》
荑媛《はえひめ》
億計王《おけのみこ》［二十四代］仁賢《にんけん》天皇（兄）
弘計王《をけのみこ》［二十三代］顕宗《けんぞう》天皇（弟）
市辺押磐皇子《いちのへのおしはのみこ》
飯豊皇女《いいとよひめみこ》
忍坂大中姫《おしさかのおおなかつひめ》（皇后）
和珥童女君《わにのおみなぎみ》
一男六女

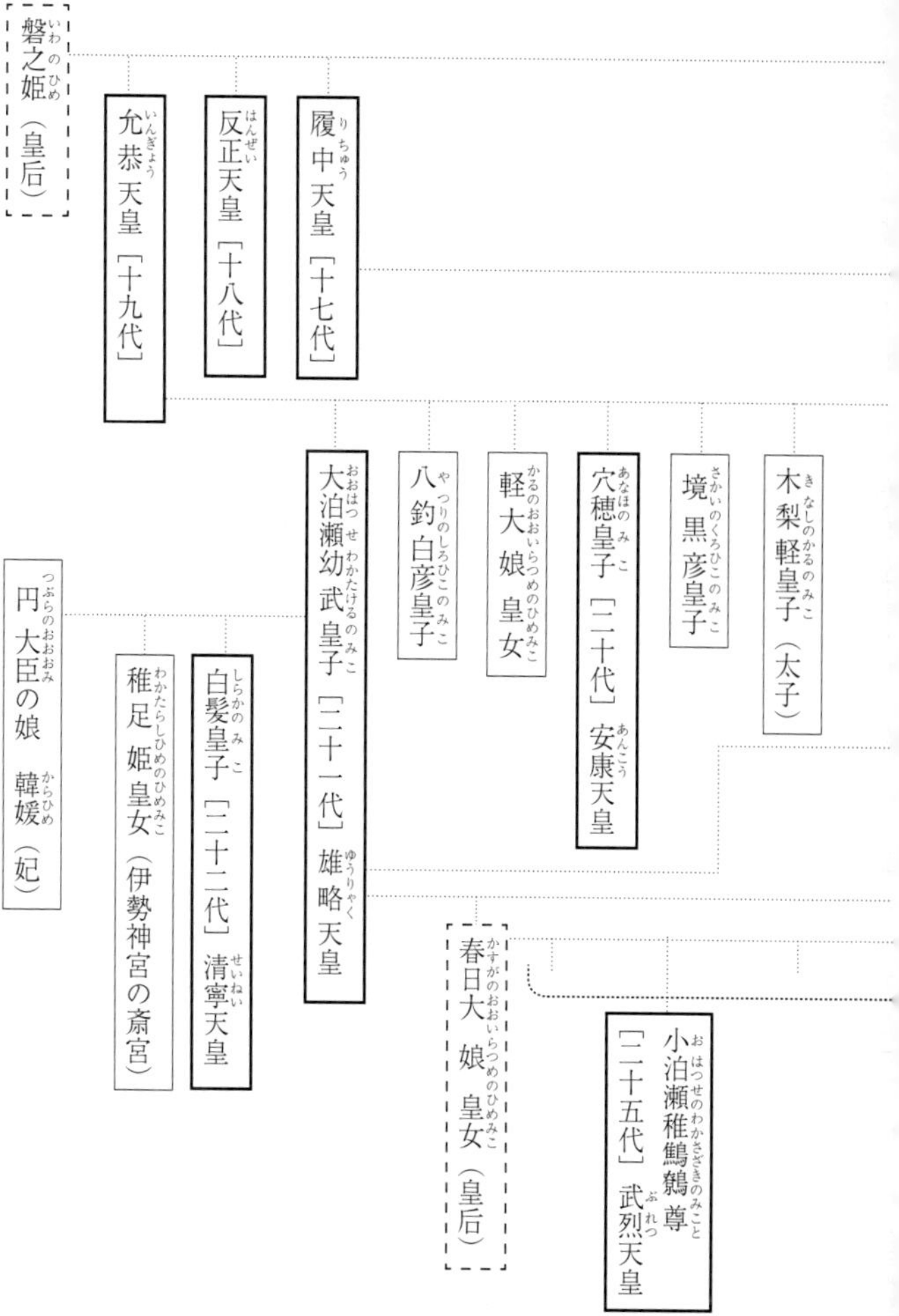
磐之姫《いわのひめ》（皇后）
履中《りちゅう》天皇［十七代］
反正《はんぜい》天皇［十八代］
允恭《いんぎょう》天皇［十九代］
木梨軽皇子《きなしのかるのみこ》（太子）
境黒彦皇子《さかいのくろひこのみこ》
穴穂皇子《あなほのみこ》［二十代］安康《あんこう》天皇
軽大娘皇女《かるのおおいらつめのひめみこ》
八釣白彦皇子《やつりのしろひこのみこ》
大泊瀬幼武皇子《おおはつせわかたけるのみこ》［二十一代］雄略《ゆうりゃく》天皇
円大臣《つぶらのおおおみ》の娘　韓媛《からひめ》（妃）
白髪皇子《しらかのみこ》［二十二代］清寧《せいねい》天皇
稚足姫皇女《わかたらしひめのひめみこ》（伊勢神宮の斎宮）
春日大娘皇女《かすがのおおいらつめのひめみこ》（皇后）
小泊瀬稚鷦鷯尊《おはつせのわかさざきのみこと》［二十五代］武烈《ぶれつ》天皇

「たぶん、そんなことでしょう」

宿禰も穴穂皇子らの陰謀と分かっていて、簡単に納得したが、穴穂皇子は、

「太子は、大臣に疑われて詰問された」

と騒ぎ立てた。

善いことは人の口にのぼらず悪い噂は広がるもので、群臣たちは疑うようになった。

大臣は困惑し、太子は窮地に陥《おちい》った。

そこで軽太子は、軽大娘皇女に意中の人がいるなら妻合《めあ》わせようと、軽大娘皇女の部屋を訪れると、

「妾《わたし》には、兄上以外に心を許せる人はおりません。即位なさる兄上に迷惑をおかけするなら、この身は自分で処します」

軽大娘皇女は、涙して云った。

「なぜ、そんな道に外れたことを口にするのだ。実の兄妹でなければ二人は添えたはずだが、これは我々の宿命《さだめ》なのだ。今後は逢わずにいよう」

「そんな酷いことを云わないでください。兄上に逢えなければ生きる甲斐はありません」

軽大娘皇女は、そう云って泣き崩れた。

《※天飛《あまだ》むの軽の乙女子　汝《な》が泣けば恋と人知る吾《あ》れこそ悲し》

軽太子はそう歌って軽大娘皇女の部屋を出るとき、穴穂皇子と鉢合わせした。

そして穴穂皇子が軽大娘皇女の部屋を覗くと、軽大娘皇女は床に泣き臥していた。

翌日、穴穂皇子は群臣の前で云った。

「軽太子が妹の部屋を出た後に、軽大娘皇女は泣いていた」

大臣は再び軽太子を訪ねて真相を訊くと、太子は次のように答えた。

「軽大娘皇女を誰かに娶《めと》らそうと、好きな人がいないかと聞きにいっただけだ。すると軽大娘皇女は、御屋《みや》を離れたくないと云って泣いた」

大臣は軽太子に軽率な行いを慎むように上奏したが、群臣の誤解は解けない。

穴穂皇子は、ここぞとばかりに、

「軽太子と軽大娘皇女は、誰もいない部屋で朝まで過ごしている」

群臣の前でこんな作り話をすると、これに尾鰭《おひれ》がついて宮中に広がり、いよいよ立場が悪くなった軽太子は思い悩んで眠れぬ夜が続き、心痛の余りに錯乱し、

（そこまで云われるなら……いっそ世評通り、愛しい妹と契《ちぎ》ってしまおう）

将来を考えずに人目を忍んで軽大娘皇女の部屋を訪れると、軽大娘皇女は喜びを隠さず、目に涙を溜めて軽太子に抱きついた。この軽大娘皇女の姿に、

《人の世の柵《しがら》む糸を断ち切れず軽の乙女子　今宵肌触れ》

こう歌って、その夜二人は共寝した。

《共臥《ともふ》しの想いの丈《たけ》か吾妹子《※わぎもこ》と生命《いのち》の炎燼《ほむらじん》に帰《き》すまで》

軽太子はそう歌い、想いを遂げたからには二人はこれで別れられるだろうと思った。しかし汲めど尽きぬ泉のような激情に、二人は離れられず絆は強くなる一方だった。この二人の有様は穴穂皇子だけではなく、自然に大前宿禰にも群臣たちにも知れ渡った。大前宿禰は、姦通の罪を犯した軽太子に、

「太子を、穴穂皇子に譲るように」

と申し渡したが、軽太子は聞かない。

（いよいよ、我が世の春と……）

穴穂皇子は勇み立ち、宿禰の諫言《かんげん》を入れない軽太子を誅《ころ》そうと兵を集めたが、

（先帝が日嗣と決めた太子に、自ら手を下せば世評はよくないだろう）

などと思い余り、

「姦通という重罪を犯した軽皇子を天皇に仰げば、政道は廃《すた》れて国は混乱するだろう」

そう喧伝《けんでん》して、気勢を上げた。

この慌ただしい動きを知った軽太子は、軽大娘皇女を連れて大前宿禰の屋敷《いえ》に逃げ込んだ。

こんな事態となっては、群臣も人民も軽太子に背《そむ》いて穴穂皇子につき、情勢が好転した穴穂皇子は、兵を率いて大前宿禰の屋敷を取り囲んだ。そのとき急に氷雨が降り、大前宿禰は、穴穂皇子の脚結《※あゆい》の紐に付けた飾り鈴が取れたのを見て、

《はしなくも脚結の鈴は急き《せ》落ちて宮人《みやびと》騒ぐ里人までも》

こう歌いながら手を挙げ、膝を叩いて舞いながら門を出ると、

「おお我が皇子さま、自ら兵を率いておいでですか。軽皇子は罪を犯したとはいえ、先帝に日嗣を仰せられた貴方の実の兄でございます。そのお方に兵を向けては、世間はよく思わないでしょう。私が説得して、御屋にお連れいたしましょう」

そう云ったので、穴穂皇子は引き揚げた。

大前宿禰は、軽皇子に太子を返上するよう説得して、軽大娘皇女と共に御屋に連れ戻した。

そこで穴穂皇子が即位［第二十代安康《あんこう》］したが、太子だった兄を処刑できず道《※みち》の後《しり》の伊《い》予《よ》へ配流《はいる》とし、妹の軽大娘皇女は大前宿禰の家に幽閉した。

軽皇子が島流しに難波の津を出るとき、軽大娘皇女は大前宿禰の情けで見送り、

《天翔《※あまがけ》て鶴《たづ》はるばると訪ねいく君が名問えば妹《いも》が方便《たづき》と》

そう歌い、軽皇子との別れを惜しんだ。

《遠つ国いつか帰らむ難波津の隔《へだ》つ汐間《しおま》に浮かぶ吾妹子》

軽皇子と軽大娘皇女は、互いに歌い返した。

流人を乗せた舟は、赤石《あかいし》の大門《おおと》を通らず※由良《ゆら》の門《と》へ向かい、由良の門を過ぎると※茅渟《ちぬ》の海は淡道島《あわじしま》に隠れ、軽皇子は号泣した。

軽大娘皇女はその声を聞くと、髪も裳裾も乱して難波津に飛び込もうとしたが、警備の兵に抱き止められて幽閉先に送られた。

軽大娘皇女は、軽皇子が伊予に着いたと思える春一月、

《伊予の浜　闇《やみ》に歩むな磯伝い　み脚に負うは牡蠣殻《かきがら》の傷》

そう歌うと更に恋しさが募り、重刑を覚悟して大前宿禰の屋敷を抜け出して、下女を一人供にして、徒歩《かち》で伊予へ向かった。

《山※たづの迎えに行かむ道の後《しり》※日長《ひなが》とならば待つに待たれず》

そう歌い、都に帰れる当てが全くない軽皇子の後を追った。

軽大娘皇女と下女は赤石まで歩き、そこで舟を雇って※讃岐《さぬき》に着いた。

そこから徒歩で山を越えて川を渡り、※なづむ脚を引き摺っていくと都は遠くなっても恋しい人には近づく。

しかし早春の草の騒《ざわ》めきや鳥の羽音を追っ手かと慄《おのの》くも、それとは別に恋しい人ではないかとの期待を胸にして、道の後の伊予へ急いだ。

さて軽皇子は、鄙《ひな》の地となれば尚更、軽大娘皇女と都が恋しく、都を遠退《とおの》きたくなく、舟を讃岐に着けてもらった。そこから※瀬戸内《せとうち》が見え隠れする陸路を、幾重もの山を越えて河を渡り、とぼとぼと伊予へ向かった。

そんな足取りの軽皇子は、とある山の頂で足を停めると、前方に伊予の湯煙が見え、都の方を振り返って溜息をついた。そして虚《うつ》ろな目で、いまきた山道を見下ろしていると、登ってくる女人二人が木の間隠れに見え、心は騒ぎ動悸が高まった。

先をいく女人の衣の柄が分かるまで近づくと、軽大娘皇女が愛用している衣の色に似ている。

（きっと、軽大娘皇女が下女を伴って追ってきたのだ！）

そう思った軽皇子は山を駆け降りると、それに気づいた軽大娘皇女も裳裾を乱して駆け登ってくる。そして中腹で出会った二人は、飛びつくように抱き合い、抱き合ったまま山の斜面を転げて停まった鞍部《あんぶ》で何度も抱擁した。

《※隠《こも》りくの泊瀬の山は違《たが》えども愛しき妹《いも》よ吾《あ》れは違えず》

軽皇子はそう歌い、続けて、

《※梓弓《あずさゆみ》　※槻弓《つきゆみ》なりと起き伏しも　吾妹子ならば世の果《はた》てまで》

《※泊瀬川《はつせがわ》　岸に寄る玉鏡　命の絆　吾が妻鏡》

喜びの余りに三首歌い、こうして再会した二人は、伊予の※埴生《はにゅう》の小屋《おや》で暮らした。

軽皇子は皇位と都を、軽大娘皇女は同胞《はらから》と将来を捨て、下女は都へ帰して二人で田畑を耕し、浜で魚を釣って、これまで以上に睦まじく労《いたわ》り合った。

そのように暮らしていると、軽大娘皇女が御子を産んだ。だがその女の子は三歳になっても歩けない、言葉も発せない蛭児《ひるこ》だった。

二人は神に祈ったり、伊予の湯で治そうとしたが無駄で、これを姦通の報いだと知った。

蛭児を哀れに思った二人は、軽大娘皇女は児を抱き、軽皇子は櫂《かい》で舟を漕いで激しい潮流の速吸門《はやすいのと》に乗り入れると、舟は西海随一の怒濤に翻弄《ほんろう》されて潮間に呑み込まれていった。

## ※軽皇子《かるのみこ》と軽大娘皇女《かるのおおいらつめのひめみこ》の注釈

長野原《ながののはら》の陵《みささぎ》：大阪府藤井寺市国府
天飛《あまだ》む：軽の枕詞《まくらことば》
吾妹子《わぎもこ》：男性が女性に対して親しみを込めて云う言葉
脚結《あゆい》：活動しやすくするため、袴を膝の下で括《くく》る紐
道《みち》の後《しり》の伊予《いよ》：都から遠い道、地方。［筆者は道後とする］
天翔《あまがけ》る：鶴《たつ》（鳥）の枕詞
由良《ゆら》の門《と》：紀淡海峡
茅渟《ちぬ》の海：大阪湾
山たづ：迎えるの枕詞
日長《ひなが》：春になって昼間が長く感じられる
讃岐《さぬき》：香川県

なづむ：前へ進むのを阻む（難渋する）
瀬戸内《せとうち》：瀬戸内海
隠《こも》りく：泊瀬《はつせ》の枕詞
梓弓《あずさゆみ》：梓の木で作った弓は立てて置くので、起つの枕詞
槻弓《つきゆみ》：槻《けやき》で作った弓は寝かせて置くため、臥《こ》ゆ（臥《ふ》す）の枕詞
泊瀬川《はつせがわ》：初瀬川（当時は水量が多く、舟も通っていた）
埴生《はにゅう》の小屋《おや》：粗末な家。土を塗っただけの粗末な家

# 二十七　眉輪王《まよわのおおきみ》

※石上《いそのかみ》の穴穂《あなほ》の宮で天の下を治《しら》しめる穴穂《あなほ》［第二十代安康《あんこう》］天皇の御代、父雄朝津間［第十九代允恭］天皇の三男となる天皇は、幡梭皇女《はたびのひめみこ》を実弟の五男の大泊瀬皇子《おおはつせ》［第二十一代雄略］の妃にと、不治の病に取り憑かれた、皇女の兄の大草香皇子《おおくさかのみこ》のもとに根臣《ねのおみ》を遣わした。

「貴方の妹を、大泊瀬皇子に娶《めあわ》せたいとの天皇の意向です」

根臣が天皇の意向を伝えると、大草香皇子は願ってもない縁談で、使者の根臣にお礼を云って厚く接遇《もてな》し、

「そんな思《おぼ》し召《め》しがあるのではと思って、妹を出さずにおりました。畏れ多いことで恐《きょう》悦至極《えつしごく》に存じます。勅命に従って喜んで妹を差し出します」

そう云って、謹んでお受けした。

大草香皇子は、仁徳天皇と髪長媛《かみながひめ》との間に生まれた皇子で、履中天皇に反正天皇、及び允恭天皇とは異母兄弟で、天皇になっても不思議でない血統だった。

しかし難病にとり憑《つ》かれて、太子との声はかからなかったが、せめて妹を後宮の数に加

えて欲しいと願っていた。

しかも相手は、実力者と聞こえる大泊瀬皇子の妃とは願ってもない僥倖《ぎょうこう》で、大草香皇子は喜びの余りに、家宝の押木《※おしき》の珠縵《たまかずら》を天皇へのお礼にと根臣に託《ことづ》けた。

この珠縵は、木の枝を模《かたど》った前立と勾玉を飾った純金製の冠で、根臣は余りもの見事さに我が物にしようと自分の家に隠し、

「大草香皇子は鼻で笑って、同族の俺に妹を差し出せとは烏滸《おこ》がましいと、勅命を受けないばかりか剣を手にして、とっとと帰れと怒鳴りました。私が、討って見せましょうか」

馬鹿にされるとすぐ熱くなる天皇の性分を利用して、こんな捏造《ねつぞう》でもって復命すると、天皇はいたく怒り、根臣に兵を授けて大草香皇子を討った。

このとき大草香皇子に仕えていた難波吉師日香蚊《なにわのきしひかか》の親子三人は、主人の屍に取り縋って嘆き泣き叫び、

「罪のない、非業な死に陥《おとしい》れられた主人を護れなかった」

と自分たちの至らなさを羞じて、躊躇《ためら》わず大草香皇子の屍に身を添えて自刃した。

大草香皇子との間に、眉輪王という御子をなしている妻の中蒂姫《なかしひめ》は、自分も眉輪王を道連れにして後を追おうとした。

だが根臣が訪ねてきたときの会話を隣の部屋で一部始終を聞いており、夫の無念を晴らすのが先決と、自害を先送りして天皇に拝謁を願った。

しかし中蒂姫の断っての願いは、根臣が御屋の門衛に先手を打っていたため門前払いさ

れ、根臣の上位の円大臣《つぶらのおおみ》を訪ねて事件《こと》の真相を訴えた。

円大臣の諫言《かんげん》を受けた天皇はまさかと疑ったが、念のため根臣の屋敷を家捜《やさが》しすると、臣の身分にしては不相応な、中蒂姫が云っていた押木の珠縵が出てきた。

天皇は、根臣の讒言《ざんげん》を見抜けなかった非を、中蒂姫に詫びて根臣を処刑した。

天皇は、そんな措置を執っても殉死を望む中蒂姫を説得し、幼い眉輪王と共に御屋に住まわせただけでなく、中蒂姫を皇后に立てた。

こうして名ばかりの皇后となった中蒂姫は釈然《しゃくぜん》とせず、即《つ》かず離れず天皇に接していたが、いつの間にか天皇の寵《ちょう》を受け入れるようになった。


ある日、山の御屋へ湯浴みに行幸した天皇は、爽快な気分になると酒を求め、酔って心が寛《くつろ》ぐと、

「朕《ちん》には、心配事が一つある。それは眉輪王が成人して、朕が眉輪王の父を殺したと知ったときのことだ」

以前から持ち続けている心の内を皇后に明かし、

「朕と皇后が口を閉ざしても、世間の口は塞《ふさ》げないだろう」

事件の顚末を振り返って嘆いた。

皇后は天皇の変わらぬ愛で、同じ悩みを忘却しようと努めていたが、この天皇の言葉で、いまも同じ懊悩《おうのう》を共有していると知った。

天皇と同様に、成長した眉輪王が実父の敵《かたき》である天皇の妻になった自分を知ったときの恐ろしさを考えると、天皇も自分自身にも慰める言葉はなかった。

ところがこのとき、まだ少年でも聡明な眉輪王は、高床の御屋の床下で遊んでいて、養父の天皇と母の会話を聞いていた。

眉輪王は物心がつくと、なぜか父がいなくなって、天皇がなぜ自分の養父になったのかと不思議に思っていたが、そこで初めて父は天皇に殺されたと知った。

その日から天皇を憎むようになった眉輪王は、母が隠していた、自分が成人すれば与えてくれるはずの『父が根臣に振りかざした』という作り話にある形見の剣を探し出して機会を窺うようになった。


ある夜、熟睡している天皇の首を切り落とし、大泊瀬皇子が妻問《つまど》いしている韓媛《からひめ》の父の、母が訴えて父の無念を晴らしてくれた円大臣の屋敷に逃げ込んだ。

皇后は、天皇と共に危惧したことが早くも現実となったと動転したが、まだ弱冠《じゃっかん》の眉輪王が天皇を実父の仇《あだ》と知るはずはなく、天皇を殺したのは誰かの間違いであって欲しいと神に祈った。

そう祈っていても皇后は居ても立っても居られず、突然の天皇の崩御で群卿も宮人も大騒動して右往左往する御屋を捜し廻ったが、眉輪王はどこにも見つからず、そのうち事実だと判った。

皇后は、かつて夫の大草香皇子が殺されたときに覚悟したことを思い出し、これまでと、誰も入れない御屋の奥の森で縊《くび》れた。

一方、殿居《※とのい》の者がこの火急の件を五男の大泊瀬皇子に報《しら》せると、皇子は次男の兄の境黒彦皇子《さかいのくろひこのみこ》に事件を告げた。尋常でない境黒彦皇子は頭が混乱し、

「お前は俺を使って、軽皇子から皇位を奪ったくせに、それがどうした……」

穴穂皇子《あなほのみこ》と大泊瀬皇子を間違えて、辻褄の合わないことを云う。

「お前の弟が殺されたと云うのに、なぜ驚かないのだ！　お前は皇家の恥さらしだ」

大泊瀬皇子は、境黒彦皇子を兄とも思わず暴言を吐き、境黒彦皇子の襟首を掴んで剣で刺し殺し、その足で四男の兄の八釣白彦皇子《やつりのしろひこのみこ》を訪ねると、

「まさか、幼い眉輪王が……」

八釣白彦皇子は疑うように云った。

（もしや、この猛々《たけだけ》しい大泊瀬がやったのでは……）

そんな顔の白々しい態度だったので、怒り狂った大泊瀬皇子は八釣白彦皇子を小墾田《※おはりだ》に引き摺っていき、穴を掘って八釣白彦皇子を立たせたまま腰まで埋めると、八釣白彦皇子は目玉が飛び出して死んでしまった。

そこで大泊瀬皇子は軍を興《おこ》し、眉輪王が逃げ込んだ円大臣の屋敷を包囲して兵に矢を射させると円大臣も応戦し、互いの矢が強風に舞う花弁のように飛び交った。

大泊瀬皇子は、

「臣下の者が刃向かうとは、無礼だ！」

そう云って戦いを中断し、

「この家に私が妻問いしている乙女はおらぬか」

と問うと、円大臣は屋敷から出てきて丁寧に挨拶し、

「私の娘の韓媛《からひめ》は、皇子さまに差し出します。それに私が受領した五つの村と、そこに建てた屯倉も献上いたします。これは、私が皇子さまに刃向かった罪です。しかし臣下の者が、皇族の御屋に逃げ込んだことはあっても、皇族の方が臣下の家へ逃れた例は、姦通罪を犯した軽太子以外にありません。私は皇家に仕える賤《いや》しい臣でしかなく、貴方に勝てないと十分承知しておりますが、私を頼ってこられた眉輪王を、軽皇子や軽大娘皇女を見捨てた大前宿禰のような、酷《むご》い仕打ちはできません」

そう云って屋敷に入って再び戦ったが、刀折れ矢尽きて手負いとなった。

「私は力の限り戦いましたが、これまでです。御子、どういたしましょう」

円大臣は具体的に云わず、幼顔が残っている健気《けなげ》な眉輪王に決断を促した。

「臣は生命《いのち》を賭けて母と私を助けてくれましたが、この期《ご》に及べば仕方がない。臣の恩義を忘れず黄泉にいる父に報告しよう」

眉輪王は円大臣を見詰めたまま云い、更に言葉を続けた。

「私が天皇を父の仇と知って何もしなければ、後の人はどう云うかと考えると、天皇を殺したことに悔いはない。だからこの場で私を刺し殺してくれ」

まだ幼くても眉輪王は賢《さか》しく理解し、少年とは思えぬことを云った。

「どれもこれも根臣の讒言が因《もと》で、事態があらぬ方向へ流れていったのは時の運で、御子のせいではありません」

円大臣は、幼くてもしっかりした眉輪王の両肩に両手を置いて、諭すように云い、

「私もいつの間にか流れに巻き込まれて、御子の母の無念を天皇に諫言して、御子の父の大草香皇子の無念を晴らしました。しかし好むと好まざるとに拘らず、非業の大河に呑み込まれていったのは前世の約束ごとです。然《さ》れば私もお供いたします」

自分に云い聞かせるように云い終え、涙ながらに眉輪王を刺し、眉輪王の血糊がついた剣で自分の首を貫いて死んだ。

数奇な運命を辿った中蒂姫と眉輪王と円大臣は、どこに葬られたかは、記録に残っていないが、安康天皇が眉輪王に殺されたのは五十六歳で、陵は※菅原《すがはら》の伏見《ふしみ》の岡にある。

**※眉輪 王《まよわのおおきみ》の注釈**
石上《いそのかみ》の穴穂《あなほ》の宮：奈良県天理市市田町
押木《おしき》の珠縵《たまかずら》：木の枝の形をした立て飾りがある金又は金銅製の冠で、勾玉を飾り付けたものであろう
殿居《とのい》：夜間に警備する者、宿直《とのい》の語源
小墾田《おはりだ》：奈良県高市郡明日香村

菅原《すがはら》の伏見《ふしみ》の岡：奈良県奈良市宝来町古城

郵便はがき

料金受取人払郵便

新宿局承認

1408

差出有効期間
2021年6月
30日まで

（切手不要）

160-8791

141

東京都新宿区新宿1－10－1

**(株)文芸社**

愛読者カード係 行

| | | | |
|---|---|---|---|
| ふりがな<br>お名前 | | 明治　大正<br>昭和　平成　　年生　歳 | |
| ふりがな<br>ご住所 | □□□-□□□□ | | 性別<br>男・女 |
| お電話<br>番　号 | （書籍ご注文の際に必要です） | ご職業 | |
| E-mail | | | |
| ご購読雑誌（複数可） | | ご購読新聞<br>新聞 | |

最近読んでおもしろかった本や今後、とりあげてほしいテーマをお教えください。

ご自分の研究成果や経験、お考え等を出版してみたいというお気持ちはありますか。

ある　　ない　　内容・テーマ（　　　　　　　　　　）

現在完成した作品をお持ちですか。

ある　　ない　　ジャンル・原稿量（　　　　　　　　　　）

| 書　名 | | | | |
|---|---|---|---|---|
| お買上<br>書　店 | 都道<br>府県 | 市区<br>郡 | 書店名 | 書店 |
| | | | ご購入日 | 年　　月　　日 |

本書をどこでお知りになりましたか?

1.書店店頭　2.知人にすすめられて　3.インターネット(サイト名　　　)

4.DMハガキ　5.広告、記事を見て(新聞、雑誌名　　　)

上の質問に関連して、ご購入の決め手となったのは?

1.タイトル　2.著者　3.内容　4.カバーデザイン　5.帯

その他ご自由にお書きください。

(　　　)

本書についてのご意見、ご感想をお聞かせください。

①内容について

②カバー、タイトル、帯について

弊社Webサイトからもご意見、ご感想をお寄せいただけます。

ご協力ありがとうございました。

※お寄せいただいたご意見、ご感想は新聞広告等で匿名にて使わせていただくことがあります。

※お客様の個人情報は、小社からの連絡のみに使用します。社外に提供することは一切ありません。

■書籍のご注文は、お近くの書店または、ブックサービス(0120-29-9625)、セブンネットショッピング(http://7net.omni7.jp/)にお申し込み下さい。

# 二十八　赤猪子《あかいこ》と椿の花

都を遠く離れた※美和河《みわがわ》のほとりに、赤猪子《あかいこ》という美しい娘が両親と暮らしていた。

ある日、※泊瀬《はつせ》の朝倉《あさくら》の都から大泊瀬《おおはつせ》［第二十一代雄略《ゆうりゃく》］天皇は、供を従えて狩りにいく途中、川で洗濯している赤猪子を一目で好きになり、

「何という美しい娘だろう。名前を教えてくれぬか」

と云った。

「私は、※引田部《ひけたべ》の赤猪子です」

赤猪子も、髪を鬟《みずら》に結った狩衣姿の凛々《りり》しい天皇に惹かれて、恥ずかしかったが名を告げた。

「私は狩りにいく途中なので、必ず日を改めて迎えにくる。だから嫁《とつ》がずに待っていてくれ」

天皇はそう云い、勾玉《まがたま》を通した首飾りを外して赤猪子に贈った。

赤猪子はお返しに何かと探し、庭の隅に咲いている紅い藪椿《やぶつばき》を手折《たお》って息を吹きかけて差し出すと、花の色は白に変わっていった。

「何と不思議な椿だろう。これを狩衣《かりぎぬ》の襟《えり》に挿《さ》して、お前のことを思いながら狩りをしよう」

天皇はそう云い残して、供の者を引き連れて狩場へ向かった。

狩りは大猟で、天皇と供の者は多くの獲物を仕留《しと》めたが、緒鵜迹《おうと》という天皇が寵愛する近習の若者だけ収穫はなかった。

それを恥じた緒鵜迹は、その夜は天皇のそばを離れて川のそばで悄気《しょげ》ていると河伯《※かはく》という妖怪が現れ、

「そんなに悲しむな。この壺にある液を鏃《やじり》に塗れば、矢はどこかに触れただけでも、必ず獲物は獲れる」

そう云って、小壺を残して闇の中に消えた。

翌日、緒鵜迹は、河伯がくれた液を鏃に塗って大鹿を射止めた。

天皇はたいそう喜んで、緒鵜迹を誉めて機嫌よく都に帰ると、赤猪子が手折ってくれた、襟に着けていた藪椿を無意識に御屋《みや》の庭の隅に挿した。

その夜、豊明《とよのあかり》を催して獲物を臣下と共に食したところ、緒鵜迹が獲った鹿を食べた天皇は苦しんだ挙げ句に気を失った。

原因は、緒鵜迹が鏃に塗ったものは鳥兜《とりかぶと》の根から採った毒で、これを使って獲った獲物でも、矢が刺さった部分を拳ほど切り取って食すれば問題はなかった。

だが緒鵜迹は鳥兜の毒と知らず、またその知識もなく、そのため毒を含んだ部分を天皇

が口にしたからだった。

緒鵜迹は懸命に看病したが、天皇の脈は弱々しく呼吸が荒くなって命が危うくなった。緒鵜迹は、自分を可愛がってくれている天皇の恩を思うと居《い》た堪《たま》れず、これまでと御屋を抜け出し、

「どうか私の命と引き替えて、大王《おおきみ》の命を救ってください」

神にそう祈った後、深い渓《たに》に身を投げた。

すると天皇は息を吹き返して助かったが、緒鵜迹の死を知った天皇は気が狂わんばかりに嘆き苦しみ、

「あの狩りの日がなければ……」

狩りの日を呪《のろ》って悩み、また忘れようとしても忘れられず、眠れぬ日が続いて痩せ細って病の床に臥《ふ》した。そんなある日、夢枕に現れた河伯が、

「儂《わし》が忘れさせてやろうか……。しかし狩りの日だけでなく、その前後のこともお前の頭から消えてしまうが、それでよければ忘れさせてやろう。もし思い出すことがあれば、お前の命は半年も保《も》たぬだろう」

そう厳《おごそ》かに云い、天皇が苦しげに頷くと、河伯は消えていった。

すると天皇は眠れるようになり、健康を取り戻して美しい幡梭皇女《はたびのひめみこ》を娶って皇后にし、また韓媛《からひめ》と稚姫《わかひめ》と童女君《おみなぎみ》を妃にして、三人の皇子と二人の皇女を儲けた。

こうして天皇は赤猪子や、緒鵜迹のことを忘れて暮らしていると、庭の隅にある藪椿は

毎年紅い花を咲かせるようになった。

天皇は御屋の隅に、なぜ藪椿の木があるのか不思議に思っていた。散らずに花自体が落ちる、縁起でもない椿を植えた覚えはなくても、なぜか椿の花を見るたびに天皇の胸は痛んだ。


さて赤猪子は天皇に召《め》される日を待って、晴れの日に着る衣裳《きぬも》と、天皇に似合いそうな衣袴《いこ》を作ろうと糸を紡《つむ》いで布に織り、その布を縫ってお迎えがくるのを待っていた。

しかし都から誰も訪《おとな》わず、虚《むな》しく一年、二年と過ぎていった。事情を知らない両親は、赤猪子の婿にと、若い男を探して赤猪子に薦めた。しかし見慣れない勾玉を通した首飾りをした赤猪子は、話を聞こうとしない。両親は、手を替え品を替え、

「お前は誰か心に決めた人がいるのか……」

そう訊《き》いても、赤猪子は首飾りの勾玉を弄《いじ》くるばかりで答えない。

そうしているうち両親は亡くなり、赤猪子は独《ひと》り淋しく暮らすようになった。

赤猪子が住まう土地は都から遠く離れており、天皇の噂は聞こえてこない。

(天皇に何かあったのでは……)

赤猪子は、天皇の身の上をあれこれ考えて気に病み、庭の藪椿を恨めしげに見て溜め息をつく日が続いた。

このように毎年、春先に咲く藪椿の花を眺めては晴れ着を取り出したりして、天皇が訪

ねてくれる日を、辛抱強く待った。

更に年古《としふ》りて、赤猪子は痩せ衰えて白髪の老婆になった。

（私は歳をとってしまったので、やがて遠くまで歩けなくなるでしょう）

赤猪子はそう思うと、

（身体が動くうちに、都へ行って天皇を訪ねよう）

そう決めたのは、

（これまで待ち続けてきた自分の気持ちを、天皇に伝えなければ死ぬに死ねない）

と思ったからである。

（でも天皇は、こんな老婆に会ってくれるかしら……）

そう考えると、高齢になった天皇に会えなくても、達者であることを確かめるだけでよいとした。そして天皇から頂いた勾玉の首飾りをして、召される日のために自分で縫った、若い晴れの日に着るはずだった衣裳《いこ》をまとった。

それに、天皇に着ていただくために縫った衣袴を背負い、庭の藪椿の花を一枝手折《たお》って都へ向かった。

赤猪子が二日かかって辿り着いた都は、家や人が多くて賑やかでも騒がしい。

赤猪子は何度も人に乞《こ》うて御屋を教えてもらい、やっと屋根に堅魚木《※かつおぎ》と千木《※ちぎ》を飾った立派な御屋に着いた。

門の際から恐る恐る中を覗くと、広い庭の隅に藪椿の花が咲いている。

その花と、自分が手にしている花を見較べると、同じ形の紅い花弁《はなびら》なので、赤猪子はもしゃと、手の椿の花に息を吹きかけてみると、手の椿も、庭の椿も紅から白色に変わっていく。

（この庭の椿は、私が差し上げた椿だ！）

赤猪子はそう確信したが、

（それなのになぜ天皇は、私との約束を果たしてくれなかったのでしょう……）

それを思うと心の中の蟠《わだかま》りが浮き上がり、何度も庭の中を覗いた。

そんな不審な、娘が着るような派手な衣裳をまとった老婆を見つけた門衛が、

「どこを見ておる！　さっさと立ち去れ」

門の中から出てきて、赤猪子の襟首をつかんで摘み出そうとした。

「ぜひ天皇に、会わせてください」

赤猪子は懸命に両足を踏ん張って必死に嘆願しても、

「何、天皇だと！　お前のような婆《ばばあ》を大王が相手にするものか。とっとと立ち去れ」

門衛はそう云い、赤猪子を気《ふ》が狂れた者と見て突き放す。

「ひぇっ！」

赤猪子が悲鳴をあげて地べたに倒れると、薄い髪を鬟《みずら》に結って衣袴を着て、腰に剣《つるぎ》を吊した立派な身形《みなり》の老人が御屋から現れ、

「これ老婆よ、朕《ちん》に何の用があるのだ」

と赤猪子に訊いた。

赤猪子は、引き止める門衛の腕をここぞとばかりに渾身の力で振り解《ほど》き、老人の前の地面に両手をついてその顔を見上げた。

そうしていると、不思議そうに赤猪子を眺めている老人の顔が、恋い焦がれた、若い日に見た天皇の顔と重なった。

（この方が私に首飾りをくださった天皇だ）

そう確信した赤猪子は、首にかけた首飾りを天皇に差し出し、そして手にしている椿の小枝を捧げて云った。

「この首飾りと、この藪椿に見覚えがおありでしょう」

天皇は、赤猪子が差し出した首飾りを見た後、赤猪子が持っている椿と庭の隅に咲いている藪椿を見較べていると、懐かしいような不思議な気分になり、赤猪子を御屋に招き入れた。

その部屋から庭がよく見え、赤猪子は紅色の戻っている藪椿を指して云った。

「私が家から持ってきたこの椿は、あの庭の隅に咲いている椿と同じものです」

「なぜ、同じ花だと分かるのだ」

「私が手にしている花に息を吹きかければ、この花も、庭の花も色が変わるでしょう」

赤猪子はそう云って、手の花に息を吹きかけると紅から白に変わり、庭の藪椿も同じ色に変わっていく。

「なんと不思議なことだが、以前にこのようなことがあったような気がする……。それに朕はずっと昔から、庭の藪椿を見るたびに、なぜか分からぬが心に引っかかるものがある。それにこの首飾りを見ていると、息苦しくなる」

天皇はそう云って頭を抱え考え込み、その姿勢のまま刻《とき》がたつと天皇の耳に、

（考えるな、思い出すな。もし思い出せば、お前の命は半年もないぞ）

と云う声が聞こえてきた。

（朕は、あの藪椿を気にして今日にいたった。過去に何があったか知らぬが、思い出せば半年の命か……）

そう思うと心は乱れるも、

（この老婆が朕を訪ねてきたのも、何かあの藪椿に関わりがあるようだ。命は惜しいがここで太子に皇位を譲って、長年の疑問を解いて高天原《たかまのはら》へ還ってもよかろう）

天皇はそう決心し、赤猪子の手の椿と庭の藪椿の花を交互に見ながら、若い日のできごとを思い出そうとすると、頭が締めつけられるように痛くなって息苦しくなった。

（朕は決心した。疑問を残して高天原へ還りたくない）

天皇は心を鬼にして苦しみに堪えていると、突然、雷《いかずち》に打たれたような衝撃を受けた。

すると気分はよくなり、若い日のできごとが次々に甦ってくる。

それは狩りの日や、狩りから帰った後に豊明を催したことや、その後に寵愛していた近

習の緒鵜迹が渓に身投げしたことも思い出した。

更に、美和河のほとりで赤猪子に出会って、迎えにいくと約束して首飾りを贈ったことも、記憶の中から出てきた。

「そうだ庭の藪椿は、あのときお前にもらって狩衣の襟に挿して、狩りから帰ったとき庭に挿した藪椿だ！」

そんなことも思い出し、老いた赤猪子をしげしげと見詰め、

「許してくれ。あの後に深い悲しみがあって朕の記憶から抜けてしまったお前は、この歳まで乙女のままで待っていてくれたのか……」

そう云うと、忘れようとして苦しんだ若い日のことを、涙ながらに赤猪子に詳しく話したが、河伯のことは黙っていた。

天皇の話を聞いた赤猪子は、はるばる都にきた甲斐《かい》があったと安堵《あんど》し、

「そんな悲しいことがあったのですね。私はそんなことを知らずに、今日まで大王を恨んでいました。でもいま心の閊《つか》えが取れて心が晴れました」

目に涙を溜めて云った。

「お前を抱いてやりたいが、朕は歳を取り過ぎて抱いてやることはできなくなった。お前の生涯を台なしにしてしまった朕を、許してくれ」

そう云う天皇に、

「この日のために縫ったこの晴れ着をお見せすることができて、私は満足です。それに私

が大王のために作った衣袴を召していただけるなら、思い残すことはありません」

赤猪子は咽《むせ》びながら云った。

「ぜひ、着てみよう」

天皇はそう云い、赤猪子が背負ってきた包みから取り出した衣袴を着た天皇は若返って見え、赤猪子は見惚《みと》れた。

「どうだ、似合うだろう」

天皇は、若やいだ晴れ晴れとした顔で続けて云った。

「お前が御屋に住みたければ、部屋を与えてやろう」

「そのお言葉だけで、胸が潰《つぶ》れます。でも私は静かな美和河のほとりで、余生を送りとうございます」

天皇は、そう云う赤猪子の白髪を何度も撫でて多くの品を授け、その夜は赤猪子のために豊明を催し、珍しい食べ物で接遇《もてな》した。

翌々日、天皇の心尽くしの輿《こし》に乗った赤猪子は、何度も輿を停めて御屋を振り返り、振り返りながら美和河のほとりへ帰っていった。


三カ月後、若くても白髪の太子の白髪命《しらかのみこと》［第二十二代清寧《せいねい》］が、美和河のほとりの赤猪子の家を訪ねてきた。

大勢の供を引き連れた太子は、赤猪子が天皇に贈った衣袴をまとい、天皇が赤猪子に下賜する多くの品を携えていた。

供の者が訪いの声をかけても返事はなく、太子は庭に廻って部屋の中を覗くと、赤猪子は新しい衣袴を縫っている。

それは老人が着る渋い色の衣袴で、袴の裾に白と赤の藪椿の花を刺繍している。

太子はしばらくそんな赤猪子の姿を見ていたが、少しも動かないのに不審を覚えて部屋に上がって赤猪子の肩を手で触れると、赤猪子は横に倒れて既に息絶えていた。

太子は赤猪子の家の庭に塚を造って赤猪子を葬り、赤猪子が縫っていた衣袴を携えて泊瀬の朝倉の御屋に帰って、赤猪子の死を天皇に復命した。

天皇は悲しんだが、自分の命も三カ月もないと分かっており、赤猪子が作ってくれた衣袴を着て高天原へ昇ろうとした。

だが不思議なことに、天皇の命は存《なが》えた。というのは河伯は、それほど魔力のない水鬼《すいき》だったからである。

（赤猪子が縫った、刺繍した紅白の藪椿の花は霊験あらたかで、河伯の魔術を解いてくれたに違いない……）

そう思った天皇は、庭の隅の藪椿を丹精に手入れしたりして、百二十四歳まで長生きして、※河内国《かふちのくに》の丹比《たじひ》の高鷲《たかわし》の陵に葬られた。

# ※赤猪子《あかいこ》と椿の花の注釈

美和河《みわがわ》：三輪川ともいい、初瀬川の下流の三輪山付近を流れている川。ここでは大和川と合流する辺りに設定

泊瀬《はつせ》の朝倉《あさくら》の都：奈良県桜井市に初瀬はあるが、朝倉には諸説があって不詳

引田部《ひけたべ》：奈良県桜井市初瀬付近の、朝廷の支配下にある品部《しなべ》（職業を通じて、朝廷の支配下にある人民組織）

河伯《かはく》：川を守る神。川の神。河童《かっぱ》。水鬼《すいき》

堅魚木《かつおぎ》：棟の上に、棟と直角に等間隔に並べた、丸太（鰹）状の装飾木

千木《ちぎ》：社殿の両妻の破風を突き出して交叉させた飾り木で、先端を垂直に切っているのは男神を祀り、水平に切っているのは女神を祀っている。

河内国《かふちのくに》の丹比《たじひ》の高鷲《たかわし》：大阪府羽曳野市島泉

# 二十九　童女君《おみなぎみ》と少子部《ちいさこべ》

大泊瀬《おおはつせ》［第二十一代雄略］天皇は、和珥《わに》の娘の童女君という名の采女《※うねめ》と一夜を共にした。それで童女君は女の子を産んだが天皇は疑って認知せず、御子も後宮に入れなかった。

疑われた童女君は、幼児と共に死をもって汚名を雪《そそ》ごうとしたが、それは悔しく、臣《おみ》たちに訴え続けた。

一年もの童女君の命を賭《と》しての懇願に心をうたれた臣たちは、皆で天皇の誤りを糺《ただ》そうとした。だが専横な天皇を諌《いさ》めるという難題に、臣たちは知恵を絞った結果、童女君が産んだ女の子は歩けるようになっているので、天皇が御屋にいるとき前庭で遊ばせることにした。

そして天皇のそばに侍《はべ》る臣たちは、

「何と可愛い女の子だろう。歩く姿は天皇にそっくりだ」

天皇の機嫌を損ねないよう、そのようなことを交互に呟いた。

だが天皇はそ知らぬ風で、臣たちは物部目大連《もののべのめのおおむらじ》に相談すると、大連も異存はなく一肌脱ぐことになった。

　ある日、御屋で天皇と語っていた大連が、庭を歩いている女の子を目で追い、

「何とも麗《うるわ》しい女《め》の子だろう。天皇の御子では……」

　そう小声で云うと、

「なぜ、そのようなことを云うのだ！」

　天皇は不機嫌で、強く問い質《ただ》した。

「畏《おそ》れながら……歩く姿が天皇によく似ていますので」

　大連はそう云った。

「群臣の誰もが、お前と同じことを云うが、朕はあの娘の母親と一夜だけ共臥《ともふ》しただけで、身籠もるとは解《げ》せずに疑っている」

「その一夜に、何度呼ばれましたか……」

「七回呼んだ」

（何と、お強いことで……）

　大連は羨ましく思いながら云った。

「采女だったからには、清らかな身体であったことは間違いありません。孕みやすい女は、褌《したおび》が触れただけで身籠《みご》もると云います。それなのに一晩中呼ばれたのに、なぜお疑いになられます」

「大連、それは真であろうな」

「皇孫の瓊々杵尊《ににぎのみこと》は、木花開耶姫《このはなさくやひめ》と一度だけ目合《まぐわ》って三つ子をもうけられました。だが皇孫も天皇と同じように、木花開耶姫を疑われました。辱《はずかし》められた木花開耶姫は、出入口のない産屋を建てて閉じ籠もって『私が産む御子が天孫の御子でなければ不幸になり、天孫の御子なら無事に産まれるでしょう』そんな誓《うけ》いごとを云って産屋に火を点《つ》けました。はじめに生まれたのは火酢芹命《ほすせりのみこと》で、次は火明命《ほあかりのみこと》、最後に生まれた御子は彦火々出《ひこほほで》見命《みのみこと》と云います。この彦火々出見命が、豊玉姫《とよたまひめ》を娶ってできた御子が彦波瀲武《ひこなぎさたけ》鸕鷀《う》草葺《がやふき》不合尊《あえずのみこと》で、この尊が豊玉姫の妹の玉依姫《たまよりひめ》を妻にしてできたのが神日本磐余彦尊《かむやまといわれびこのみこと》で、この方が初代天皇になられて、崩御《ほうぎょ》された後の諡《おくりな》は神武です」

さすがに大臣だけあって故事に長《た》けていて、舌を噛むような名前をすらすらと云った。この大臣の諫言《かんげん》を容《い》れた天皇は、その女の子を春日大娘皇女《かすがのおおいらつめのひめみこ》と名づけて童女君を妃にした。

こうして皇女と認められた春日大娘皇女は、雨さえ降らなければ庭で遊び、天皇や臣たちに円《つぶ》らな瞳で可愛く微笑《ほほえ》むので、猛々《たけだけ》しい天皇も春日大娘皇女を見るのが楽しみになった。

さて、一度は這い、一度は繭《まゆ》になり、一度は飛ぶ鳥になるという、三色に変化する不思議な虫がいると聞いた天皇は、その虫を知っている者を召して訊くと、

「虫の名は蚕《こ》といい、繭は俵のような形をしています。その繭を解《ほど》いた細い糸を束ねて布

に織ったものを絹といいます。その布で衣を作ると、何とも云えない肌ざわりのよいものができます」

そう答えた。

皇后や妃たちが集まって話すことは、人の噂や、天皇が何度訪ねてきたなどという鞘当《さやあ》てや、※釧《くしろ》や領巾《ひれ》の品定めなどで、天皇には詰まらない話ばかりだ。

如何に猛々しい天皇とはいえ、そんな皇后や妃たちの話に、飽き飽きしても邪険に扱えず、この蚕を飼って布を織らせたなら、後宮の女たちが云う嫌味や、ものをせがむことが少なくなればと考えた。それには蚕を求めなければならず、側近の蜾蠃《すがる》に、

「蚕《こ》を五、六十ほど集めてこい」

と命じた。

専横な天皇の言葉は、聞き直せば打擲《ちょうちゃく》されるため、

「畏《かしこ》まりました」

蜾蠃は、そう答えたものの、

(天皇は子供を集めて、何をされようとしておられるのだろうか……)

そう訝《いぶか》りながら、近郷を巡って二、三歳までの嬰児《わかご》を捜し歩いた。

子供が好きな蜾蠃は、天皇の下命だと脅したりして、

「宮中で皇后や妃たちが優しく育てるゆえ、幼子《おさなご》を召し出すように」

こんな説得をして、可愛い子供を見つけると、

「後ほど、引き取りにくる」

そう親に云いおき、次の嬰児を求めて奔走した。

こうして目星をつけた幼子が五十人ほどになったので、都へ連れていこうとした。

問題は五、六里もある都に、どうして連れていくのかだった。蜾蠃は長い縄を用意し、その縄を幼児たちに持たせて引き連れようとした。

しかし親から離されると泣き叫ぶ子や、親にしがみついて離れない子や、無理に引き離すと転げ回って泣き喚《わめ》く子もいる。

蜾蠃はそこで、素直な子供だけ集めて、気難しい子は後で引き取ることにした。

四人の素直な子供は、子供好きの蜾蠃の雰囲気をそれとなく感じて、縄を持って付いてくる。蜾蠃は里心がつかないように母親をつき添わせて、遊ばせたり、お伽話《とぎばなし》をしながら気長に子供を集めながら都を目差した。

こんなことをしていると蜾蠃自身も面白くなり、知らぬうち夢中になって子供と遊んだりするので、子供たちは蜾蠃に纏《まつ》わりつくようになった。

そんな子供を連れて気難しい子供を引き取りにいくと、同じ歳頃の楽し気《げ》な仲間を見て安心して縄を握って随《つ》いてくるが、それでも聞かない子は諦めて親に返した。

一部の親は心配して随いてくるが、そのうち全ての子供が蜾蠃にすっかりなつき、お祭りのような集団になって泊瀬《はつせ》の朝倉《あさくら》の都に着いた。

こうして蜾蠃は四十人ほどの子供を連れて、天皇に復命した。

天皇は大勢な子供を見て目を丸くして驚いていたが、すぐ顔を和らげて笑い転げ、

「虫の蚕《こ》と、人の子《こ》を聞き間違えるとは」

そう云って、また腹を抱えて笑った。

「それにしても、よくこれだけ多くの幼子を集めたものだ。この子たちも可愛いが、春日大娘皇女は更に愛しい。春日大娘皇女を呼んで一緒に遊ばせよ」

天皇は童女君を疑ったのを忘れたかのように云い、春日大娘皇女を加えて一緒に戯《たわむ》れ、

「やはり吾《あ》が娘《こ》が一番の器量だ。だが、これほど多くの子供たちは御屋で養《やしな》えぬから、蜾蠃、お前が養え」

親馬鹿を丸出しにして云った。

蜾蠃は聞き間違えて畏《おそ》れ入っていたが、子供が好きなので命令に従った。

そこで天皇の許しを得て御屋の近くに住居を造り、子供が好きな寡婦を集めて養育しようとしたが、四十人もの子供は賑やかで騒がしく、御屋を離れた静かな場所に住居を建ててもらい、蜾蠃は子育てに嵌まり込んだ。

天皇は、春日大娘皇女を連れて遊びにくることもあり、

「今後も、孤児《みなしご》や捨て子も集めて養育せよ」

そう云い、少子部《※ちいさこべ》を定めて、蜾蠃を少子部の連《むらじ》に取り立てた。

横暴な天皇にこんな優しい面があったかと、また異例の昇進を羨《うらや》んでいた群臣たちは、

ほっとして蜾蠃連を誉め讃《たた》えた。

差し出した子供に面会にきた親が、

「お蔭で子供の世話が省けて、仕事が捗《はかど》ります」

そう云って喜び、農作物などの土産を手にしてくるようになった。

こんなことで、官の費用を当てにせず少子部はやっていけ、蜾蠃連は子供が家の手伝いをできるようになると親元に返した。これが口伝《くちづ》てに知れると、幼子を預けにくる者もおり、幼子を預けた家は仕事に専念できるので裕福になった。

天皇は、そんな忙しい蜾蠃連が暇を見つけて集めてきた蚕を皇后や妃に配り、桑の葉で育てて絹織物を作らせた。そして皇后や妃も少子部を訪問させると、皇后や妃たちは愚痴をこぼすことも少なくなり、天皇は後宮の煩わしさから逃れられるようになった。

**※童女君《おみなぎみ》と少子部《ちいさこべ》の注釈**

采女《うねめ》：国造などの地方の豪族が、一族の中から容姿端麗な子女を選んで後宮に仕えさせる未婚の女性

釧《くしろ》：装身具の腕輪

少子部《ちいさこべ》：天皇の側近に奉仕する童子や女孺《じょじゅ》（召使の少女）らの養育を担当する品部（朝廷に、交替で労働奉仕する組織）

# 三十　月夜の馬

大泊瀬《おおはつせ》［第二十一代雄略］天皇の御代、※蓬蔂《いちびこ》の丘の陵戸《はかもり》は一風変わった男だった。

彼は埴輪作りが仕事で、作業が終わった上弦から下弦の月明かりのもとで、自分が好きな馬の埴輪を、丹精を込めて作っていた。

陰干しにして窯に入れる前、ふと騎手の埴輪も作ろうと思いついた。そこで陵戸は、騎手の寸法を決めようと跨がってみると、自分も埴輪の馬も一瞬、相通じる躍動のようなものを感じて、

（俺の思いが、馬に伝わったのでは）

陵戸はそう思ったが、確信はない。

そして焼き上がった素焼きの埴輪の馬は、我ながら惚れ惚れする出来栄えで、手綱《たづな》をつけて本物の鞍を載せて試しに騎《の》ってみると、何と驚くなかれ埴輪の馬は嘶《いなな》き、陵戸を背にして動き出した。

乗馬に長《た》けた陵戸でも驚いたが、調教しなくても手綱を扱《しご》けば馬は歩み、その夜は満月なので、外に出して走らせた。そして丘の下りで馬腹を蹴って全力疾走させると、向こう

の丘へひと跳びで越える。

陵戸は有頂天になり、馬首を巡らして再び谷を跳ばせて空中で手綱を引くと馬は空を昇っていく。左右の手綱を交互に引くと、竜のように左右に身をくねらせて天翔《あまが》ける。

自分が作った埴輪の馬が、野も山も空も思いのままにいくのに驚いた陵戸は、夜明け前まで乗り廻して楽しみ、

（仕事に差し障《さわ》るから、今日はここまでにしよう）

そうして、夜が明ける前に小屋の前の木に繋いで飼い葉を与え、その夜は馬の夢を現《うつつ》に見て、目覚めて馬を見にいくと、元の埴輪に戻っているが、飼い葉桶は空っぽだった。

（余りもの出来栄えに、俺は夢を見たんだろうか……）

手に感触が残っている陵戸は半信半疑だったが、

（俺を乗せて、本当に天翔けたのだ！）

そう思い込もうとして、埴輪の馬の鬣《たてがみ》を幾度も撫《な》で、離れて見ても見飽きず、その夜も騎ってみると昨夜と同じように自在に駆け、朝になると元の埴輪に戻る。

翌々日も同じで、朝になるとびくりとも動かず、

（夜に作ったので、夜にしか動かないのだろうか……）

陵戸はそうとしか思えず、夜毎に乗り廻した。

ところが下弦の月の翌夜から馬は動かず、翌々日も同じで、飼い葉を与えても食《は》まないので、

（この埴輪を作ったのは、上弦から下弦の月までの夜だったから、上弦の月になれば動くかも……）

そう期待した陵戸は、半月後の心待ちにした上弦の月の夜に乗ってみると馬は動き、毛を梳《す》いたり鬣を撫でてやると陵戸に顔を擦り寄せてくる。

陵戸は、赤い埴土《はにつち》で作ったので、この馬を『赤』と呼び、上弦の半月から満月を経て下弦の月まで騎乗を楽しんだ。

（馬が天翔るとは聴いたことはないが、これほどの駿馬《しゅんめ》なら、誰もが欲しがるだろう）

陵戸はそう思うと、試したくなった。

※飛鳥戸郡《あすかべのこおり》に、田辺史伯孫《たなべのふひとはくそん》という百済から帰化した男が住んでいる。

伯孫の娘は、※古市郡《ふるいちのこおり》の書首《ふみのおびと》加竜《かりょう》に嫁いでいて男の子を産んだ。伯孫は初孫の報《しら》せに喜んで加竜の家へ祝賀にいき、したたか祝い酒を飲んで、上機嫌で月の夜道を芦毛の馬に乗って帰ろうとした。

途中の蓬蔂《いちびこ》の丘の下を通ると、赤馬に跨がった男と出会った。

男は何も云わず、伯孫と轡《くつわ》を並べていたが、急に赤馬を疾走させて、たちまち伯孫の視界から消えてしまった。

伯孫は呆気にとられていると、息を切らさず戻ってきた赤馬の男が伯孫に競《くら》べ馬を申し込んできた。

承知した伯孫は、芦毛を懸命に駆けさせたが随《つ》いていけず赤馬を見失ってしまった。ところが赤馬が再び馬首を巡らせて戻ってきて、伯孫の前で竜のように身をくねらせて自在に空を駆け昇る。

（何という、素晴らしい馬だろう！）

伯孫は赤馬の秘術に見惚《みと》れ、

（あの赤馬を得られたなら、どんなに愉快なことだろう……）

伯孫はそう思うと赤馬に乗ってみたくなり、赤馬が去った方向へ芦毛を駆けさせると、赤馬が立ち止まっているので、

「私は伯孫という者ですが、倭にこんな素晴らしい馬がいると知りませんでした。貴方の馬を触《さわ》らせてもらえませんか……」

遠慮がちに切りだすと、陵戸は名を告げずに云った。

「そんなに誉めていただいたからには、この馬を差し上げましょう」

「じょ、冗談でしょう、乗せてもらえるだけで嬉しいのですが……」

「いや、どうぞ遠慮なさらず」

「本当に！　この赤馬を、私にくれると云われているのですか」

まさかと、赤馬の鬣を撫でていた伯孫は、驚きの余りに二の句が継げず、

（この世に、奇特な人がいるものだ……）

そう思って躊躇っていると、

「こんな馬でよければ、どうぞ乗って行ってください」

陵戸は、そう云う。

「ただでもらう訳にはいきません。私の芦毛と取り替えてくれませんか……」

「では、私は貴方の芦毛で帰りましょう」

「何とお礼の申しようがありませんが、それでは有り難く交換させていただきます。ではご機嫌よう、さようなら」

「いや私の方こそ、失礼いたしました。お元気に」

二人は、そんな挨拶を交わして別れた。

すっかり酔いが醒めた伯孫は、有頂天になって赤馬を駆けさせ、空を翔ばせて家に着くと鞍を外して秣《まぐさ》を与えた。伯孫はその夜、初孫の誕生を忘れて、赤馬を得たことで嬉しくて眠れなかった。

翌日早く、伯孫は浮き立つ心を押さえて厩《うまや》にいくと赤馬はおらず、寝藁《ねわら》の上に埴輪の馬があるだけで、

(まさか俺は狐に……いや馬に化かされたのか)

伯孫はそう疑ったが自分の芦毛もおらず、

(初孫の祝い酒に酔って、夢を見たのだろうか……。しかしこの埴輪の馬は……)

伯孫は何度も首を捻り、

(俺は婿の家に馬を置いて、歩いて帰ったのだろうか……。もしそうなら、応神陵に飾っ

ている埴輪の馬を持ってきたのかな……。それなら、何とも畏れの多いことを！）

そう思った伯孫は、埴輪の馬を担いで古市郡へ向かった。

蓬蔂の丘に着いた伯孫は、誰もいないのを確かめてから、埴輪と埴輪の間に担いできた赤馬を置いた。

そして周りの埴輪の馬と赤馬を見較べると、やはり赤馬が一番大きくて立派だ。

それに、いまにも動きそうなほど本物に似ている。

（俺は酔っていても、見る目があったんだ。そんな俺が見た初孫は、これまで見たどんな赤子より優れているから行く末が楽しみだ）

そんな孫の自慢を呟いて一人で悦に入っていると、埴輪と埴輪の間に動くものがいる。

それは伯孫に向かって嘶《いなな》くので、自分の芦毛と判った。

（俺は余ほど酒に酔って、埴輪の馬に騙されたのだろうか……）

伯孫は不思議に思いながら、芦毛に乗って再び初孫がいる婿の家へいそいそと向かった。

そんな伯孫の姿を物陰で見ていた陵戸はほくそ笑み、

（少し悪戯《わるさ》が過ぎたか……）

と呟きながら、自分の埴輪作りの腕に自信を持った。

そしていま作っている、自分に似せた騎手の埴輪を作り、赤馬に乗せたらどうなるだろうと心をときめかせ、

（次はどんな悪戯をしようかな……）
そう思って、楽しみにした。

## ※月夜の馬の注釈

蓬蔂《いちびこ》の丘：十五代応神天皇陵［苺（野苺？）が蔓延《はび》こっているから］
飛鳥戸郡《あすかべのこおり》：大阪府羽曳野市飛鳥の辺り
古市郡《ふるいちのこおり》：大阪府羽曳野市古市の付近

# 三十一　億計王《おけのみこ》と弘計王《をけのみこ》

泊瀬《はつせ》の朝倉《あさくら》の宮で天の下を治《しら》しめる大泊瀬《おおはつせ》［第二十一代雄略］天皇は、激しい気性の持ち主だった。

まだ皇子《みこ》であった頃、異母伯父の大草香皇子《おおくさかのみこ》の息子の眉輪王《まよわのみこ》や、円大臣《つぶらのおおおみ》だけでなく、実の兄二人も衝動に駆られて殺すという、激昂すれば何をしでかすか分からない皇子だった。

それは若さ故《ゆえ》とみられたが、兄の穴穂［第二十代安康］天皇が太子を決める前に、眉輪王に殺されたため、日嗣は誰とも決まっていない頃だった。

大泊瀬皇子は、穴穂天皇が後事を託そうとした去来穂別［第十七代履中］天皇の御子の、自分の従兄弟となる市辺皇子《いちべのみこ》に腹蔵を持って、

「近《※ちか》つ淡海《おうみ》の久多綿《※くたわた》の蚊屋野《かやの》に、鹿が群れていると聞いたので、そこで狩りをしよう」

そう誘った。

蚊屋野に着いた日は、互いに雨露を凌ぐ行宮《※かりのみや》を造って泊まり、翌朝早く身仕度した市辺皇子は、舎人の仲子《なかちこ》を伴って大泊瀬皇子の行宮にいき、

「大泊瀬皇子は、まだ寝ているのか。先に狩り場へいくから、急いでくるように」

大泊瀬皇子の従者にこう云い残して駒を進めた。

従者はそれを、市辺皇子がすごい剣幕で云ったように大泊瀬皇子に伝えた後、

「太子でもないのに、何というものの云いようでしょう。市辺皇子は、何か企んでいる様子ですから、用心してください」

焚きつけるようにつけ加えた。

大泊瀬皇子は衣の下に鎧を着け、馬を駆って跡を追って市辺皇子と仲子を射殺し、死体を切り刻んで飼葉桶《かいばおけ》に入れて地面と同じ高さに埋めた。

この事件を知った市辺皇子の億計王《おけのみこ》と弘計王《をけのみこ》の幼い二人の皇子は、怖れ戦《おのの》いて動顛《どうてん》して、従者を連れずに都を抜け、※玖須婆《くすば》から山背《やましろ》川を渡った。

そして山陰道へ向かい、丹後の東部の※余佐郡《よさこおり》を半巡して、針間《はりま》の国へ逃れて※志自牟《しじむ》に着いた。

突然の夫の死に、悲哀を極めた市辺皇子の妻の荑媛《はえひめ》は侍女を連れて、夫の遺骸と御子二人の行方を求めて蚊屋野へいったが捜し出せなかった。

疲労困憊だったが引き返して、玖須婆の渡しに辿り着いて聞いて回った。

（幼い子供二人が、山背川を越えていった）

という情報を得た。だがその先の行方は杳《よう》として知れず、疲労と空腹の余りに侍女はそ

こで亡くなった。

　荑媛は気力を振り絞って塚を造り、侍女を葬って再び山背川を越え、

「吾子《あこ》の、億計王と弘計王を見た方はおられませんか」

　そう訪ねながら、山陰道を西へ向かった。

「二人の幼い兄弟を見たので、どこへいくかと問う前に怯えて、森や草叢に隠れてしまって保護できなかった。仕方なくひもじい思いをしているのではと、道端に乾飯《ほしいい》を置いておくと、翌日はなくなっていた」

　そんなことを、無念そうに云ってくれる人もいた。

「そうですか……。吾子に乾飯をくだされたのですね、有り難うございます」

　荑媛は涙ながらに礼を云い、情けある人に食べ物を恵んでもらった吾子を愛しとの思いだけを胸にして、兄弟の跡を追った。

　だがその先は人も住まぬ土地で、荑媛はわずかな山野の木の実を口にして捜し続けたが体力は衰え、杖にすがって歩いていたが力尽きて路傍に倒れた。

　そこに目尻を裂いて文身《いれずみ》した面妖《めんよう》な老人が通りかかり、窶《やつ》れていても鄙《ひな》には稀《まれ》な美しい荑媛の顔を覗き込んだ。荑媛は、その顔を見て驚いて逃げようとしたが足は立たず、そんな荑媛に老人は腰を屈めて云った。

「俺はごらんのとおりの老人だから、先は幾許《いくばく》もなかろう。だから一度でよいから人助けして、黄泉の国へいきたいと思っている」

「なぜ、一度も人を助けたことがないと云われるのです」

「俺は子供の頃から気ままな乱暴者で、この前も幼い二人の子供の乾飯を奪ってしまった。多分、兄弟だっただろうが……。そんな幼い子供に酷い仕打ちをしたことを、初めて後悔した。その償いに、一度でよいから人助けをしたいと思っている」

「それは、きっと吾子に違いない！」

久しぶりに情報を得た萬媛は、続けて二人の容姿を訊くと確かに吾が子で、萬媛は安堵して気を失ってしまった。

この老人の名は猪甘《いかひ》といい、萬媛を抱きかかえて自分の小屋に運び込み、粟粥を温めて萬媛の口に含ませようとしたが、萬媛は疲労の余りに一匙も口にせず息絶えてしまった。

猪甘は、幼い兄弟に心を残して死んだ哀れな萬媛の塚を造って葬り、安否の知れない兄弟を案じて捜し廻った。


さて都では実の兄二人と従兄弟を殺して皇位に就いた大泊瀬天皇は、草香幡梭皇女《くさかのはたびのひめみこ》を娶《めと》って皇后に立てた。

ある年の秋、大泊瀬天皇は、よく茂っている欅《けやき》の木の下で新嘗《※にいなめ》の豊明を催した。そのとき、伊勢の国造が遣《つか》わした采女が、酒を満たした杯を天皇に捧げようとした。

采女は杯に欅の葉が落ちたのを知らずに捧げたため、激怒した天皇は嫋《たお》やかな采女を打ち伏せて斬り殺そうとすると、皇后の幡梭皇女は沈着に、

「家具などに使う歪《くるわ》ない欅の木の葉なので、その葉が入った御酒《みき》を飲むと、歳をとっても気が狂わないということの吉兆でしょう」

そんな懸詞《かけことば》で気転を利かせたため、采女は救われた。

あるとき、天皇が妃にしようとした百済《くだら》の池津媛《いけつひめ》が石川盾《いしかわのたて》と通じたと知って激昂した天皇は、※来目部《くめべ》をやって捕らえて、二人の肢体を板に張りつけて桟敷に置き、火を放って焼き殺した。

あるいは天皇が吉野へ行幸した折、見初めた童女君《おみなぎみ》と一夜だけ契《ちぎ》ったり、狩りの途中で、美和河《みわがわ》の畔《ほとり》で云い交わして約束した赤猪子《あかいこ》を忘れたりもした。

あるとき、春日の袁杼媛《おどひめ》に心を動かしたが、媛は悪名が高い天皇を恐れて逃げ、そのまま行方知れずになってしまった。

このように兄弟や従兄弟を平気で殺したり、不特定の女に言い寄ったりと、多情多恨と云うべき天皇は百二十四歳で崩御し、ここで漸く専横政治に終止符を打った。

人臣を粗末に扱った大泊瀬天皇の日嗣に、温厚な白髪《しらかの》皇子「第二十二代清寧《せいねい》」が立ち、※磐余《いわれ》の甕栗《みかくり》の宮で天の下を治めた。

この白髪天皇は生まれながらに髪が白く、労《いたつ》きの身で妃を求めなかったため、日嗣はいなかった。しかし荑媛の皇子らの話を聞くと、群臣たちを叱咤激励して、日嗣の皇子《みこ》を探させた。

群臣たちは、

「皇家の血筋が絶えては一大事」

と、皇家の血を継ぐ皇子を捜し回ったところ、※葛城《かずらき》の忍海《おしぬみ》にある※高木《たかき》の角刺《つのさし》の宮に、市辺皇子の妹の飯豊皇女《いいどよのひめみこ》がいると判り、

「日嗣の皇子が見つかるまで、天皇にお仕え下さい」

群臣たちは打ち揃って高木の角刺の宮で、そう請い願った。

そこで止むを得ず天の下を治めることになった飯豊皇女も、群臣も、二十二代続いた男子の天皇を望み、諸国に使者を遣わして皇家の血を引く皇子を捜し求めた。

これは初代神武天皇以来、男子だけしか天皇になれない旧習で、群臣も人民も、男の天皇を望んだ。そんなとき、※宰《みこともち》として針間の国に派遣されていた小盾《おだて》が、志自牟にいる豪族の屋敷の新築祝いに招かれた。

酒宴がたけなわになると、貴賤を問わず、長幼を問わず歌舞を披露することになった。だが竈番《かまどばん》の少年二人だけとり残されたが、その二人にも声がかかった。ところが兄弟はどちらが先に舞うかを譲り合っていると、そんな睦まじい姿に爆笑が起こり、結局、兄が先に舞い、次に弟が舞った。

《武士《もののふ》の佩《は》く剣の柄は※丹塗《あかぬ》り　剣の緒には※赤幡《あかはた》を巻き

赤幡を見た敵は峰に隠れ　その峰の竹を根元から刈り取り

《※八紘《やつお》の琴を奏《かな》でる吾《あ》は　履中天皇の御子の市辺皇子の末なり》

弟は少年らしく、口から出た言葉を率直に歌って舞った。

面立《おもだ》ちも舞姿も凛々しく、卑しい召使には見えない弟の歌を聴いた小盾は、危うく座敷から転げ落ちそうになった。

（雄略天皇に殺された市辺皇子の御子が、こんな鄙《ひな》びた邑《むら》の豪族に、下僕として使われておられたとは）

腰が抜けるほど驚いた小盾は、すぐ宴会を中止させ、全ての者を屋敷から追い出し、

「雄略天皇が、卑しい奴《やっこ》の言を信じて殺した市辺皇子の御子二人が、都を離れたと聞いております。しかし消息は知れず、誰も身罷られたものと思っておりました。まさかこんな鄙びた邑で、下僕に窶《やつ》されているとは知らず、さぞご苦労なされたとお察しいたします」

そう云って二人の兄弟を膝に載せ、いとおしさの余りに抱きしめた。

そこで、億計王と弘計王の二人は交互に、

「都を抜けた※山代《やましろ》の苅羽井《かりばい》で、道端に置いてくれた乾飯を食べようとすると、目に文身をした老人に乾飯を奪われました。そこで都に戻る望みを捨てて、身分を匿《かく》して志自牟の邑《むら》まできましたが山賊に捕らわれて、この屋敷の豪族に馬飼いと牛飼いの童《わらべ》として売られました」

これまでの経緯《いきさつ》を話した。

数奇な運命に弄《もてあそ》ばれた皇子たちを哀れと涙した小盾は、邑里の者を集めて宮殿を造って住まわせると共に、駅馬《はやうま》で白髪天皇と飯豊皇女に報せた。

「これで皇家の絶滅が防止《ふせ》げる」

仮の朝政を執っていた飯豊皇女も群臣も大いに喜び、小盾に二人の皇子を高木の角刺の宮に送り届けさせた。

群臣たちは兄の億計王に皇位に就くように請うたが、億計王は志自牟の邑で舞ったときと同じように弟に譲ると云い、弟は兄を推《お》した。

「私は舞っただけで、お前があの歌を唄ったから思わぬ仕儀にいたった。だからお前が皇位に就くべきだ」

兄の億計王はそう云って拒み続け、白髪天皇が治世四年で崩御された後、仕方なく弟の弘計［第二十三代顕宗《けんぞう》］天皇が即位した。こうして天皇となった弘計王は、兄の億計を太子に立てると共に、父の市辺皇子の遺骸を捜し廻った。しかし大泊瀬皇子が、地面と同じ高さにしか土を盛らなかったため、見つけられなかった。

そのとき淡海の国に住む卑しい老婆が、

「私は残虐な場を見ていましたので、市辺皇子の遺骸を埋めた場所は知っております」

そう云ってきた。

天皇は早速、人民を使って、老婆が教えてくれた市辺皇子の遺体を掘り出し、蚊屋野の東の山に陵を造って葬った。

貴重な情報を知らせてくれた老婆を、宮中に招いて置目老媼《※おきめのおみな》という名を与え、御屋の近くに住居を造って厚遇した。

その後、天皇は猪甘の老人を捜し出して、面通しもせずに、釈明もさせずに飛鳥川の川原で斬り殺した。

猪甘は一言の弁解も荑媛の末路も語らず、人生を達観したかのように抗《あらが》うことなく殺されたので、猪甘の一族は、

（猪甘は、荑媛の末路を哀れに思って、それに尊《とうと》い天皇の血を継ぐ兄弟を酷い目に遭わせたため、後悔に苛《さいな》まれたのだろう）

潔《いさぎよ》く刃《やいば》を受けた猪甘の心情を、このように結論づけた。

なかでも荑媛の最期を噂で知った群臣が、これを天皇に告げなかったのは、天皇が知れば、どんなに酷い仕打ちをするのかと恐れたからだった。

でもこの話はいつか天皇の耳に入り、猪甘一族は、老若男女を問わず、膝の筋を斬られて、足を引き摺らねば歩けなくなった。

群臣たちは、猪甘が斬られたり一族が不具者にされたことに驚愕し、

「天皇は、やはり猛々《たけだけ》しい血筋を継いでおられる。明日は我が身か……」

そう私語《ささや》き合ったが、兄の億計は弟の措置を苦々しく思っていた。

そんな天皇は春三月、御苑《みその》で曲水《※めぐりみず》の宴《うたげ》を行ったとき、人民を治めるには、論功行賞を行うことが肝要《かんよう》であるとし、翌四月、小盾を呼んで云った。

「朕を捜し出してくれた功は実《まこと》に大きい。願うことがあれば申し出よ」

寵愛された小盾は臆せず、※山官《やまのつかさ》を所望し、その役を賜り、更に山部の連《むらじ》という地位も許された。

一カ月後、韓帒宿禰《からふくろのすくね》が、父市辺皇子の殺害に加担したと分かり、天皇は誅《ころ》そうとした。

すると億計太子は、韓帒宿禰は置目老嫗の兄だと偽って天皇を諫《いさ》め、賤民の陵戸に落として山部の連に預けた。

更なる億計太子の諫言《かんげん》により、天皇は置目老嫗の功を考慮して宿禰の罪を許し、元の※狭々城山君《ささきのやまのきみ》という姓を与えた。

しかし天皇は、父市辺皇子の敵《かたき》の雄略天皇への恨みを忘れず、当時、死者への最大の侮辱となる※丹比高鷲原陵《たじひのたかわしのはらのみささぎ》を暴《あば》くことを億計太子に相談すると、億計太子は、

「陵を破壊するのは、他人《ひと》に任せてはなりません。私自身が、天皇の考え通りに壊《こわ》してまいりましょう」

そう断って出掛けたが、余りにも帰りが早いので、弘計天皇は、

「どのように、壊されたのですか」

そう問い質《ただ》すと、億計太子は平然と答えた。

「陵の端っこを、少しだけ掘り採《と》ってきました」

「父の敵を討つには陵をすっかり破壊して、遺骨を砕いて投げ散らすのが、父への孝行で

はないのでしょうか……」

「雄略天皇は父の敵でも天皇に登られて、我が父は難に遭って天皇に登られなかった。だからといって、そのようなことをすれば、誰が君を祖霊として仕《つか》えましょうか。また雄略天皇の御子の清寧天皇と飯豊王女の厚い寵愛と深い恩恵がなければ、今の私たちは存在しません。もし貴方が云われたようなことをすれば、後の人たちは、天皇としての貴方をどう思われるでしょうか」

億計太子がそう諫止《かんし》すると、

「良いことを云ってくださった」

弘計天皇は、そう云って兄を誉めた。

そうしていると、厚遇していた置目老嫗が老いさらばえて、

「私は歳をとり過ぎましたので、故郷で余生を送らせてください」

そう申し出たので、天皇は自ら途中まで置目老嫗を送っていった。

天皇は暴君で終えることなく、兄億計太子の諫言をよく聞き入れ、人民を苦役に使うことなく、曲水の宴は再三行った。

その際、天皇はどんな歌を詠んだかは残っていないが、志自牟で舞い歌ったような稚拙なものではなかっただろう。

弘計天皇は、治世三年で崩御したが、その間、作物はよく稔って百姓は富み、野に馬が満《み》ち溢《あふ》れた。そして、億計王が皇位を継いだ。

その億計［第二十四代仁賢《にんけん》］天皇は、石上《※いそのかみ》の広高《ひろたか》の宮で天の下を治めた。

億計天皇は、僻地《へきち》での辛苦を忘れずに、万民の憂いや苦しみを敏感に嗅ぎとった。また虐《しいた》げられる者は我が身の如く思って徳を布《し》き、恵みを施《ほどこ》して政令をよくして寡婦を養ったので、人民は天皇に馴れ親しんだ。

### ※億計王《おけのみこ》と弘計王《をけのみこ》の注釈

近《ちか》つ淡海《おうみ》：琵琶湖。遠《とお》つ淡海は浜名湖
久多綿《くたわた》の蚊屋野《かやの》：滋賀県愛知《えち》郡愛荘《あいしょう》町の上蚊野《かみかの》付近
行宮《かりのみや》：皇族が旅行先に造る、仮の御屋
玖須婆《くすば》：大阪府枚方《ひらかた》市楠葉
余佐《よさ》：京都府与謝郡
志自牟《しじむ》：兵庫県三木市志染《しじみ》町
新嘗《にいなめ》：秋に収穫したばかりの穀物
来目部《くめべ》：宮廷の警備や軍事に従う部《べ》の一つ
磐余《いわれ》の甕栗《みかくり》の宮：奈良県桜井市から橿原辺り一帯
葛城《かずらき》の忍海《おしぬみ》：奈良県葛城市忍海
高木《たかき》の角刺《つのさし》の宮：同右にあったという宮

宰《みこともち》　：臨時に派遣される監督官

丹塗《あかぬ》り：邪気を払う色

赤幡《あかはた》：天皇の旗の色

八絃《やつお》の琴：通常の琴は五絃《げん》だから、珍しい琴という意味

山代《やましろ》の苅羽井《かりばい》：京都府城陽市の綺田《かばた》

置目老媼《おきめのおみな》：置目は、よく見ていたとの意、老媼は老女を敬う言葉

曲水《めぐりみず》の宴《うたげ》：曲がりくねった上流から流れ下ってくる杯が自分の前を通り過ぎる間に詩歌を詠み、その杯の酒を飲む遊戯。福岡県太宰府天満宮や岩手県毛越寺や、上賀茂神社などで行なわれている

山官《やまのつかさ》：膨大な利権が絡む、山守部を管掌する伴造《とものみやつこ》

狭々城山君《ささきのやまのきみ》：滋賀県近江八幡市安土町付近の郡付近の地方長官

丹比高鷲原陵《たじひのたかわしのはらのみささぎ》：大阪府羽曳野市島泉字高鷲原

石上《いそのかみ》の広高《ひろたか》：奈良県天理市田辺、又は嘉幡《かはた》

# 三十二　真鳥《まとり》の大臣《おおおみ》

億計《おけ》［第二十四代仁賢］天皇は童女君《おみなぎみ》の娘の春日大娘皇女《かすがのおおいらつめのひめみこ》を皇后に立て、皇后との間に七人の御子を儲《もう》けた。しかし皇子は六人目の小泊瀬《おはつせ》皇子だけで、日嗣はこの小泊瀬皇子しかおらず、天皇は太子とした。

億計天皇は、治世十一年で崩御すると埴生※《はにゅう》の坂本の陵に葬られ、仁賢《にんけん》という諡号が贈られた。

大臣の真鳥《まとり》は、小泊瀬皇子を日嗣にしなければならない事態を憂いて、身罷《みまか》った仁賢天皇の心中を察して小泊瀬太子［第二十五代武烈《ぶれつ》］を皇位に就けず、しばらく様子を見ようと、自ら国政を専断した。

その真鳥は息子の鮪《しび》と議《はか》って、皇家の血統を有する皇子を捜すと共に、物部目の後継者である重臣の物部麁鹿火大連《もののべのあらかいのおおむらじ》を懐柔《かいじゅう》しようと、彼の娘の影媛《かげひめ》を鮪に娶《めあ》わせようとした。

これは愚直な臣や連たちが、心証のよくない武骨な真鳥の方針に反対しても、麁鹿火大連なら、自分と考えを共有すると見込んだからだった。

というのは朝廷の実力者の大臣と大連※が連携すれば、平《ひら》の臣や連が容易に小泊瀬皇子を即位させるという考えを押さえ込めると思ったからだった。

真鳥の思惑は容易に運び、影媛も鮪も互いに好ましく思って二人は親密になった。この計略を考案した真鳥は、太子に、

「御屋が竣工した後に、即位してください」

と偽り、御屋の造営をゆるゆると進捗《しんちょく》させたが、太子に替わる者を見つけ出せない前に完成したため、真鳥は、

「天皇が住む御屋に、床鳴りや雨漏りなどの瑕疵《かし》があってはなりません」

そんな屁理屈をつけ、

「先ず自分が住んでみてから」

そう云って、太子の入居を遅らせた。

真鳥はその間、百僚と誼《よしみ》を結びながら、あらゆる手を打って臣下に皇家の血筋を引く皇子を捜させた。

だが痺《しび》れを切らした太子が、真鳥に即位の大礼を催促すると、

「まだ手直ししなければならない所が多くあり、今しばらくお待ちください」

真鳥は好《い》い加減な言い訳をし、太子を適当にあやしながら、自分の計画を推し進めていると、

「旦波《たには》の桑田郡に、第十四代仲哀天皇の五世の倭彦王《やまとひこのみこ》がおられます」

そんな報告があった。

真鳥は太子に病と偽って、私《ひそ》かに旦波の国へ下向して倭彦王に会った。

その倭彦王は、確かに皇家の血を引く気品は窺《うかが》われても胆力のないひ弱な、草深い鄙《ひな》の地で満足する少年で、天皇と崇《あが》められる皇子には見えなかった。

真鳥は、皇子が猫を被っているのではと、二、三日滞在して倭彦王を観察したが、どう見ても辺境の桑田に住む少年でしかない。

真鳥が失望して都へ戻ってくる間に、太子が影媛を見初《みそ》めて媒人《なこうど》を遣わした。

その頃、すでに鮪と婚《よば》っていた影媛は、父は不在で相談できず、相手が太子では無下《むげ》に断れず、その場を取り繕《つくろ》って、気があるような、ないような、曖昧な返事をした。

太子は、※海石榴市《つばきち》の麁鹿火大連の宅《いえ》に近習の舎人を遣わして、官馬を求めにやると、

「官馬は天皇のために飼っているので、天皇の命令なら従いもいたしますが……」

真鳥の大臣の意を汲む麁鹿火大連は、太子が娘の影媛を望んでいると知ってもそ知らぬ風を装い、このようにわざとふざけて云ったのは、小泊瀬太子は天皇ではなく、まだ太子だとの意味を含ませたからである。

太子は、即位の準備をしない真鳥の大臣も、影媛も馬も献上しない麁鹿火大連を、面に出さなかったが恨んでいた。

そんなときに※歌垣《うたがき》の季節になった。この歌垣に影媛も参加すると聞いた太子は出向き、影媛の前を歩いては立ち止まり、または影媛を振り返って見る動作を繰り返した。

そこで影媛の素っ気ない態度に業《ごう》を煮《に》やした太子は、遂に影媛の袖を掴んだ。

太子の手を振り払おうとする影媛と、引き寄せようとする太子の間に鮪が割って入り、そこで太子と鮪は影媛を巡って互いに歌で張り合い、交互に三首歌った後、太子がこの歌を影媛に贈った。

《箏《こと》の音《ね》に寄る影媛が珠ならば　吾《あ》れは恋《こ》う鮑《ほう》の白珠《しらたま》》

この歌い返しに、鮪が影媛に代わって、

《日嗣の御子の※御帯倭文織《みおびしずお》り垂《た》れ結び　他《た》の誰《たれ》とも相想《あいおも》わずや》

そう歌うと、太子は影媛が頷いたと見た。

二人は※倭歌《わか》に長《た》けており、鮪が『垂れ』と『他』と『誰』の『た』を重ねたことで、太子はそこで、影媛と鮪がすでに理無《わりな》い仲と知った。

太子は、これまで鮪の父の真鳥大臣が、即位の儀式の準備をする様子がないことと、これまでのことごとの逃げ口上を思い起こして怒った。

居《い》た堪《たま》れず歌垣から抜け出た太子は、大伴金村連《おおとものかなむらのむらじ》の屋敷《いえ》を訪ねて、真鳥父子の無礼を口にすると、平《ひら》の連に甘んじて、不満を抱いていた金村は太子に諂《へつら》い、

「太子のお怒りは、ごもっともです」

即座に相槌を打って媚びた。

翌朝、金村連は郎党を引き連れて、帰路についた鮪の後を追い、鮪を逃がそうとする平群の郎党を切り捨てながら那羅山《ならやま》で追いつくと、鮪を斬り殺して谷に蹴落とした。

逃げ帰った鮪の舎人の注進でことを知った影媛は、下女を伴って※石上《いそのかみ》の布留《ふる》から北へ向かい、※高橋と※大宅《おおやけ》を過ぎ、更に※春日を経て※小佐保《おさほ》を越えて、はるばる那羅山を訪ねた。

そこで影媛は、谷の狭間《はざま》に横たわっている鮪の遺骸に取り縋って泣き続けた。やがて日が陰ってきたので、影媛は下女に手伝わせて穴を掘り、鮪を葬って土を盛った塚に、飯を盛った椀と水を供えて詠《うた》った。

《はるばると吾《あ》が背《せ》を訪ね泣き濡《そぼ》ち　椀に飯《いい》盛る吾れぞ哀《かな》しき》

（何と辛いことでしょう。楽しいはずの歌垣の日に、愛する夫《つま》を失って、なぜ吾が手で葬らなければならないのでしょうか……）

そう嘆きながらの帰り道すがら、猪や貉などが鮪を掘り出して喰わないかと心配し、

《※青丹《あおに》よし那羅の谷間に水漬《みづ》く鹿　※猪子《いのこ》漁《あさ》るな愛しき鮪を》

こんな重い心を歌った。

（それなら鮪を掘り起こして、下女と担いで帰るにしても、手弱女《たおやめ》の身では……。それなら妾《わたし》が鮪の塚守をすればよいが、煙も立たない那羅山の山峡《やまかい》で、妾一人では鮪を守れるとは思えぬ）

そう思って嘆息し、

（もしここで生活《くら》せたとしても、私が死ねば同じことでしょう……）

影媛は思い惑った末、父に頼ろうと海石榴市の宅に帰り、

《鮪をばを埋《う》めはおきつつ那羅山の　汝《な》の塚守《つかも》る常世《とこよ》の果《はた》て》

この倭歌《わか》を書き残し、持ち帰った鮪の懐にあった遺品の短刀で胸を貫いて果てた。

累《るい》が我が身に及ぶのを恐れながら、影媛を捜し廻って帰宅した麁鹿火大連は、自ら命を絶った憐れな娘の姿と、机上《きじょう》の辞世の倭歌に涙した。

その夜更け、麁鹿火大連は従僕に影媛を背負わせて影媛の遺言に添おうと、那羅山の狭間で見つけた新しい塚を、獣に掘り起こされないよう深く掘り下げて影媛を鮪に添わせて葬り、その足で太子を訪ねた。

「我が娘の影媛は、鮪と何ら関わりはありません。太子がお疑いになって鮪をお討ちになられたそうですが、我が娘は、太子の嫌疑《けんぎ》を晴らそうと果ててしまいました。太子の媒人《なこうど》

がこられたとき、娘は喜んでおりましたのに、私に何の相談もなく果てるとは、何という娘でしょう。私はついかっとなって、娘の遺骸を獣の餌にでもと、山に捨ててきました。いま頃、猪や貉《むじな》や狼が群がって喰っているでしょう」

麁鹿火大連は、前もって考えてきた筋書きを奏上した。

「そうか、捨ててしまったか。朕は、影媛の腹を裂いて見たかった……」

そう云う太子の目には、何ともいえぬ残虐な光が宿ったと麁鹿火は見た。

もし太子が娘の遺骸を見たいと云ったときの用心に、よくぞ、そこまで考えてきたと麁鹿火はほっとしたが、いまの太子の言葉で、真鳥大臣が太子を皇位に就けたくない理由が明らかになった。

「歌垣で影媛に代わって歌ったのは、鮪が出任《でまか》せに歌ったものだ。俺は、そんなことだろうと思っていた」

四十九歳の太子は面子を保つように云い、それ以上、麁鹿火に問わなかった。

翌日、太子がこのことを金村連に話すと、

「太子は、即位をいつまで待っておられます……。鮪が、影媛と通じているとの偽りの歌は、真鳥大臣の下心があってのことです」

「朕は、お前と同じことを考えた」

太子は、まだ即位していないのに朕という言葉を使った。

「私より位の高い真鳥大臣なれど、憚《はば》かりながら申しあげます。太子が大王《おおきみ》になられると、大臣は厄介な存在になりましょう」

　金村連は、私が討ってみせると云わんばかりに、太子を煽《あお》った。

「朕は、天の下が乱れるのを怖れる。お前が朝廷を護ろうとするなら、大伴軍団を率いて真鳥を討て！」

「では仰せに従って、ただの連の私めが、大臣を討ちましょう」

　金村連は、大臣か大連を恩賞にと、催促する心をもって答えた。

　そして百僚の中から選ばれたことを誇示するために皇旗を賜《たま》わり、それを門に掲げて兵揃えした。


　その頃、※三国《みくに》の坂中井《さかない》というところに、応神天皇の五世の孫の彦太尊《ひこふとのみこと》という方がおられる、との報告を受けたばかりの真鳥は、歌垣の騒ぎを知りながら、

「息子の敵《かたき》討ちなどと私事ではなく、猫を被っている太子を天皇に仰げば、国民《くにたみ》の困窮は計りしれぬ。ここが、社稷《しゃしょく》が護れるかの切所《せっしょ》である」

　麁鹿火大連や、他の臣や連にこんな檄《げき》を飛ばした。

　麁鹿火は真鳥大臣の檄に応えて、加勢にと兵を集めて真鳥の宅へ向かった。

　だが既に大伴の精兵が真鳥の屋敷を十重二十重《とえはたえ》に取り囲み、皇旗を陣頭に掲げて鉦《かね》を打ち鳴らし、気炎をあげて攻撃する態勢だった。

　麁鹿火軍は、そんな大伴軍団を打ち破って真鳥の屋敷に入ることはできず兵を停めてい

ると、金村連が麁鹿火大連に気づくと、

「これはこれは大連さま、この場は、真鳥大臣の討伐を太子に委《ゆだ》ねられた私めにお任せください」

そんな見当外れなことを云った。

「それでは、お前に任せよう」

麁鹿火大連はそう云わざるを得ず、その場を離れて好機を窺って、背後から金村連を挟み撃ちにしようと考えた。

しかし、初代神武天皇の代から武門を誇りとする大伴軍団は意気軒昂《いきけんこう》で、真鳥の屋敷を※火箭《ひや》で射ると、館は瞬《また》く間に燃え上がった。

そこで塀を飛び越えて逃れようとする真鳥の郎党はことごとく討たれたが、髪を乱して衣服を焼き焦がして門に出てきた真鳥大臣を、大伴の精兵が槍で胸を貫いた。

真鳥は、その槍を抜かせるものかと左手で掴んで離さず、足を踏ん張って息を整えて目を大きく見開き、

「大伴の者ども、我を鬼神と見るや！　ぐわっ、はっはっは」

と豪胆に笑い、

「小泊瀬を天皇に据えれば、この国の先途《せんど》は地獄となろうぞ！」

こう高天原へ届けとばかりに、大音声《だいおんじょう》で叫《よ》ばわって息絶えた。

真鳥大臣を討った金村連が太子に復命すると、太子は真鳥一族の掃討を命じたため、真

鳥の科《とが》は平群一族に及んだ。

その間、麁鹿火大連は、

（太子に猜疑《さいぎ》されては……）

誰もがそう思って手を出さない真鳥大臣の屍を引き取り、塚を造って葬った。

この後、太子は泊瀬の※列城《なみき》に※高御倉《たかみくら》を建てて即位し、大伴金村連を大連に任命した。


即位した小泊瀬天皇は、二年近く温和しくしていたが、その後は本性を剥き出した。

妊婦の腹を割《さ》いて胎児を見たり、民人《たみびと》の生爪を剥《は》がして山芋を掘らせ、頭髪をむしりとった男を木の頂に登らせ、その木を根元から切り倒して死なせて面白がった。

あるいは百姓を池の堤に設けた水を引く樋《とい》に潜らせて、水路から流れ出る身体を三つ刃の矛で刺し殺したり、威嚇して木に登らせた者を射落として喜んだりした。

更に真っ裸にして座らせた女たちの前で馬を交尾させ、それを見て欲情した女を殺し、そうでない女は※官婢《つかさのやっこ》にした。

そして百姓には苛酷な調《つき》を課《か》し、民が虐げられたり飢えていても、徴発した調を湯水のように費《つい》やして贅《ぜい》の限りを尽くした。

更に寒さに震える人民を顧みず、自分たちは暖かい衣を重ね着し、夜毎に※侏儒《ひきひと》や※倡優《わざおぎ》などを集めて奇っ怪な遊びをさせて楽しみ、後宮の女と戯れて美食や酒に溺れた。

臣や連などを欲するまま使い、反抗する者は殺し、天皇と後宮の女たちは※綾《あや》や白絹※をまとわせ、綿織りの褥《しとね》に寝るという贅沢ぶりで、何一つ善いことはしなかった。

このような、連夜の乱淫が祟《たた》ったためか御子は恵まれず、皇位に就いて八年経過した五十七歳の冬の十二月に速狭騰《※はやさのぼり》し、忌《い》み名は武烈《ぶれつ》と呼ばれた。

物部の麁鹿火大連も大伴の金村大連も、平群の真鳥大臣の先見の明《めい》を惜しみ、殯《もがり》している柩の中の天皇と、真鳥大臣の塚から掘り出した遺体を密かに入れ替え、傍丘磐杯丘《※かたおかのいわつきのおか》の陵に真鳥大臣を、真鳥大臣の塚に武烈天皇を葬って苦節の憂《う》さを晴らした。

## ※真鳥《まとり》の大臣《おおおみ》の注釈

埴生《はにゅう》の坂本の陵：大阪府藤井寺市美陵町

大連《おおむらじ》：大臣と並ぶ大和朝廷の執政者で、連の中の最有力者

海石榴市《つばきち》：奈良県桜井市金屋《かなや》

歌垣《うたがき》：男女が山や市に集まって互いに歌を詠み交わし、舞踏して遊んで配偶者を決める行事で、一種の性的解放も行なわれた。

御帯倭文《みおびしずお》織り：横糸を青や赤に染めて、乱れ模様に織った布

倭歌《わか》：漢詩に対する倭言葉で創った歌、和歌《やまと》、三十一《みそひと》文字

石上《いそのかみ》の布留《ふる》：奈良県天理市布留

高橋：奈良県奈良市杏町《からももちょう》高橋

大宅《おおやけ》：奈良県奈良市白毫寺《びゃくごうじ》町
春日：奈良県奈良市春日山以西の地
小佐保《おさほ》：奈良県奈良市佐保台
青丹《あおに》よし：奈良にかかる枕詞《まくらことば》、前置き言葉
猪子《いのこ》：猪、又は猪の仔
三国《みくに》の坂中井《さかない》：福井県坂井市三国町
火箭《ひや》：火を仕掛けて放つ矢
泊瀬の列城《なみき》：長谷寺の南
高御倉《たかみくら》：天皇が即位する場所
官婢《つかさのやっこ》：官有の奴婢《ぬひ》
侏儒《ひきひと》：小人
倡優《わざおぎ》：俳優・戯《たわむ》れごとを行って人を楽しませる者
綾《あや》：文様を織り出した絹織物
白絹：上等の絹。灰汁《あく》などで煮た柔らかい絹
速狭騰《はやさのぼり》：早く高天原《たかまのはら》へ昇ること、若死
傍丘磐杯丘《かたおかのいわつきのおか》：奈良県香芝市今泉

# 三十三　皇家断絶

皇子女に恵まれなかった小泊瀬《おはつせ》［第二十五代武烈］天皇が五十七歳で薨《こう》じると、皇位を継承する皇子はいなくなった。

その小泊瀬太子は、即位して権力を掌握した二年後から、百僚を見下げて民を顧みないばかりか、心の赴《おもむ》くまま醜行《しゅうこう》を繰り返し、群臣のほとんどは虐げられ、可愛がられたのは侏儒《ひきひと》や俳優《わざおぎ》に後宮の女たちだけだったが、その者たちも、

（いつ、我が身に禍《わざわい》が及ぶか……）

と、恟々《きょうきょう》とする日々であった。

小泊瀬天皇が太子だった頃から媚《こ》び諂《へつら》って、即位すると大連《おおむらじ》に抜擢された大伴金村《おおとものかなむら》大連も百僚もおどおどし、諫言は疎《おろ》か保身に精一杯で、嵐が去るのを神に祈るだけだったが、天皇が崩御して安らぎを取り戻したとほっとした後は、得《え》も云われぬ虚脱感に捉われた。

そしてこの安寧が永く続かないのは、卑弥呼《ひみこ》が薨じた後に倭《わ》の国に騒乱が起こって国が乱れた過去を鑑《かんが》みると、暴君とはいえ、国の柱を失ったことに群臣が気づいたからであ

る。

そこで臣と連たちは、心の拠り所となる、頼れる皇家の血を継ぐ皇子を捜そうとしたが容易でなく、八方手を尽くしても情報は得られず、断念しなければならない状況に陥った。

そんなときに十四代仲哀天皇の御子の、誉屋別皇子《ほむやわけのみこ》の四世となる倭彦王《やまとひこのみこ》が、旦波の桑田郡に幽居《ゆうきょ》していると判った。

「誉屋別皇子を失念していたが、この皇子に子孫がいたとは天祐《てんゆう》だ！」

臣や連たちは口を揃えて云い、大伴金村大連《おおとものかなむらのおおむらじ》も、

「とにかく御輿《※みこし》を持ってお迎えする用意をして、天皇と仰げる器《うつわ》かどうかを見てみよう」

そう云って、臣と連と兵を率いて旦波へいくと、山で桑を摘んでいた倭彦王は御輿を先頭にした都の兵士を見て怯えた。

一行はそんな倭彦王を驚かさないよう、鉦と太鼓を打ち鳴らして進んだが、倭彦王は何年か前に、鋭い目つきをした都の貴人（真鳥の大臣）が私《ひそ》かに訪ねてきたことを思い出し、桑篭を捨てて山中に遁走《とんそう》した。

臣たちは、家の前で列を正《ただ》して倭彦王の帰りを待っていたが、幾日たっても倭彦王は帰ってこず、遂に行方知れずになったので他の皇子を捜すことにした。

河内の国に、身分の卑しい荒籠《あらこ》という馬飼いの首《おびと》が、金村大連に上奏した。

「応神天皇の孫に、彦主人王《ひこうしのみこ》という方がおられましたが、この人の三世の孫である男大迹《おおどの》王《みこ》という方が※越国《こしのくに》の坂井の三国におられます」

物部麁鹿火大連《もののべのあらかひのおおむらじ》と、巨勢男人大臣《こせのおひとのおおおみ》らは倭彦王の件に懲りて、諜者《ちょうじゃ》をやって慎重に調査すると、

(この方の資性《しせい》は武烈天皇とは違い、心の広い親孝行者で、情に厚い賢者であられます)

こんな報告があった。

金村大連は、倭彦王を迎えにいったときのように、兵を揃えて御輿を担がせ、しかも※御《み》璽《しるし》を掲げて三国へ下向すると、男大迹王は動じず、平常心で床几《しょうぎ》に腰を下ろしていた。臣たちを整列させて、男大迹王の姿を見ると自然に頭が下がり、金村大連が、

「ぜひ、皇位を嗣《つ》いでください」

と、畏《かしこ》まって懇願した。

「他に皇家の血を引く者がいるであろうに、なぜ私を選ぶのだ」

男大迹王は、疑心暗鬼の様子だった。

臣たちは三日三晩、請い願ったが男大迹王は承知せず、金村大連は荒籠を呼び出して自分たちの誠心を伝えよと命じた。男大迹王とは旧知の荒籠は、

「臣や連や百僚らが、心から皇位に就いてくださるよう請い願っております」

と、男大迹王に申し上げた。

「本心を証《あか》すと、私は疑っている。だが親しいお前が遥々訪ねてきたからには、疑う余地

はない。最後まで疑って拒めば、私は臆病者との誹《そし》りは免れないだろう」

そう云うと、百僚らを見回して言葉を続けた。

「貴賤は生まれたときの運命で、風貌を論ずべきでなく、論ずるのは心根《こころね》であろう。お前が真摯に諫《いさ》めてくれた恩に報いるために都へいって、論議を尽くして可否を思案しよう」

男大迹王はそう云い、河内の国の交野《※かたの》郡《ごおり》にある葛葉《くずは》の宮へ出向いた。

その宮でも百僚は跪《ひざまず》き、

「どうか、皇位に就いてください」

声を揃えて懇願し、御璽の鏡と剣を捧《ささ》げて拝礼して願った。

「民を我が子と同様に護ることは、重大な務めである。その才が自分にあるとは思えぬから、他の真の賢者を選ぶべきであろう」

「私だけでなく、百僚が願っていることで、我々も国家の安寧を図るべく骨身を惜しまず補佐いたします。どうか我々の願いをお聞き入れください」

金村大連がそう云ってひれ伏すと、百僚も頭を下げて地面に伏した。

「臣たちの思い違いもあろうが、諸臣が挙《こぞ》って私を推《お》すなら、どうして拒めよう」

男大迹王はそう云って即位［第二十六代継体《けいたい》］した。

皇位に就いた男大迹天皇は、金村大連や、麁鹿火大連に巨勢男人大臣ら、全ての閣僚の地位は旧来通りに任じ、荒籠を深く寵愛した。

即位した天皇の男大迹王が三国の坂井にいるとき、尾張の連である草香《くさか》の娘の目子媛《めのこひめ》を娶ってできた勾大兄皇子《まがりのおおえのみこ》［第二十七代安閑］に桧隈高田皇子《ひのくまのたかたのみこ》［第二十八代宣化］がいたが同道させ、そして金村大連の進言で手白香《たしらか》皇女を皇后として天国尊《あめくにのみこと》［第二十九代欽《きん》明《めい》］を生み、更に八人の妃を後宮に入れて、皇子六人と皇女十二人を儲けた。

ところが天皇は大和に入るのを躊躇《ためら》い、五年後にやっと遷都した山背《※やましろ》の筒城《つつき》の宮で天の下を治めた。翌年の冬十二月、百済の使者が来朝して朝貢すると、

「任那《みまな》の領地の上哆唎《※おこしたり》と下哆唎《※あろしたり》、及び娑陀《※さだ》と牟婁《※むろ》の四県を賜わりたい。この四県は百済と接しているため、我が国に賜われば、敵対する任那との緩衝地帯《かんしょうちたい》となりましょう」

そう云って、百済王の上表文を提出した。

金村大連は熟考せず、百済の使者の言葉を鵜呑みにして即座に賛成の意を上奏し、外交政策に疎《うと》い天皇の承諾を得て、麁鹿火大連を使者として百済へ派遣することになった。

ところが勅使《ちょくし》に選ばれた麁鹿火大連は、

「百済に与える四県は、神功皇后が屯家《みやけ》を置いて我が国の護りとした領土で、それを安易に他国に与えれば、後世に禍根《かこん》を残すことになりましょう」

妻にそう諌《いさ》められた麁鹿火大連は、

（体調が優れぬ故《ゆえ》……）

そう云って使者を辞退した。

金村大連は別の使者を送り、ほぼ独断で任那の土地を百済に与えた。

この頃、天皇の長男の勾大兄皇子は政治を補佐していて、このことを知るとすぐさま日《ひ》鷹吉士《たかのきし》を百済に遣わして譲渡を取り消すと、

「この話は済んだことで、太い棒で叩くのと細い棒で叩くのと、どちらが痛いでしょう」

百済は、暗に天皇と皇子の違いを仄《ほの》めかし、勾大兄王の使者を黙殺した。

これに懲りた勾大兄皇子は外交から手を引いた。

その年の冬、百済は使者を遣わし、

「※伴跛《はえ》の国が、我が領土の※己汶《こもん》を奪ったので、元に戻してください」

そうぬけぬけ上奏してきた。

天皇は大伴金村と諮って、己汶と滞沙《たさ》を与えた。すると伴跛が珍宝を朝貢して己汶を請ったが聞き入れられなかった。

その二年後、※沙都島《さとのせま》の伴跛の人民が、大和朝廷を恨んで力で対抗するとの噂が聞こえてきた。

そこで物部麁鹿火大連が、天皇から水軍五百を授かって※帯沙江《たさのえ》に着くと、伴跛軍が攻め入って皇軍の将兵の衣服を剥ぎ取り、陣幕を焼き払った。

物部麁鹿火大連ら皇軍は、着《き》のみ着のまま※汶慕羅島《もんもらのせま》まで逃れて百済の救援を待ったが、援軍が着いたのは約一年後だった。これで物部麁鹿火大連ら皇軍は百済に逃れると、百済の群臣は着物や布帛《ふはく》や鉄斧に、土地の特産物を皇軍に贈って慰問した。

その四カ月後、百済は、州利即次《つりそし》将軍を物部麁鹿火大連らに副《そ》えて大和へ送り届けた。

そんな芳《かんば》しくないことがあった二年後、天皇は都を山城の国の乙訓《※おとくに》に移し、やっと六年後に、大和の中原へ進出して磐余《※いわれ》の玉穂《たまほ》に遷都した。

男大迹天皇二十一年、筑紫の国 造《くにのみやつこ》の磐井《いわい》が反旗を翻した。これを知った新羅は、磐井に賄賂を贈った。この新羅の真意は、任那が新羅に奪われた南加羅《※ありひしのから》と㖨己呑《※とくことん》を奪い返して任那に返還するために、任那へ渡航する淡海《おうみ》の毛野臣《けなのおみ》軍を妨害してもらうのが目的だった。

新羅から賄賂を受け取った磐井は、肥前と肥後、及び豊前と豊後などを押さえて海路を封鎖した。これにより朝貢しに来朝する高麗や百済や、新羅に任那の舟を襲い、朝貢品を奪い取ったばかりでなく、毛野臣に面と向かって、

「お前と俺は、同じ釜の飯を食った仲でも、いま、お前の方が偉くなっているが、だからといって俺を従わせることなどできるもんか」

敵愾心《てきがいしん》を剥き出しにして吠えた。

毛野臣軍は、磐井に海上を閉鎖されたため輜重《※しちょう》は届かず、停滞を余儀なくされた。

天皇は、金村大連と麁鹿火大連及び巨勢男人大臣を招じて、磐井の反乱を鎮める者を選ばせると、

「勇と兵事に長《た》けている、物部麁鹿火大連の右に出る者はおりません」

金村大連がそのように推薦したため、麁鹿火大連は天皇から皇軍の印綬を授けられて西

海へ遠征した。

麁鹿火大連軍と磐井軍は筑紫の※三井郡《みいのこおり》で激突し、互いの軍鼓に旗指物《はたさしもの》が入り乱れ、触れ合って絡み合う死闘が続いた。このような緊迫した戦が約一カ月続いた激戦の末、麁鹿火大連が磐井を斬り殺して反乱を鎮圧した。

翌年、巨勢男人大臣が身罷り、一年後に毛野臣も病死した。

男大迹天皇は、二十五年春二月、磐余の玉穂の宮で八十二歳で崩御し、その冬の十二月に※藍野《あいの》の陵に葬られた。

この男大迹王が天皇になった経緯《いきさつ》には、驚くべき事実が隠されている。それは巨勢男人大臣と毛野臣は薄々知っていても亡くなり、この二人の他は、金村大連と物部麁鹿火大連を除いて、誰も知らなかった。

――男大迹王は、皇家とは係わりのない大伴の縁者だった。

初めに探し求めた倭彦王は天皇の器量でなく、しかも行方不明になって、他に皇家の血筋の者がいないと知った金村大連は、大伴一族から天皇を出せば天の下は自分の意のままになると考えた。

それには、世間に名を知られていない、文に秀でた賢者でなければならないが、金村大連には心当たりがあった。それは大伴の傍系で、遠く都を離れた泊瀬川の水源《みなもと》の片畔《かたほとり》にある、大伴の領内に住んでいた男大迹王だった。

男大迹王の父は、文の素養があって男大迹王に文を教えたが、男大迹王が修得する前に亡くなり、男大迹王は独学で文の道を進もうとした。

金村大連が男大迹王を知ったのは、馬飼の首の荒籠を通してで、馬飼の首という卑しい身分の荒籠は、馬を売りにいった帰りに、道に迷って泊瀬川の奥へいってしまった。

そこで荒籠は、男大迹王と彼の息子勾大兄皇子に出会った。

律義な男大迹王と勾大兄皇子は、荒籠を粗略に扱わず泊めた。夜中に目を覚ました荒籠が目にしたのは、灯を点して書見している男大迹王と勾大兄皇子だった。

その後、荒籠はそのときのお礼に、男大迹王と勾大兄皇子を訪ねていくうち二人と親しくなったが、男大迹王は名を云っても素性は明かさなかった。

荒籠は、河内へ良馬を求めにいった先の金村大連が、皇家の血筋の者を求めていると云ったのを思い出し、男大迹王が皇家の末裔《まつえい》でないかと思い、彼の人柄を伝えたのがことの起こりだった。

（泊瀬川の片田舎の者なら、皇家の血筋か、我が大伴の者ではないか……。もし大伴の末席であっても、我が大伴は、皇孫と共に天降ってきた日臣命《ひのおみのみこと》から名を改めた道臣《みちのおみ》が祖で、本《もと》を正《ただ》せば天《あま》つ神である）

金村大連はそう都合よく考え、私《ひそ》かに二人を訪ねた。

そこに仙人のような暮らしをしている男大迹王に会って分かったことは、大伴一族に列《つら》なる者だった。

そこで彼の人物なりを確かめた金村大連は、因果を含めて越国の三国へ移らせ、住居を移したことを男大迹王から荒籠に伝えさせた。そして金村大連が注文した駿馬を、朝廷に納めにきた荒籠が御屋の庭に座して、

（皇家の血を引く、男大迹王と勾大兄王が三国におられます）

群臣の前で、金村大連の指示通りに上奏したのだった。

この話を何食わぬ顔で聞いていた金村大連は百僚と諮《はか》り、筋書き通り天皇として迎えた。

そのとき男大迹王と百僚との遣り取りと、金村大連がとった態度は、男大迹王と金村大連の狂言で、男大迹天皇の誕生により、神武天皇から続いてきたという皇家の血筋は絶えた。

ところが金村大連には、物部麁鹿火大連は目の上の瘤《こぶ》で、それで百済に遣わそうとしたり、磐井を攻めさせたが麁鹿火大連は敗れることなく生還した。

この麁鹿火大連が漏らしたのか、仲哀天皇までが神武天皇の彦系の血統で、応神天皇から武烈天皇までは武内宿禰の血筋に替わり、継体天皇以降は、接穂のように掏《す》り替わっていったという――。

こんな男大迹天皇は、泊瀬川の上流に住んでいたときと同じように、自ら田を耕して畑

を作り、妃たちに養蚕《ようさん》を勧めて糸を紡《つむ》がせた。

天皇になると後ろめたさを感じた男大迹王だったが、天つ神の日臣命の子孫であるとの誇りをもって天の下を治め、二十四年間、国土を潤《うるお》して泰平にした。

「善《よ》いことも悪いことも人を育てると謂うが、いま朕が恐れるのは、土地が肥えて五穀豊穣が続いても、人民がこれに慣れて慢《おご》ることだ。廉節《れんせつ》な士を選んで徳化《とっか》を流布《るふ》することは難しいと云うが、我が身を思えばできぬことはなかろう」

晩節、男大迹天皇はこんな述懐を漏らしたが、金村大連も群臣たちも、どう聴いたであろう。

**※皇家断絶の注釈（図形⑤を参照）**

御輿《みこし》：天皇の乗り物
越国《こしのくに》の坂井の三国：福井県坂井市三国町
御璽《みしるし》：皇位を示す鏡と剣と玉
交野郡《かたののごおり》の葛葉《くずは》：大阪府枚方市楠葉
山背《やましろ》の筒城《つつき》：京都府京田辺市
上哆唎《おこしたり》：全羅南道の栄山江東岸の地方か？
下哆唎《あろしたり》：同右

娑陀《さだ》：全羅南道の求礼郡沙等又は沙等村地方か？
牟婁《むろ》：全羅南道の西部、霊光、高敞、務安地方か？
伴跛《はえ》：慶尚北道星州付近の任那北部の代表的勢力
己汶《こもん》：基汶川（蟾津江《せんしんこう》）流域
沙都島《さとのせま》：巨済島
帯沙江《たさのえ》：蟾津江口
汶慕羅島《もんもらのせま》：蟾津江口外の島の一つであろう
乙訓《おとくに》：京都府長岡京市
磐余《いわれ》の玉穂《たまほ》：奈良県桜井市池之内
　南　加羅《ありひしのから》：金官国とその周辺、洛東江口、釜山、金海地方
喙己呑《とくことん》：慶尚北道達城郡慶山かとの説がある
輜重《しちょう》：軍隊に必要な糧秣や衣服に武器などの軍需品を、前線に輸送、補給する部署
三井郡《みいのこおり》：福岡県三井郡
藍野《あいの》：大阪府茨木市太田の茶臼山古墳か、又はその東北約二キロメートルにある今城塚か？

## 三十四　星月夜《ほしづくよ》の歌垣

男大迹《おおど》［第二十六代継体］天皇の七年の秋九月、星月夜の下で、勾大兄皇子《まがりのおおえのみこ》と、妃の春日山田皇女《かすがのやまだ》との二人は、爽やかな星影のもとで語り明かした。

「私はなぜ、これまでに清らかな三つ星のようなそなたに、出会えなかったのだろう」

「妾《わたし》も、※甕星《みかほし》のような貴男に巡り合えなければ、寡婦《やもめ》で生涯を終えたでしょう」

「いま私は、美しいそなたを手に入れた幸せを歌わずにいられようか」

「貴男と同じ幸福に浸っている妾も、歌いたくなります」

「では、私が先に歌おう」

勾大兄皇子と春日山田皇女は交互に歌い合うが、これは二人だけの歌垣だった。

そして勾大兄皇子が最後に歌うと、春日山田皇女も歌い返した。


男大迹天皇八年春一月、勾大兄皇子はまだ太子だった頃、妃は寝室に籠《こ》もったままで、太子が心配して迎えにいくと、妃は床に臥して泣いているので理由を訊《き》くと、

「空を飛ぶ鳥も巣を作って子を育て、地を這う虫でも、地中に穴を掘って子を守り育てま

す。それなのに人間である妾は子どもが生めず、後継ぎがないと太子は非難されております。皇家の後継ぎが授からない恨みは、太子も標的にされます。こんな妾は、やがて忘れ去られてしまうのでしょう……」

　春日山田皇女は、涙ながらに訴えた。

　これを聞いた太子は、自ら解決できぬことなので、男大迹天皇に相談すると、天皇は、

「妃が云ったことは、つまらないことではない。御子を残せずとも、せめて後世に名を残すことによって慰めてやりたい。そうだ、妃の名をつけた屯倉《みやけ》を※匝布《きほ》に建てよう」

　そう諭《さと》して実行した。

　その後も、皇后となった春日山田皇女は身籠もらず、

「妾は石女《うまずめ》でしょうね。貴男の御子なら、相手は誰でもかまいません」

　春日山田皇后はそう云って、巨勢男人大臣《こせのおひとのおおおみ》の娘の紗手媛《さてひめ》と、妹の香々有媛《かかりひめ》に、物部《もののべの》木蓮子大連《いたびのおおむらじ》の娘の宅媛《やかひめ》の三人を後宮に迎えた。

　元年夏四月、勅命を受けた膳臣大麻呂《かしわでのおみのおおまろ》が、※上総《かずさ》の伊甚《いじみ》の国造のもとに遣いをやり、

「なぜいつも、※調《つき》の珠《たま》を奉《たてまつ》るのが遅れるのだ！　都に上って理由《わけ》を申せ」

　そう責めたて、国造らを縄で縛って※勾《まがり》の金橋《かなはし》の都に出頭させた。

「朝廷を畏れぬ不届き者奴《め》！　目にものを見せてやる」

　大麻呂は怒り心頭に発して怒鳴りつけると、国造の稚子直《わくごのあたい》らは畏れ慄《おのの》き、前後の見境もなく逃げ、後宮の間取りを知らず寝殿に駆け込んだ。春日山田皇后は驚いて卒倒し、三

人の妃も慌てふためいた。天皇以外の男が後宮に入ることは重大な罪で、処刑されて当然でも、一時、気を失っていた皇后は、ことの顛末《てんまつ》を知ると、

「鄙《ひな》の小童《こわっぱ》が礼をわきまえなかったことで、妾も、三人の妃も驚いただけで被害はありません。乱入の罰は財貨でもって償わせては」

そう天皇に執《と》り成《な》した。

「処刑すれば、皇后たちは後味が悪いだろう。皇后に免じて罪を軽くしてやろう」

天皇はそう云って、国造たちに伊甚の屯倉を献上させて死罪を許した。皇后は、今後も同じような騒ぎが起こらないよう、後宮に殿居《とのい》を置くことにした。

その後も、妃たちは身籠もる兆しはなく、

「朕は四人の妃を召したが、御子が生まれる気配はない。伯父《おきな》、どうしたものだろうか」

天皇は、金村大連に愚痴をこぼした。

金村大連は天皇の精力の衰えとは云えず、取り繕《つくろ》った。

「日嗣がいないのは困ったことですが、もし今後もそうでも、天皇の弟の檜隈高田皇子《ひのくまのたかたのみこ》が［第二十八代宣化《せんか》］おられます。弟か兄が日を嗣ぐ前例はありますから、それを考えると重大な事態にはいたらぬでしょう」

「そうだな……我が子に拘らず、弟を日嗣にすれば解決することだな」

「それでも、妃たちの名を後世に残すことが必要と思われます」

「分かった。夜毎に、励めばよいものでもなさそうだ」

「心を軽く保《も》てば、御子が授かることがあります」

「よいことを云ってくれた。早速、妃の名を残すことを実行しよう」

こんなことで小墾田《おはりだ》の屯倉を紗手媛の、桜井の屯倉を香々有媛の、難波の屯倉を宅媛の名をつけ、※田部《たべ》を副《そ》えて下賜した。

さて廬城部連《いおきべのむらじ》の枳莒喩《きこゆ》には幡媛《はたひめ》という娘がおり、枳莒喩を訪れた物部大連《もののべのおおむらじ》の尾輿《おこし》が置き忘れた珠《たま》の首飾りを幡媛が見つけた。

それを手に取った幡媛は、珠の輝きに魅せられて自分のものにしようと、手首に巻いて手鏡で見たが身分相応ではなかった。だが迷いに迷った末、皇后に差し上げれば廬城部の覚えがよくなるのではと浅はかに考え、父に秘《かく》して直接、皇后に献上した。

幡媛が献上した立派な珠の首飾りに、皇后は疑いを持って金村大連に話すと、物部大連の尾輿が私《ひそ》かに探しているものと分かり、枳莒喩を呼び出して追及した。

枳莒喩はまさかと思って幡媛を問い詰めると事実だったので、金村大連に事情を説明したが、不安になり、

「幡媛を、後宮の采女の召使として仕えさせて屯倉を献し、更に※安芸の国の過戸《あまるべ》に所有している、廬城部の屯倉を献上させてください」

こう云って、娘の罪を償わせていただきたいと申し入れた。

物部大連の尾輿は自分が事件に係わった後ろめたさに、大和の国の※十市部《とおちべ》と、伊勢の国の※来狭々《くささ》、及び※登伊《とい》の※贄土師部《にえのはじべ》と、※筑紫の国の胆狭山部《いさやまべ》などを皇后に献上した。なぜ罪

のない尾輿がこんな大仰《おおぎょう》なことをしたかと云うと、上総の伊甚の国造らが、珠の調で懲罰を受けた折、尾輿は、

（俺の口添えがなければ、死罪だった！）

と稚子直らを脅し、珠を要求して作った首飾りだったからである。

皇后は、尾輿が首飾りを忘れたのが発端だったが、尾輿が稚子直らから賄賂を取っているとの噂を聴いていた。それで皇后は、幡媛が身分不相応と判断して自分に贈った心情と、娘を救いたい一念で、財貨をもって償《つぐな》おうとした枳莒喩を憐れに思い、それ以上、罪を問わなかった。そして幡媛を自分の侍女として、尾輿が献上した幾つかの部《べ》を枳莒喩に与えて、尾輿と枳莒喩を平等に損をさせ、首飾りの珠は妃たちに分配した。

男大迹天皇八年三月、伴跛は、倭軍の侵攻に備えて、子呑《しとん》や滞沙《たさ》に狼煙台《のろしだい》や武器庫を設けた城を築いた。翌年夏四月、物部連が六日間滞沙江にとどまっていると伴跛が挑発し、将兵の衣類を剥ぎ取り、持ち物を奪い、陣幕の帷幕《きぬまく》をことごとく焼き払った。この狼藉に物部軍は命からがら汶慕羅《もんもら》島に逃れたが、百済は臣下を遣わして物部連らを己汶《こもん》に誘導して犒《ねぎら》った。そして百済の国に送《せま》ると、彼の国の群臣たちは着物や布帛や斧に鉄、他に百済の産物を贈与し、貢ぎ物も多く懇意にしてくれた。

その後、前述した筑紫の磐井の反乱があった、天皇は、任那の南加羅と喙己呑を再建するため、近江毛野臣を鎮圧しに安羅に遣わした。赴任途上で百済と安羅を討った毛野臣を

恐れた新羅は、安羅に陣取った毛野臣の元へ下級の官吏を遣わすと、毛野臣は新築した高堂に倭から随行してきた勅使らを先に上らせ、その後に国主とわずかの大臣を昇殿させた。

そして百済の使者の将軍たちは庭に留め置かれたのを恨んだが、天皇の勅諭は伝えられなかった。そしてその庭で三カ月待ったが、天皇の詔《みことのり》は伝えられることはなかった。

そして翌年の秋九月に巨勢大臣が薨じたことは前に述べたが、翌年の秋に任那の使者が来朝して天皇に上奏した。

「毛野臣は立派な城のような宅を造って派手な暮らしをし、任那人と倭人との間に生まれた子供の帰属の裁定や、政務も怠っております」

すると天皇は毛野臣に上京を命じたが、任那と南加羅の復興もせぬ怠惰な毛野臣は帰朝せず、秘かに河内の馬飼いの首《おびと》の御狩《みかり》を倭にやり、

「私は、命じられた勅命をまだ果たしておりません。近々任務を果たしてから参内し、謝罪いたします」

そう奏上させた毛野臣は、天皇から直接遣わされた調吉士《つきのきし》が自分より先に帰国して現状を暴露すれば重罪は免れないと考え、調吉士を先に帰らせないよう兵を授けて、自分が居住する伊斯枳牟羅城《いしきむらのきし》の守備に当たらせた。

こんな有様に任那の阿利斯等《ありしと》王は、任那の復興に努めぬばかりか、取るに足りぬことばかりする毛野臣を見限って何度も帰国を勧めたが、臣は耳を貸そうとしない。

ところが毛野臣が恐れていた調吉士が勝手に帰国してありのままを上奏した。そして「毛野臣は気性が捻《ひね》くれていて傲慢で、天皇の勅命を実行する気配はありません。そして政治《まつりごと》に熱意はなく、加羅諸国を混乱させているだけです」

そこで天皇は毛野臣の帰朝を命令すると、毛野臣はその途上の対馬で病死してしまった。その四か月後に男大迹天皇が崩御したが、臨終の際、勾大兄太子［第二十七代安閑《あんかん》］を即位させ、仁賢天皇の娘の春日山田皇女を皇后に迎えた。そして翌年、勾大兄天皇は都を大和の勾《まがり》の金橋《かなはし》に移した。

勾大兄太子は、かつて百済から天皇と太子の差を聴かされた屈辱を忘れず、朝鮮半島に干渉せず、即位して三年目を迎える前の冬十二月、月のない星月夜に七十歳で崩御され、その月に古市高屋《※ふるいちのたかや》の丘の陵に葬られた。

春日山田皇后は、後に皇太后《おおきさき》と敬われるようになっても若き日に太子と過ごした秋の夜の二人だけの歌垣が忘れられず口遊んだ。

《隠《こも》りくの泊瀬の川の果《はたて》いく　雄《お》と雌《め》の竹が絡み合い
太きな根元を箏《こと》にして　細き末をば笛にして
御諸《みもろ》の山で掻き弾きて　御諸の山で吹き鳴らす
磐余《いわれ》の池の水面《みなも》には　浮きて聞きいる魚たち

君の召したる衣《きぬ》の帯　細織《ささらお》りの結び垂《た》れ
誰《た》れぞ惜しむや星屑の　心残れるそ夜の別れを》

皇太后は欽明（第二十九代）天皇に尊ばれ、崩御後安閑天皇陵に合葬された。

## ※星月夜《ほしづくよ》の歌垣の注釈

甕星《みかほし》：神威の強い大きい星
匝布《きほ》：奈良県奈良市佐保台
上総《かずさ》の伊甚《いじみ》：千葉県いすみ市勝浦町
調《つき》の珠《たま》：税としての真珠
勾《まがり》の金橋《かなはし》：奈良県橿原市曲川町
田部《たべ》：屯倉の田を耕作する農民
安芸の国の過戸《あまるべ》：広島県安芸郡府中町余部
十市《とおち》：奈良県桜井市
来狭々《くささ》：大阪府豊能郡能勢町
登伊《とい》：不詳
贄土師部《にえのはじべ》：食器を製作する部

筑紫の国の胆狭山部《いさやまべ》：大分県中津市から福岡県南東部

古市高屋《ふるいちのたかや》：大阪府羽曳野市古市

# 三十五　仏教伝来と撥頭《ばとう》の舞

　約三年間の治世に終わった勾大兄《まがりのおおえ》天皇の諡は安閑《あんかん》となった。しかし御子がいないので、跡を継いだ実弟の檜隈高田《ひのくまたかた》［第二十八代宣化《せんか》］天皇はさっぱりした気性で偉ぶらず、安閑天皇時代の大臣と大連はそのままの地位に止《とど》め、新たに蘇我稲目宿禰《そがのいなめのすくね》を大臣に、阿倍《あへの》大麻呂臣《おおまろのおみ》を大夫《まえつきみ》に任じた。

　天皇は、民を天災から護ろうと、

「食糧は政治《まつりごと》の大本で、万貫の黄金《こがね》や千箱の真珠をもっても購《あがな》えず、飢えや凍死を防げない。朝廷は前《さき》の応神天皇から今日まで籾種《もみだね》を蓄えて、凶作の年を凌いで国民を護ってきた。新たに尾張の国と伊賀の国と那津《※なのつ》の国に屯倉を造り、河内の屯倉に貯蔵している籾を運んできて、非常時に備えようと思う」

　群臣たちに、このことを諮《はか》った。

　そして蘇我稲目大臣を尾張の国へ、物部麁鹿火大連《もののべのあらかひのおおむらじ》を伊賀の国に、阿倍大麻呂大夫を那津の国に遣わしたところ、二カ月後に物部麁鹿火大連が病死し、これで金村大連の『皇家乗っ取り事件』を知る部外者はいなくなった。

天皇は、仁賢天皇の娘の橘仲《たちばなのなかつ》皇女を皇后に立て、一男三女を儲《もう》けられたが、幼くして亡くなった御子もいた。

檜隈高田天皇二年の冬、任那に新羅軍が侵入したとの報せがあり、天皇は金村大連の息子の兄弟の磐《いわ》と弟の狭手彦《さてひこ》を遣わした。磐は筑紫《つくし》に留まって三韓に備える輜重《しちょう》の労をとり、弟の狭手彦は肥前の国を経て三韓に向かった。

道中の※資濃《しの》の村に、際立って容姿端麗な弟比売《おとひめ》という娘がいた。狭手彦は一目惚れして妻問いすると、弟比売は受け入れて互いに睦み合ったが、兄から出征の催促が届き離別の日がきた。

狭手彦は未練を断ち切って舟出すると、弟比売は資濃の峰に登り、舟が見えなくなるまで領巾《ひれ》を振って別れを惜しんだ。

狭手彦はその峰を領巾振りの峰と名付け、末長く弟比売を偲《しの》んだ。

遠征した狭手彦は、獅子奮迅の働きをして任那と百済を救って復命した。

翌年、天皇は※桧隈廬《ひのくまのいおり》の御屋で急死し、その年の冬、倭の国の※身狭桃花鳥坂《むさのつきさか》の陵に、夭死した天皇の幼子と、先に亡くなった橘仲皇后も合葬し、天皇の諡《おくりな》は宣化《せんか》と呼ばれた。

日を嗣いだ天国尊《あめのくにのみこと》［第二十九代欽明《きんめい》］天皇は、宣化天皇の娘の石姫《いしひめ》を皇后に立て、二男一女を産んだ。長男は箭田珠勝《やたのたまかつ》皇子、次男は渟中倉太珠敷《ぬなくらのふとたましき》皇子［第三十代敏達《びだつ》］、長女は笠縫皇女《かさぬいひめみこ》という。

この天皇の御代、百済の己知部《こちふ》が帰化すると、これに倣《なら》って秦人《※はたびと》七千五百戸と漢人《※あやひと》らも海を渡って帰化してきた。

その後の朝鮮半島の情勢は、継体天皇の時代に大伴の金村大連が、任那の領地である上哆唎《おこしたり》と下哆唎《あろしたり》に、娑陀《さだ》と牟婁《むろ》の四県を百済に与えたため、百済の威圧を受けた新羅が大和朝廷を怨んで挑発する動きがあった。

朝廷は、件《くだん》の当事者である金村大連と、巨勢臣《こせのおみ》稲持《いなもち》に物部大連《もののべのおおむらじの》尾輿《おこし》が天皇の前での論争した結果、

（新羅の怨みはもっともで、新羅を討つことは、我が国には不利益であろう）

との結論に達した。

しかし新羅はずっと大和を怨んでおり、

「金村大連の、専横な愚行でなかったのか！　なぜ我々が尻拭いをせねばならんのだ！」

このように臣らに糾弾された金村大連は、住吉《すみのえ》の屋敷《いえ》に蟄居《ちっきょ》せざるを得なくなった。

それでも天皇は、金村のこれまでの業績に敬意を表《ひょう》して、鞍をつけた飾り馬を贈って罪を問わなかったが、これで金村は完全に失脚した。

それにしても継体天皇以来の悲願だった、任那の社稷の回復は難しくなった。しかし天国天皇は任那の再建を強く熱望し、的臣《いくはのおみ》や吉備臣《きびのおみ》と河内直《かわちのあたい》を任那や安羅《あら》に遣わした。

ところが天皇が遣わした的臣たちは、安羅にいる阿賢移那斯《あけえなし》や佐魯麻都《さろまつ》らと、ぐるになって日本府の政務を欲しいままにし、よこしまに新羅と通じ、

（我々は、新羅の侵略を押さえております）

そんな偽報告を、天皇に送った。

すると百済の聖明王《せいめいおう》が大和に遣わした使者が、的臣らの数々の愚挙を具体的に挙《あ》げ、

（的臣らの報告は、真っ赤な偽りである）

こう証言したため、任那の復興に並々ならない熱意を示す天皇は、皇家の食膳を司る膳　臣巴提便《かしわでのおみはすひ》を百済に遣わし、任那の復興を急がせた。


天皇十三年の夏四月、日嗣と嘱望していた長男の箭田珠勝皇子が※童病《わらわやみ》で急死し、天皇は病の床に就《つ》かねばならないほど嘆かれた。

その年の冬十月、百済の聖明王は、天皇が派遣した巴提便の進言により、百済の中部を本貫《ほんかん》とする護徳《ごとく》という官位にある菩提《ぼだい》らを任那に遣わした。

それと共に、※丈六《じょうろく》の仏像を作って朝廷に贈り、

「この仏像の功徳は絶大で、これを拝むことによって、天皇は優れた徳が得られます。そして、治めておられる諸国も幸を浴すでしょう。一切の衆生《しゅうじょう》もこれを拝むことで、業苦を脱せると祈願して、この仏像をお送りいたします」

そんな上表文が添えられていた。

この年、高麗《こま》の国では、香丘上王《ぬたのすおりこけ》の※小夫人《しそおりくく》の舅《しゅうと》である細群《さいぐん》と、※中夫人《くのおりくく》の舅の麁群《そぐん》が鼓を打ち鳴らして戦うという乱が勃発した。

麁群は、細群を敗《やぶ》ってもすぐ包囲を解かず、三日間で細群一族を皆殺しにするという惨事となり、二千余人の死者を数えた。その後に、百済から巴提便が帰国した。

それから七年後、百済の聖明王は釈迦仏《しゃかほとけ》の金銅像《かねのみかた》一体と、※幡蓋《はたきぬがさ》を若干《いくばく》かと、経論若干巻に、仏を礼拝する功徳を述べた上表文を添えて、朝廷に奉《たてまつ》った。この添書には、

「これは、※天竺《てんじく》から三韓にいたって敬愛されている仏像というもので、これを拝むことによって、※無量無辺《むりょうむへん》の※福徳果報《ふくとくかほう》が生じ、物事が思うままになるという、※随意宝珠《ずいいほうしゅ》を抱《だ》いている有り難い仏像です。この釈迦《しゃか》が※輪廻転生《りんねてんしょう》を説いた、功徳がある仏教が、貴国に伝わることを切に願う次第です」

そんなことが書いてあった。

天皇は、有り難いものを贈ってくれたと喜んだが、

「これを広めるか否かは、朕一人で決めようとは思わぬので、群臣たちで協議せよ」

と、群臣に諮《はか》った。

「西の諸国は、仏像を礼拝しておりますから、我々も倣《なら》うべきでしょう」

蘇我稲目大臣がそう答えると、

「天皇は、※百八十神《ももあまりやそがみ》をお祀りなさるのもお仕事です。仏像を敬《うやま》えば、国つ神の怒りを受けはしないでしょうか」

物部大臣尾輿《おこし》と、中臣連鎌子《なかとみのむらじのかまこ》は、そう云って反対した。

「それでは試しに、この仏像を稲目に預けて礼拝させてみよう」

そう云った天皇はこの夏、将来を嘱望していた嫡子の箭田珠勝皇子を亡くしているため、無量無辺の福徳果報と、輪廻転生と、随意宝珠に惹《ひ》かれて仏像を稲目に託した。

稲目は、仏像を小墾田《おはりだ》の宅《いえ》に安置して、仏道を修めることを縁《よすが》とした。

稲目は更に、※向原《むくはら》に寺を建てて祀った。

そうするとその後、疫病《えやみ》が流行して若死にする者が多くなり、手立てはなく長期にいたった。そこで、尾輿と鎌子が奏上した。

「仏像を捨て、神に福を願うべきでしょう」

この意見を容《い》れた天皇は、仏像を難波の※堀江《ほりえ》に捨てさせ、寺も焼き払った。

すると突然、風もないのに大殿が火災に遭《あ》った。

翌年の夏五月、河内の国から、

「※泉郡《いずみごおり》の茅渟《ちぬ》の海に、雷のような仏教の楽《がく》の音《ね》がするので潜って見ると、日輪《にちりん》のように光り輝くものが見つかりました」

この報せを不思議に思った天皇は、溝辺直《いけべのあたい》を使わして引き揚げさせると、昨年、堀江に捨てた仏像だった。その汚れた仏像を見た天皇は、画工《たくみ》に樟木《くすのき》を使って仏像を二体作らせて、吉野に寺を造って祀った。

天国天皇の十五年、百済の王子の余昌《よしょう》は、重臣が諫《いさ》めるのを無視して新羅へ進撃した。

父の聖明王《せいめいおう》は息子の身を案じて、自ら兵を率いて出馬すると、これを知った新羅は、全兵力を動員して痛撃し、聖明王を捕らえて斬首し、余昌王子は命からがら百済へ逃げ帰った。

新羅は、勝ち戦に乗じて百済を掃討しようとしたが、百済と誼《よしみ》を結んでいる大和朝廷の仕返しを恐れて自重し、聖明王の頭骨《こうべ》と残骨《あだしほね》を丁重に収めた柩を、礼を尽くして百済へ送り届けた。

天国天皇の二十三年の春、天皇の願いは空《むな》しく、任那の加羅《から》と安羅《あら》及び斯二岐《しにき》・多羅《たら》・率麻《そつま》・古嵯《こさ》・子他《した》・散半下《さんはんげ》・乞莔《こつさん》、並びに稔礼《にむれ》の十国が新羅に滅ぼされた。

これを知った老境に近づいた膳臣の巴提便は、天皇と共に嘆き悲しみ、過去に百済へ遣わされたときの話を、天皇だけに述懐をした。

――十七年前、天皇の命を受けた巴提便が百済の浜に着いたのは日暮で、妻はいつも一緒だったが、この度は、初めて恵まれた稚児も連れていた。

巴提便は妻と二人で野宿用の、雨露を凌ぐ小屋を建てていると、両親の近くで遊んでいた稚児が見えなくなった。

遠くまで歩けない稚児を、巴提便夫婦は必死に捜すと、海岸のそばにある竹林の中の、血塗《ちまみ》れの稚児を見つけた。巴提便は懸命に手当てしてみたが稚児は蘇らなかった。

妻は、稚児から目を離した悔恨に打ちのめされ、巴提便は可愛い盛りの子供を失って号泣した。

その夜、稚児を弔《とむら》うような雪が降る中で、夫婦は呼吸しない稚児を二人で抱きかかえ、稚児が生き返らないかと祈りながら、顔と胸に手を当てて弔った。

夜が明けると、巴提便はやっと諦めて竹林に稚児を葬り、

(必ず、仇を取ってやる!)

そう固く決して誰の仕業かと調べると、雪の中に獣の足跡を見つけた。

鎧を着けて刀を帯びた巴提便は、雪から雨に変わっていく中を、稚児の仇の獣の足跡を追い、夜は茨《いばら》の野で寝ては、山河を越えて獣の足跡を追うと足跡は岩室の前で消えている。その岩室の中にいるのは、目が光っている獣が咆哮《ほうこう》するので、虎だと知った。

虎は空腹でなくても獣を襲う動物で、この虎は稚児を弄《もてあそ》んだだけで満足だった。だが自分の跡を付けてきた厄介《やっかい》な巴提便を追い払おうと岩室から出て、牙を剥《む》き出し、口を大きく開けて巴提便を威嚇した。

我が子の仇討ちをと、執念を燃やして尾《つ》けてきた巴提便は、恐れることなく左手を虎の口に差入れて虎の舌を掴んだ。虎は驚いて後ろ足で立ち上がった。巴提便はすかさず、右手に持った太刀で虎の胸を突き刺した。

胸から血が噴き出してのたうち回っていた虎は、悶え苦しんで死んでしまった。

「どうだ!　我が子の仇を討ったぞー」

巴提便はそう狂喜し、髪を振り乱して踊り狂っていると涙が迸《ほとばし》り、地べたを転げ回っ

たり、虎の顔を蹴っては飛び乗ったりした挙げ句に、太刀で虎の首を刎《は》ねた。

このように、力の限り稚児の無念を晴らそうと舞い続けたが、心は晴れなかった。だが巴提便は虎の皮を剥いで、その皮を抱えて、妻が待っている浜へ向かった。

その後、巴提便は天皇の使いを果たして復命したが、このことは終生、天皇以外は誰にも話さなかった——。

巴提便は仏教が伝来すると、一人しか生まれなかった息子の輪廻転生を信じて、熱心に信仰した。この巴提便の思いは嫡子《ちゃくし》を失った天皇も同じ心だった。

## ※仏教伝来と撥頭《ばとう》の舞の注釈

那津《なのつ》：博多
資濃《しの》：肥前風土記松浦郡条にあり、場所は不詳
桧隈盧《ひのくまのいおり》：高市郡明日香村桧前《ひのくま》
身狭桃花鳥坂《むさのつきさか》：橿原市鳥屋町
秦人《はたびと》：朝鮮人
漢人《あやひと》：漢族、広くは中国人
童病《わらわやみ》（瘧）：子供がよく罹《かか》る、悪寒や震えが起こる病気

丈六《じょうろく》の仏像：立てば身の丈が一丈六尺になる坐像。一丈は約三メートル、尺は丈の十分の一。周尺では、
　一丈は約一・七メートル（立てば二、七メートル又は四、七メートル）
小夫人《しそおりくく》、中夫人《くのおりくく》：正解はなく、第三夫人、第二夫人と解するが？
幡蓋《はたきぬがさ》：仏像の上にかざす笠状の装飾
天竺《てんじく》：インド
無量無辺《むりょうむへん》：計り知れないこと
福徳果報《ふくとくかほう》：前世の善行により得られる福利
随意宝珠《ずいいほうしゅ》：物事が思うままになるという宝珠
輪廻転生《りんねてんしょう》：死後の霊魂が肉体と共に死滅せず転々と他の肉体に移り、車輪のように停止せず、様々な境遇
　に生まれ変わり、迷いの生死を繰り返すこと
百《ももあまり》八十《やそ》神《がみ》：あらゆる神
向原《むくはら》：後の豊浦寺（桜井寺）
堀江《ほりえ》：難波の入江（草香江）の水を大阪湾に流すため、仁徳天皇が築いた水路
泉郡《いずみごおり》：大阪府南部

完

# 主な参考文献・資料

『日本書紀原本代訳（上・中・下）』山田宗睦訳（教育社）
『日本書紀（一・二・三）』坂本太郎・家永三郎・井上光貞・大野　晋　校注（岩波書店）
『全現代語訳　日本書紀（上・下）』宇治谷孟（講談社学術文庫）
『古事記全訳注（上・中・下）』次田真幸（講談社学術文庫）
『風土記日本』下中邦彦編集（平凡社）
『マンガ日本の歴史1～4』石ノ森章太郎（中央公論社）
『日本の野草』（山と渓谷社）
『日本の樹木』（山と渓谷社）
『地図でみる西日本の古代』（平凡社）
『日本地名大辞典』（角川書店）
『日本歴史地名大系』（平凡社）

## 著者プロフィール

## 清水 宏晃（しみず ひろあき）

昭和17年8月11日神戸市灘区篠原南町に生まれる。

昭和30年神戸市立六甲小学校卒。

昭和33年神戸市立花園中学校卒。（現長峰中学校）

昭和36年神戸市立湊川高等学校卒。（現六甲アイランド高校）

昭和36年関西大学金属工学科入学。

昭和39年関西大学金属工学科中退。

昭和41年修成建設専門学校建築科卒。

昭和41年旭スチール工業入社。

昭和43年（株）大林組入社。神戸製鋼所加古川工場・神戸製鉄所・梅田冷蔵六甲アイランド工場・ドンク神戸工場・オリックスレンテック須磨工場・JA加西倉庫他の建設工事に従事。

平成5年8月神戸支店安全部建築安全課課長。

平成14年8月定年退職



## 古代《こだい》逍遥《しょうよう》

2021年 5 月15日　初版第 1 刷発行

著　者　清水 宏晃
発行者　瓜谷 綱延
発行所　株式会社文芸社
〒160-0022　東京都新宿区新宿1－10－1
電話　03-5369-3060（代表）
03-5369-2299（販売）

印　刷　株式会社文芸社
製本所　株式会社MOTOMURA




ISBN978-4-286-21537-2